AF508208

L'INGENIEUR

DE CAMPAGNE,

OU

TRAITÉ

DE LA

FORTIFICATION

PASSAGERE.

Par M. le Chevalier DE CLAIRAC, *Brigadier des Armées du Roi , Ingénieur en chef à Bergues-Saint-Vinock.*

SECONDE ÉDITION.

A PARIS,

Chez CHARLES-ANTOINE JOMBERT, Libraire-Imprimeur du Roi pour l'Artillerie & le Génie, rue Dauphine, à l'Image Notre-Dame.

M. DCC. LVII.

Avec Approbation & Privilege du Roi.

v

PRÉFACE

Sur les différentes parties de Théorie-pratique nécessaires pour former un Ingénieur.

LES connoissances nécessaires à un Ingénieur sont de deux especes différentes : les unes *spéculatives*, démontrées, & par conséquent invariables, servent de principes généraux, & font partie de ce qu'on appelle positivement *sciences*; les autres plus *pratiques* & plus arbitraires, comprennent directement les différens objets de son emploi.

Nous avons assez de livres sur la Géométrie élémentaire, sur les principes de l'Algebre, sur la Géométrie pratique ; & l'on en trouve de bons sur les Méchaniques & l'Hydraulique.

S'il n'y avoit que ces sciences, c'est-à-dire, que les parties de Mathématiques qu'il faut sçavoir avant que de se présenter à l'examen, qui fuſſent du reſſort de la Théorie, on voit que l'on ne manqueroit d'aucuns des ſecours que l'on doit en attendre : mais la croire bornée à cet objet, ce n'eſt pas connoître toute l'étendue qu'elle peut ou qu'elle doit avoir.

Indépendamment de cette théorie *ſpéculative* & préliminaire, il en eſt une *pratique* qui, par des notions raiſonnées & approfondies, nous découvrant les voies les plus convenables de parvenir à nos fins, nous donne la ſeconde partie des connoiſſances qui nous ſont propres.

Quoique toutes deux nous ſoient également néceſſaires, autant nous avons de moyens d'acquérir l'une, autant nous en manquons pour l'autre.

La raiſon de cette différence eſt évidente. Il ſuffit d'être Géometre, ou même de ſçavoir la Géométrie, pour traiter des connoiſſances ſpéculatives ; mais il faut de plus beaucoup d'expérience pour donner ſur la pratique des inſtructions ſatisfaiſantes : & quand le nombre des Ingénieurs en état de s'en acquitter ſeroit auſſi grand que celui de ces autres Sçavans, preſque continuellement occupés des fonctions d'un emploi qui les attache à la frontiere, ils ne trouvent que difficilement le loifir de donner une forme à leurs idées, & plus difficilement encore les moyens de les produire au Public.

Cependant la théorie fpéculative n'étant pour nous qu'un moyen de parvenir à la pratique d'une façon plus courte & plus sûre, & de tous les corps militaires, le nôtre étant celui dont les fonctions font le plus variées, l'on peut juger de quelle importance font les fecours qui nous manquent prefque entiérement.

Je dis prefque entiérement, & pour peu que l'on entre dans le détail des connoiffances de cette efpece néceffaires à un Ingénieur, l'on conviendra que cette expreffion n'eft point outrée.

Ces connoiffances font la fortification, la conftruction ou l'art d'exécuter un projet avec toute la folidité & l'économie convenables, l'attaque des places, leur défenfe, & ce qui concerne d'ailleurs la guerre de campagne.

J'y comprends la fortification, quoique je n'oublie pas qu'elle a fa théorie fpéculative, c'eft-à-dire, des principes, ou plutôt des maximes, qui lui fervent de regles.

Mais l'on en peut dire autant de l'attaque & de la défenfe des places que ces maximes fuppofent même néceſſairement. D'ailleurs ces maximes ne font pas fufceptibles de démonſtration, & elles dépendent fi fort de la configuration du terrein & d'autres circonſtances phyſiques, que ne pouvant la mettre au rang des fciences purement ſpéculatives, je crois devoir la ranger dans cette claſſe.

Les différentes parties du Génie fe rapportant prefque toutes à la fortification, l'on ne peut douter qu'elle n'en foit la principale.

Si la quantité de livres fuppléoit à leur qualité, l'on n'auroit affurément rien à défirer à cet égard. Combien n'en a-t'on pas compofés fur cette matiere ! La plûpart ont cru tout réformer fur des idées nouvelles, en changeant affez inutilement, & quelquefois très-mal-à-propos, l'inclinaifon d'une ligne; d'autres, pour fe mieux diftinguer, ont imaginé les figures les plus monftrueufes; la facilité à fervi d'appas : des Ecrivains de toute profeſſion, de tous états, même de ceux qui font le moins compatibles avec les armes, ont prefcrit des méthodes & des regles, &

ce

ce fatras d'inutilités eſt ce que l'uſage honore parmi nous du nom de ſyſtême (a).

Je n'ignore pas que dans le nombre de ces Auteurs, il ſe trouve quelques Ingénieurs d'une réputation établie & reſpectable, tels que le Chevalier de Ville, le Comte de Pagan, le Baron de Coëhorn : je ſuis bien éloigné de vouloir les confondre avec les autres ; mais il eſt aiſé de voir qu'en prenant la plume ils ont moins ſongé à former des éleves, qu'à faire approuver par les connoiſſeurs quelques idées, ou hazardées, ou eſſentiellement peu différentes de ce qui avoit paru.

On ne doit donc pas s'étonner ſi de cette énorme quantité de livres, il n'y en a peut-être pas quatre qui méritent d'être lus en entier, & pas un où l'on trouve toutes les inſtructions que l'on pourroit renfermer dans un Traité de médiocre groſſeur.

La conſtruction eſt un art qui embraſſe tant d'objets différens, & qui dépend de tant de circonſtances, que peu d'Auteurs en ont écrit,

____

(a) Le Comte de Montecuculi penſoit à peu près de même. Voici ce qu'il en dit, Liv. I, Chap. V. *Mais combien de combinaiſons différentes peut-on faire des proportions réciproques de ces parties ? Combien d'Auteurs en ont écrit ? Combien de différences dans leurs découvertes ? Elles ſont infinies & ennuyantes par rapport aux Ecrivains qui ne font que compiler, ou ſe copier les uns les autres, ou qui n'ont que des idées chimériques, ſans avoir de pratique.... C'eſt un Prothée qui change en mille formes différentes.*

b

& qu'aucun ne l'a fait d'une maniere bien inſtructive, ni aſſez étendue. Nous n'avons même rien de complet en ce genre. Ce n'eſt donc ſouvent que par ſes propres fautes, toujours ſuivies de dépenſes inutiles, qu'un Ingénieur ſe forme ſur un point ſi important.

Nous avons été beaucoup plus heureux ſur ce qui concerne l'attaque des places. Le Maréchal de Vauban qui a inventé, plutôt que perfectionné cet art, en a écrit avec autant d'étendue que de ſolidité. Depuis que ces précieux manuſcrits ont été imprimés en Hollande, il ne reſte rien d'eſſentiel à deſirer à cet égard.

Ce grand homme a fait en 1706 un Traité ſur la défenſe des Places. Il ne peut rien ſortir de médiocre de la main d'un tel maître. L'ouvrage eſt digne de la réputation de l'Auteur ; mais nos conquêtes preſque continuelles, ne l'ayant pas mis à même d'exercer ſes talens ſur cette matiere comme ſur la précédente, & cet objet, qui conſiſte principalement en chicanes, étant ſuſceptible de beaucoup plus de variété, on croit qu'en conſervant en entier l'ouvrage, l'on trouveroit beaucoup à y ajouter.

D'ailleurs ce manuſcrit, car l'on voit que

je ne parle point ici de ce qui eſt à la ſuite
d'un des livres précédens ; ce manuſcrit,
dis-je, eſt ſi rare, qu'il n'y a aucune apparence qu'il ſoit imprimé de long-temps.

Quoique la plûpart de ceux qui ont écrit
ſur la fortification aient parlé de ce qui concerne la guerre de campagne, je ne ſçais ſi
c'eſt outrer l'expreſſion que d'avancer qu'ils
n'en ont rien dit.

Qu'eſt-ce, en effet, ſur un ſujet tel que
celui-là, que de preſcrire un plan & un profil de lignes en un terrein ordinaire, d'en-
ſeigner à élever une redoute, & à flanquer,
quelquefois contre les regles du bon ſens,
un ouvrage d'un peu plus d'étendue?

Différentes cauſes ont concouru à cette
eſpece d'oubli. Les Auteurs de cabinet, à
qui la combinaiſon d'un très-petit nombre
d'angles & de lignes donnoit ſi beau jeu
ſur la fortification des places, n'ayant pu
traiter un ſujet fondé preſque uniquement
ſur la pratique, ont pris le parti de l'abandonner aux gens du métier.

Ç'étoit le parti le plus ſage ; mais les conquêtes d'un regne long-temps heureux n'é-
toient pas des circonſtances propres à la perfection d'un art dont l'objet principal eſt

la guerre défenſive. Il faut d'ailleurs obſerver que l'on ſe contentoit alors d'attacher
une brigade d'Ingénieurs à la ſuite d'une
armée, que ces brigades n'étoient que de
ſix, & que les mêmes ſujets étoient preſque
toujours employés.

Nos propres ſuccès formoient ainſi d'a-
bord un obſtacle à notre inſtruction, & il
n'eſt point étonnant que dans le petit nombre d'hommes qui ont eu occaſion de s'inſtruire par les ſuites, le talent d'arranger &
d'exprimer nettement ſes idées, & la volonté
de les publier, ne ſe ſoient pas trouvé réunis
avec le loiſir & l'expérience néceſſaires.

Après avoir fait connoître ce qui nous
manque, me fera-t'il permis de hazarder ce
que je penſe ſur la maniere d'y remédier.

La fortification des places, toute importante qu'elle eſt, tant en elle même, que
par ſon rapport avec les autres parties du
Génie, eſt, à parler en général, celle à laquelle les Ingénieurs s'attachent le moins.

Cette indifférence vient probablement de
ce que n'en ayant appris qu'une routine ſans
principes, qu'un maître peu éclairé rend reſpectable par le nom de l'Auteur dont il l'em-
prunte, on regarde naturellement cet objet

comme borné & comme porté au point de perfection dont il eſt ſuſceptible.

Qu'une ſcience ſi négligée par ceux qui ont tant d'intérêt à la connoître, ait trouvé autant ou plus d'Ecrivains qu'aucune autre, ce n'eſt point un moyen de détruire ce pré-jugé. Je ne crains pas même de dire que l'u-niformité peu inſtructive ou la biſarrerie re-butante de tant de différentes productions, ne peut que le confirmer, ou dégoûter de cette étude.

Des idées plus méthodiques & plus éten-dues, qu'il ſeroit à ſouhaiter que l'on prît à l'école même, ou du moins immédiatement après, donneroient ſans doute plus d'ouver-ture & plus de goût ſur un point ſi eſſentiel.

Je voudrois qu'un eſprit juſte & éclairé commençant par détailler les parties qui forment un des côtés de l'enceinte, expli-quât d'abord, par exemple, ce que c'eſt qu'un rempart, qu'un foſſé, qu'un chemin couvert, ſon utilité, ce qui doit déterminer ſa hau-teur & ſa largeur, les avantages & les in-convéniens qui réſultent en cela du plus ou du moins. Qu'il traitât enſuite avec la même attention de l'enceinte en général, de ſes différentes figures régulieres, des lignes &

des angles qui les compofent, des ouvrages
dont on les couvre; après quoi il enfeigneroit à tracer fur le papier les principaux fyftêmes qui ont paru, les examinant à la rigueur, balançant exactement leurs avantages & leurs défauts, & faifant fentir par le
peu de différence qu'il y a de l'un à l'autre
de ces fyftêmes, le peu de progrès que cet
art a fait jufqu'à préfent. Il finiroit enfin par
des maximes générales dont il enfeigneroit
à faire l'application aux figures irrégulieres.

Je fuis perfuadé qu'un femblable ouvrage
donneroit fur la fortification des notions &
des idées bien différentes de celles que l'on
en prend d'ordinaire. Commençant ainfi à
la mieux connoître, il eft probable que l'on
commenceroit auffi à la mieux cultiver.

Si l'ufage eft indifpenfable pour former
un Ingénieur, c'eft principalement à l'égard
de la conftruction. Je conviendrai toujours
fans peine de cette vérité, mais l'on ne peut
nier que fur cette matiere, comme fur les
autres, quelques Traités travaillés avec foin
ne levaffent les plus grandes difficultés. Lorfque l'expérience perfonnelle eft néceffaire,
& qu'elle nous manque, n'eft-ce pas toujours
un grand avantage que d'être à même de
profiter de celle d'autrui?

De quelle utilité ne feroit donc point un recueil d'inftruƈtions tirées principalement des projets & des devis, & enrichi de plans, de profils & d'autres deffeins de détail, des différentes efpeces d'ouvrages que l'on a faits en France depuis l'établiffement du Corps? J'ofe dire que non feulement les nouveaux Ingénieurs, mais même tous les autres fans exception, en tireroient de très-grands fecours.

Que l'on fût chargé, par exemple, de bâtir un pont fur un précipice; de conftruire une éclufe, un reverfoir fur une riviere confidérable, quels plus beaux modeles pourroit-on fuivre que ce qui s'eft fait depuis peu d'années à Briançon & à Metz?

L'on trouveroit au Bureau général & dans les cabinets des Direƈteurs, tous les matériaux néceffaires. L'Ingénieur chargé de la conduite de cet important ouvrage, en drefferoit le plan, & en arrangeroit & lieroit les différentes parties. Elles lui feroient fournies par ceux qui auroient été choifis pour les travailler.

On fauveroit ainfi de la pouffiere & de l'oubli un grand nombre d'excellentes pieces dont l'utilité deviendroit publique & permanente, & l'on épargneroit au Roi des fommes confidérables qui fe perdent journellement par des conftructions défectueufes ou mal entendues.

Il eft aifé de voir que je fuppofe en cela l'intervention du Miniftre ; mais l'on ne peut, ce me femble, douter qu'il ne favorisât l'éxécution d'un projet fi utile.

Une copie du Mémoire de M. le Maréchal de Vauban, revue avec foin fur le manufcrit original, feroit une excellente bafe d'un Traité complet fur l'attaque des Places.

Je voudrois qu'on y joignît, en forme de Commentaires, les remarques & les additions que l'on jugeroit néceffaires, ou feulement utiles. Le premier Mémoire du même Auteur, quelques Livres imprimés, ce que plufieurs Ingénieurs de réputation en ont écrit, les particularités les plus fingulieres que l'on tireroit des Journaux de fieges que l'on auroit eu foin d'affembler, fourniroient une ample matiere pour ce travail.

L'on pourroit en ufer de même à l'égard du Mémoire de ce Général fur la Défenfe des Places, ou le refondre en entier, fi on ne le jugeoit point affez étendu.

En diftinguant, comme je l'ai fait, de l'attaque

l'attaque & de la défenfe des Places, les fonctions d'un Ingénieur attaché à la fuite d'une armée, il femble d'abord qu'elles fe réduifent à fi peu de chofe que, ce n'eft plus un objet; mais ma propre expérience m'a fait revenir de ce préjugé; & j'ai conçu, que fans fortir de fon fujet, l'on pouvoit y trouver de quoi former un Traité auffi varié que neuf & inftructif.

Lorfque l'on fait réflexion que des cinq parties de Théorie-pratique, il en eft à peine une fur laquelle l'on ait peu de chofes à defirer, l'on ne peut s'empêcher d'être furpris d'une négligence fi préjudiciable.

Il eft vrai que ce qui concerne la conftruction ne pouvant être bien éclairci que par une compilation raifonnée de ce qu'un grand nombre d'habiles gens ont pratiqué pendant plufieurs années, cet objet exige des moyens qui dépendent de l'autorité du Miniftre; mais l'on pouvoit les demander, & d'ailleurs il eft évident que l'on n'a pas les mêmes excufes à alléguer fur les autres parties.

En vain l'on femble attendre d'ailleurs des fecours que le corps feul peut & doit fe fournir : il faut être Ingénieur pour bien écrire fur ces matieres; & j'ofe dire que n'étant pas

moins gens de cabinet que gens de guerre,
il ne nous eſt pas plus honorable qu'avantageux de laiſſer à des étrangers le ſoin de nous
inſtruire.

Ces conſidérations m'engagent à prêcher
d'exemple ; mais proportionnant ma tâche à
mon loiſir & à mes forces, ou peut-être gagné
par l'appas de la nouveauté, je me borne aujourd'hui à notre ſervice ordinaire en campagne, ſur lequel j'ai l'avantage de quelques
années d'une expérience toute récente.

Comme la fortification paſſagere eſt la premiere & la principale partie de ce ſervice, ſa
théorie ſera la matiere de ce volume. S'il eſt
reçu de façon à m'engager à continuer, il
ſera ſuivi de près d'un Traité ſur ſa conſtruction, auquel, pour le rendre plus complet,
je joindrai, autant qu'il me ſera poſſible,
toutes les inſtructions néceſſaires ſur les ouvrages de détail, & ſur les différentes commiſ-
ſions dont un Ingénieur peut être chargé à
l'armée. L'on ſçait que cette eſpece de conſtruction, toute différente de celle de la fortification permanente, n'eſt ni moins étendue,
ni moins variée ; & je puis aſſurer qu'il me
reſte bien peu de recherches à faire à ce ſujet.

L'utilité du corps étant le principal but

que je me propose, je recevrai avec autant de reconnoiſſance que de docilité, les avis que l'on voudra bien me donner ſur les défauts de ces Traités ; mais je crois dévoir prévenir le Lecteur ſur un point qui paroît d'abord avoir beſoin de toute ſon indulgence.

Ce point eſt la néceſſité où je me crois de parler ſouvent de moi. Je ſçais qu'on ne pardonne guere, ſurtout quand il eſt queſtion de ſciences ou de talens, de ſemblables citations : elles ſuppoſent preſque toujours un épanchement d'amour-propre, dont le nôtre eſt révolté, par l'eſpece de ſupériorité que l'on s'arroge par-là ſur nous. La choſe eſt donc extrêmement délicate : mais l'on doit faire attention que n'y ayant preſque rien d'écrit ſur cette matiere qui puiſſe me fournir des exemples, je ne puis citer que ce que j'ai vu ; & que comme la fortification de campagne ne ſubſiſte d'ordinaire que fort peu de temps, & que les grades dont j'ai été revêtu pendant ces deux dernieres guerres me mettoient à portée de cette diſtinction, je n'ai guere vu de choſes de cette nature dont je n'aie été chargé.

Je me flatte que ces raiſons me juſtifieront au moins dans l'eſprit des Lecteurs les moins féveres. A l'égard des autres, ils peuvent, s'ils le jugent à propos, ne regarder ce que j'écris que comme une relation raifonnée & affujettie à un ordre différent de celui des dates, de ce que j'ai vu ou fait exécuter en ce genre.

Quoi qu'il en foit, cette faute, fi c'en eft une, ne retombant heureufement que fur l'Auteur, elle ne diminuera rien de l'utilité du Livre.

Il ne me refte plus qu'un mot à dire. C'eft fur ce que je mets cette Préface générale à la tête d'un Traité particulier ; fi l'on ne fuppofe pas que mon deffein foit d'écrire fucceffivement fur les autres parties, l'on ne peut au moins difconvenir qu'elle ne foit propre à exciter d'autres Ingénieurs à le faire. Un tel motif la juftifie de refte. En effet ne feroit-elle pas probablement plus utile que l'ouvrage même, fi elle produifoit cet effet ?

TABLE
DES CHAPITRES.

Fin de la Table des Chapitres.

L'INGENIEUR.

L'INGENIEUR
DE
CAMPAGNE.

CHAPITRE PREMIER.

I. *De la fortification de campagne.* II. *Ses maximes particulieres.* III. *Défaut des angles faillans.* IV. *Moyens de les corriger.* V. *Des redoutes; quelle eft leur figure la plus parfaite.* VI. *De leur grandeur & de leurs ufages.*

I. $\mathbf{C}$E qui concerne en particulier les places de guerre, c'eft-à-dire l'art de les fortifier, de les conftruire, de les attaquer & de les défendre, comprend fans doute les parties les plus effentiel les & les plus brillantes d'un bon Ingénieur; mais fes réflexions ne doivent pas fe fixer uniquement fur ces objets.

A

Une armée retranchée avec intelligence produit, à bien des égards, les mêmes effets qu'une
forterefle : elle couvre le pays, & fuppléant au
nombre, elle arrête un ennemi fupérieur, ou l'o-
blige à combattre avec défavantage.

En fuppofant au contraire que l'on foit maître
du plat-pays, il y a des poftes, des têtes de ponts,
des quartiers à affurer, d'autres ouvrages à conftruire.

Toutes ces connoiffances étant du reffort de la
fortification, l'on ne peut difconvenir que cette
fcience ne foit auffi néceffaire à la fuite d'une
armée que dans les places : mais quoique les
maximes en foient toujours effentiellement les
mêmes, la maniere de les appliquer & d'exécuter
en conféquence, eft bien différente.

Un projet dans l'un de ces cas eft ordinairement le fruit d'une longue méditation. L'Ingénieur le forme, le digere, l'examine dans fon
cabinet : il compare à loifir fes différentes idées,
& pourvu que l'ouvrage foit folide & durable,
il ne s'embarraffe que médiocrement du temps,
des matériaux & des autres moyens néceffaires ;
il fçait qu'ils ne lui manqueront pas dans l'exécution.

Dans l'autre cas tout devient différent : l'on n'a nul
égard à la folidité ; mais il faut fe déterminer fur
le champ, & tracer de même ; il faut régler l'ouvrage fur le temps & fur le nombre des travailleurs ; ne compter que fur les matériaux que l'on
a fous fa main, & n'employer que la pelle, la
pioche & la hache.

C'eſt donc plus particuliérement en campagne que partout ailleurs, qu'un Ingénieur doit avoir le coup d'œil juſte, ſçavoir prendre un parti, & ſaiſir ſes avantages, être fertile en expédiens, iné-puiſable en reſſources, & faire paroître une acti-vité infatigable.

Je ſçais que cette vivacité & cette fécondité d'imagination ſont des talens naturels ; mais ils ſeroient preſque inutiles ſans le ſecours des con-noiſſances acquiſes : ces connoiſſances peuvent même y ſuppléer en partie ; & c'eſt pour y con-tribuer, autant qu'il m'eſt poſſible, que j'entre-prends aujourd'hui cet ouvrage.

II. Je crois ne pouvoir mieux le commencer qu'en ajoutant aux maximes générales de la for-tification, dont je ſuppoſe le Lecteur bien inſ-truit, quelques maximes particulieres qui m'ont , autant que je l'ai pu, ſervi de regles.

La premiere, eſt de renfermer ou d'embraſſer à développement égal, dans les ouvrages le plus de terrein qu'il eſt poſſible, eu égard aux cir-conſtances.

Cette attention, qui concerne principalement les redoutes & les fortins, eſt néceſſaire pour que la garde du poſte ſe baraque, & manœuvre plus commodément ; & dans les autres cas, pour que les troupes ſoient moins reſſerrées dans leur camp ou dans leurs mouvemens.

La ſeconde, que s'il y a pluſieurs ouvrages à portée l'un de l'autre, leurs lignes de défenſe foient dirigées de façon qu'ils fe protegent mutuellement, fans pouvoir fe nuire par leur feu.

L'utilité de l'un & l'inconvénient de l'autre de ces points font trop évidens pour avoir befoin d'explication.

La troifieme, de ne compter fur la défenfe de la moufqueterie que pour les parties qui en font battues à angle droit,

Parce que le foldat tire prefque toujours fans vifer, & droit devant lui.

La quatrieme, de n'avoir recours au fecond flanc ou feu de courtine, que lorfqu'on ne pourra abfolument faire autrement.

Cette maxime eft une conféquence de la précédente. L'on verra d'ailleurs à l'article III du chapitre fuivant, que la défenfe réelle ne doit point en ce cas fe compter d'après la longueur de ce flanc oblique, mais qu'elle fe réduit à celle de la perpendiculaire abaiffée de fon extrêmité fur la prolongation de la ligne de défenfe.

La cinquieme, que l'angle flanquant, c'eft-à-dire l'angle que forme le flanc avec la ligne de défenfe, foit toujours droit, ou plus ouvert qu'un droit, mais qu'il n'excede que le moins qu'il fera poffible, l'ouverture de cent degrés

L'on ne doit pas craindre ici, comme pour les places, que le flanc foit trop découvert. L'on ne doit d'ailleurs chercher ni à ficher, ni même à rafer les faces, puifqu'on n'eft expofé ni à défenfe de breche, ni à logement de mineurs. L'on doit compter fur une attaque brufque faite à découvert,

& ordinairement en colonne, par un ennemi fu-
périeur en nombre, & auquel on ne réſiſte que
difficilement, s'il franchit le foſſé : il eſt donc
queſtion de l'arrêter à quelque diſtance, de le
rebuter, & de ne pas multiplier le péril, en s'ex-
poſant ſans néceſſité à ſon propre feu ; ce qui
arriveroit infailliblement, ſi l'angle flanquant
étoit aigu, parce que dans ces momens de con-
fuſion, ce feu eſt toujours très-mal dirigé : mais
l'on doit éviter en même temps l'extrêmité oppoſée, qui eſt de trop ouvrir cet angle ; car en
ce cas le feu ne défend plus le foſſé, il s'éloigne
trop de l'ouvrage, ſe croiſe moins ſur les ſaillans,
ou même ne s'y croiſe pas. Ce ſont ces différentes raiſons, plutôt que le deſir d'alonger les flancs,
qui m'ont porté à ſubſtituer, quand je l'ai pu ſans
rien déranger, l'angle de cent degrés à l'angle
droit.

La ſixieme, que les parties flanquantes ayent
aſſez de ſaillie, pour que l'intérieur de leur parapet batte au moins toute la largeur du foſſé de la
partie oppoſée.

Quand l'ennemi eſt proche, ſurtout en colonne,
le feu direct l'arrête rarement. Dans le foſſé, il en
eſt couvert ; celui du flanc devient alors l'unique
reſſource : l'on ne peut donc trop éviter de retrancher volontairement partie d'un ſecours ſi
eſſentiel.

La ſeptieme, de ne jamais faire d'avant-foſſé
en terrein ſec, s'il n'eſt découvert & enfilé ſur
toute ſon étendue, & ſous un angle propre à en

être défendu, de l'ouvrage qu'il couvre ou qu'il enveloppe.

Les ouvrages sans flancs, tels que les redoutes, & ceux dont les flancs sont trop obliques, ou n'ont point assez de saillie, sont, selon moi, les seuls auxquels on ne puisse donner d'avant-fossés. Je n'ignore pas que cette maxime est directement contraire à celle de M. de Vauban, qui, en les rejettant, en exclut nommément les lignes ; mais comme il ne s'y détermine que par la crainte que l'ennemi ne s'en serve comme d'un lieu couvert, propre à se rassembler & à reprendre haleine, il est aisé de voir que l'inconvénient cessant, ainsi que je le suppose ici, & que j'en donnerai les moyens par les suites, le précepte n'a plus lieu, & que l'avant-fossé ne doit plus être regardé que comme un obstacle de plus à franchir.

La huitieme, de ne donner que de 60 à 80 toises aux lignes de défense, lorsqu'elles partent de deux flancs séparés par des branches qui forment un angle saillant, ou lorsqu'elles ne sont pas faites pour se croiser, même en les prolongeant.

Comme les angles flanqués du polygone, que le premier de ces cas désigne, sont les parties les plus exposées, ils ne peuvent être trop soutenus. A l'égard du second cas, il concerne particuliérement les crémailleres, dont les défenses paralleles & dirigées dans le même sens, ne pouvant se croiser, celle du crochet doit, pour y suppléer, être couverte & doublée par le feu du crochet qui le précede, comme on le peut voir à l'article de ces lignes.

La neuvieme, que les parties les plus saillantes, & par conséquent les plus foibles par elles-mêmes, soient, autant qu'il se pourra, les mieux défendues, & qu'elles le soient au moins du feu de deux flancs, sans compter le feu direct.

Rien n'est plus naturel que de flanquer de préférence ce que l'on juge en avoir le plus de besoin.

III. Toute fortification suppose ou une figure plane, ou simplement une ligne, mises ou à mettre en état de défense.

Une ligne n'étant réputée fortifiée, qu'autant qu'elle est flanquée, toute fortification suppose encore nécessairement des angles, & par conséquent des angles saillans.

Si ces angles sont rectilignes, ils ont sur les autres l'avantage d'être, ou de pouvoir être exactement rasés & défendus dans toutes leurs parties ; & comme c'est l'objet essentiel, cette circonstance n'échappe à personne : mais il me semble qu'on ne connoît point assez précisément leur défaut.

Le soldat tire presque toujours machinalement, & par conséquent directement devant lui : c'est ce que l'expérience a si bien fait connoître, qu'on peut le poser pour axiome.

Il résulte delà qu'à la pointe de chaque angle saillant il y a un espace considérable qui n'est battu d'aucun feu direct ; car je crois pouvoir compter pour rien un feul fufilier qu'on peut y placer.

Pl. I. Fig. 1. L'on voit que cet efpace eft un fecteur de cercle , dont l'ouverture eft réglée par celle de l'angle flanqué , & la longueur des rayons, par la plus grande portée du fufil : de maniere que fi cet angle eft droit & cette portée de 150 toifes, il y a près de 17679 toifes quarrées de terrein , où l'affaillant n'a aucun feu de front à craindre.

C'eft d'après cette connoiffance , fouvent bien fuperficielle , que les tranchées fe conduifent , autant qu'on le peut , fur la prolongation de la capitale , & que les Officiers entendus dirigent de même leur marche , foit pour l'attaque d'un chemin couvert , foit pour celle d'un ouvrage.

Pl. I. Fig. 2. IV. Quelques Ingénieurs, pour remédier à cet inconvénient , arrondiffent ces angles , ce qui diftribue effectivement du feu partout. Cette méthode eft préférable à la conftruction ordinaire ; mais l'arrondiffement ne pouvant être que de peu d'étendue , pour ne pas trop rétrecir la capacité de la place d'armes ou de l'ouvrage ; le feu qui en part , eft toujours bien petit & bien divergent.

Pl. I. Fig. 3. Comme c'eft la capitale même qui, plus éloignée des parties flanquantes & du feu latéral , a le plus de befoin d'être défendue, j'aimerois mieux qu'on rabattît cet angle en pan coupé.

L'un & l'autre de ces expédiens ne fait que diminuer ce défaut ; mais en voici un aifé à

pratiquer

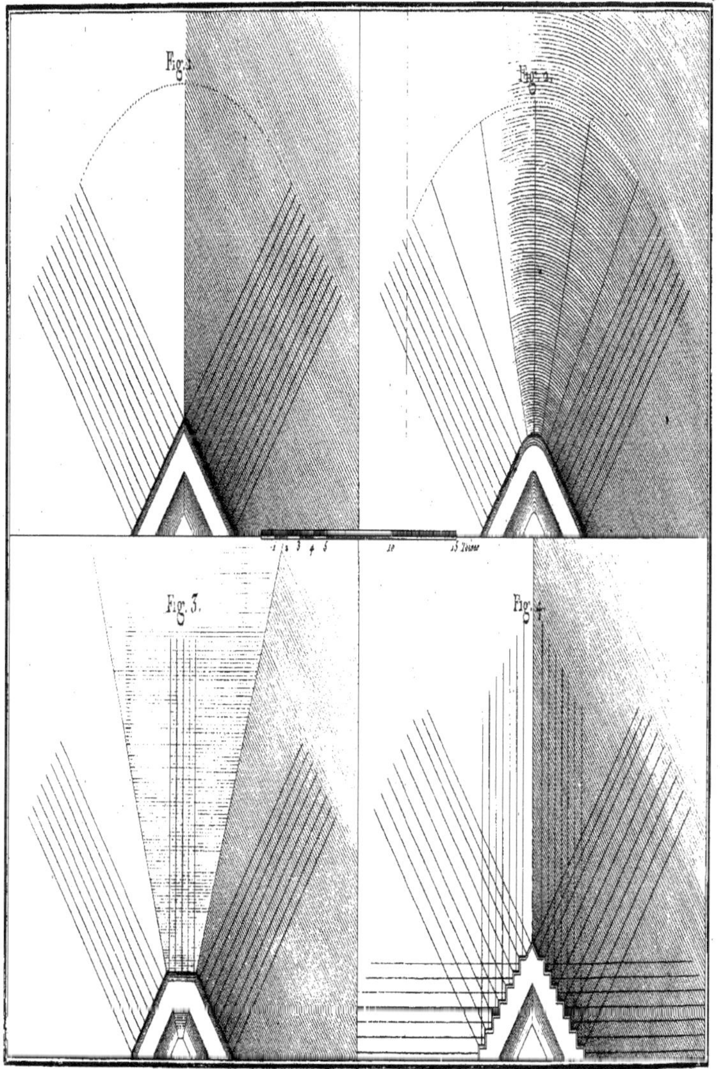

Cl. Ch. Riolet sculp.

pratiquer, au moins dans les places, qui y remédie totalement. ·

C'est de tracer l'intérieur du parapet en forme
de crémaillere, observant qu'une des faces des
redans soit perpendiculaire, & l'autre parallele
à la capitale. Construction qui me paroît d'autant plus avantageuse, que l'on tire deux, & jusqu'à trois défenses différentes d'une même partie.

Il n'est point étonnant que des gens d'esprit
qui ont l'imagination juste, se rencontrent quelquefois sur des idées simples. M. de la Fon, Directeur des Fortifications des Places maritimes de
Flandre, m'avoit fait voir en 1740 à Dunkerque,
un projet où il avoit employé celle-ci au tracé
d'un chemin couvert : M. de Verville, alors en
chef à Rocroi, à qui je n'en avois assurément point
parlé, me montra en 1743 à l'armée du bas-Rhin,
le plan d'une redoute quarrée dont il avoit imaginé de défendre les angles par le même moyen.
Je me flatte qu'ils ne trouveront pas mauvais que
je les cite ; une si belle découverte ne peut que
leur faire honneur.

V. La redoute est la plus petite piece de
Fortification que l'on construise. Je comprends
sous ce nom tout ouvrage de campagne non
flanqué par lui-même. Il y en a de deux especes,
l'une à parapet, l'autre à machicoulis.

Celle-ci ne se pratique guere en campagne.
J'en ai vu cependant une en 1734 aux Lignes
d'Etelingue. C'étoit un exagone en charpente,

qui fervoit de réduit & de corps-de-garde à un ouvrage plus confidérable.

La redoute à parapet eft d'un ufage beaucoup plus étendu. On s'en fert pour la défenfe, quelquefois même pour l'attaque des Places, & fréquemment dans l'efpece de guerre dont il s'agit ici.

Quand on n'eft gêné par rien, fa forme la plus ordinaire eft un quarré dont on doit oppofer le plus directement qu'il eft poffible, un ou plufieurs côtés aux endroits que l'on veut battre.

Si la redoute eft à portée d'autres ouvrages, tels, par exemple, qu'un chemin couvert ou des lignes, l'on doit avoir attention de tourner fes faces de maniere à en être défendues.

Il eft encore effentiel en ce cas de lier le tout enfemble par une communication. Indépendamment des fecours & de la retraite que l'on s'affure par-là, l'on en retire l'avantage de ne pouvoir que très-difficilement être attaqué par fes derrieres.

Une communication bien faite peut d'ailleurs, comme on le verra au Chapitre VII, donner de droite & de gauche des flancs fur les parties dont l'ouvrage eft protégé.

L'on a obfervé de quelle utilité il feroit de remédier en général au défaut des angles faillans; l'on peut ajouter qu'en fait de redoutes la chofe eft non feulement utile, mais néceffaire.

En effet il réfulte du principe établi à ce fujet, que la furface que bat la piece, eft à celle qu'elle ne bat point, comme le pourtour intérieur du polygone multiplié par la longueur de la portée du fufil, eft à la fuperficie d'un cercle dont cette même portée eft le rayon ; de maniere qu'en fuppofant toujours cette portée de 150 toifes, il y aura autour d'une redoute de 40 toifes en tout de parapet intérieur, 6000 toifes quarrées de terrein expofé au feu, & un peu plus de 70714 de terrein qui ne le fera pas.

Comme cette regle eft générale, & que par conféquent le nombre des côtés n'y change rien, l'on dira peut-être, en lifant ce que je vais dire, que le cercle même ne doit avoir en cela aucun avantage fur les autres figures, puifqu'il ne différe pas d'un polygone d'une infinité de côtés. Une objection fi plaufible mérite bien qu'on la prévienne.

Je conçois, fi l'on veut, que quoique l'efpace que parcourt une balle, n'ait pas d'autre largeur que fon diametre, comme l'objet fur lequel on tire en a davantage, l'on peut fuppofer qu'elle fuffit pour battre fur deux pieds de largeur.

Que fi la redoute a 40 toifes de circonférence intérieure, fon feu formera ainfi 120 parallélogrammes qui, fe touchant par les extrêmités d'un de leurs petits côtés, laifferont entre les grands 120 fecteurs, qui, tous enfemble, compoferont comme un quarré, un cercle de 150 toifes de rayon.

Que par conféquent on pourra non feulement la confidérer comme un polygone d'une infinité de côtés, mais encore comme n'en ayant que 120.

Je conviens sans peine de ces vérités, qui prouvent que la regle que j'ai donnée, s'étend sur les figures circulaires; mais je n'en suis pas moins convaincu que ces figures ne soient par elles-mêmes bien préférables aux rectilignes.

Au quarré, par exemple, je ne trouve que quatre espaces qui ne soient pas défendus; mais chacun de ces espaces s'ouvre à angle droit, & est par conséquent de près de 17679 toises quarrées; au lieu que, suivant la supposition, j'ai à la vérité 120 espaces non défendus, mais chacun de moins de 590 toises de superficie, & resserré en angle de 3 degrés seulement.

Quelque grand que soit cet avantage, j'en vois un plus considérable encore; c'est que tous les points de la circonférence d'un cercle étant également disposés, le soldat se poste indifféremment partout; ce qui fait que les espaces défendus variant d'un moment à l'autre, l'ennemi n'est en sûreté nulle part.

L'on peut donc conclure avec certitude que la redoute ronde, quoique peu ou point en usage, est la plus parfaite qui puisse se tracer; que moins ces ouvrages ont de côtés, plus ils sont défectueux, & que la quantité de superficie non vue étant toujours la même dans tous les cas imaginables, plus ils sont grands, moins ce désavantage est considérable en proportion.

Quelque préférable que soit la figure circulaire, je sçais qu'elle ne peut être d'usage qu'en certaines occasions. S'il est question, par exemple, de battre un objet de peu d'étendue, il faut fans doute lui oppofer un front dont les feux foient paralleles entr'eux. D'autres circonftances exigent de même une figure rectiligne ou mixte; mais l'on doit du moins en ce cas pourvoir au défaut des angles.

L'expédient le plus fûr eft fans doute celui PL. XI. qu'on a rapporté à la fin de l'article précédent. Ce défaut difparoît non feulement par cet ingénieux moyen, mais encore cette partie devient plus forte que le côté même, en ce que l'étendue de fa défenfe eft égale à celle de la diagonale. Cependant comme la face du redan ne doit avoir que trois pieds tout au plus, il paroît bien difficile de l'exécuter fans un revêtement quelconque, ce que l'on a rarement le temps & les moyens de faire en campagne.

L'on fe trouvera donc fouvent réduit à couper l'angle, ou à l'arrondir. Si l'on prend ce dernier parti, l'arrondiffement doit être, comme on l'a vu, le plus grand qu'il fe peut. L'on doit d'ailleurs obferver que plus il fera plat, plus il portera fon feu vers la capitale.

VI. L**A** grandeur d'une redoute fe détermine quelquefois par la configuration du terrein, & plus communément par le nombre d'hommes que l'on deftine à fa défenfe.

Un parapet eft bien bordé à deux fufiliers par toife courante. Cette connoiffance eft néceffaire, mais elle ne fuffit pas pour décider fur ce dont il s'agit.

Quarante hommes, par exemple, ne pourroient, eu égard à la banquette, tenir dans le
terre-plein d'un quarré de 5 toises de côté intérieur, & 160 feroient au large dans celui d'un
de 20 toises; ce qui vient principalement de ce
que les figures étant femblables, celle qui a quatre fois moins de longueur de côté, a feize fois
moins de capacité.

Il faut donc en même temps avoir égard à la
grandeur du pourtour, & à celle de la furface.

Pour déterminer quelque chofe fur ce point,
l'on juge qu'une figure de 24 toises de parapet,
c'eft-à-dire, fi elle eft quarrée, de 6 toises de
côté intérieur, eft la plus petite qui puiffe être
d'ufage. L'on vient d'en voir la raifon.

L'on juge de même qu'elle ne doit point ex-
céder 64 toises, en ce que ces pieces n'ayant pas
de flancs, il eft plus avantageux, quand on veut
leur donner une certaine étendue, d'y fubftituer
de ces petits forts dont on parlera par les fuites:
obfervation que n'avoit apparemment pas faite
l'Ingénieur chargé de la conftruction des lignes
d'Etelingue, puifque vers l'extrêmité de leur
gauche, par où nous les forçâmes, je vis une
redoute quarrée d'environ 40 toises de face.
C'eft dans cette piece gigantefque qu'étoit celle
de charpente dont j'ai parlé.

Revenons à notre fujet La redoute de 24
toises de pourtour intérieur contiendra trente-fix
hommes, & ils fuffiront à fa défenfe. Celle de
64 toises ne fera point embarraffée, & fera bordée

à deux de hauteur par deux cens cinquante-fix hommes.

Mais les nombres 36 & 256 font les quarrés de 6 & de 16, c'eft-à-dire du quart du pourtour de ces pieces : l'on peut donc en conclure que fi l'on quadruple la racine quarrée du nombre d'hommes que l'on veut pouvoir mettre au befoin dans ces ouvrages, elle donnera en toifes l'étendue de ce pourtour.

Si l'on veut au contraire connoître le nombre d'hommes qu'une redoute peut contenir, il n'y a qu'à quarrer en toifes le quart de ce pourtour, & le produit fera ce que l'on cherche.

Je veux, par exemple, fçavoir quelle grandeur je dois donner pour cent hommes, je multiplie 10, racine quarrée de 100, par 4, & je trouve 40 toifes de pourtour de parapet.

Si je cherche au contraire ce que cette piece peut contenir de monde, je multiplie 10, quart du pourtour, par lui-même; ce qui me donne 100.

Je conviens que les grandes redoutes contiendront par-là, eu égard à leur circuit, plus de monde que les petites; mais ce ne peut être qu'un avantage en ce qu'on ne les conftruit guere que dans des lieux importans ou plus expofés, & que rien n'empêche, fi on le juge à propos, d'en diminuer le nombre. L'on ne propofe ceci d'ailleurs que comme une méthode fuffifante dans la pratique pour les figures de 24 à 64 toifes de parapet; n'oubliant pas, par exemple, qu'à pourtour égal, la figure qui a le plus de côtés, a auffi le plus de capacité.

L'ufage le plus ordinaire des redoutes dans la guerre de campagne eft d'affurer un pofte , une grand'garde, une communication ; de défendre un défilé, un pont, un gué. L'on juge, comme on le verra plus loin, qu'on pourroit encore s'en fervir utilement pour flanquer des lignes.

Elles ne font pas moins utiles en certains cas pour éloigner l'ennemi d'un pofte confidérable. En 1734, après la prife de Philisbourg , nous ofions à peine envoyer nos chevaux pâturer à 100 toifes de la paliffade. Les Huffards enleverent & tuerent un Officier de la garnifon prefqu'au pied du glacis ; & les Impériaux, maîtres de ce côté du Rhin , faifoient en plein jour marcher leurs troupes & paffer leurs convois fur le rideau des Capucins, à portée du canon de la place.

Je fis réparer deux vieilles redoutes qui bordent ce rideau, j'en fis conftruire une troifieme, les Huffards ne parurent plus ; nos pâtures nous refterent, & les marches fe firent à travers le bois,

CHAPITRE

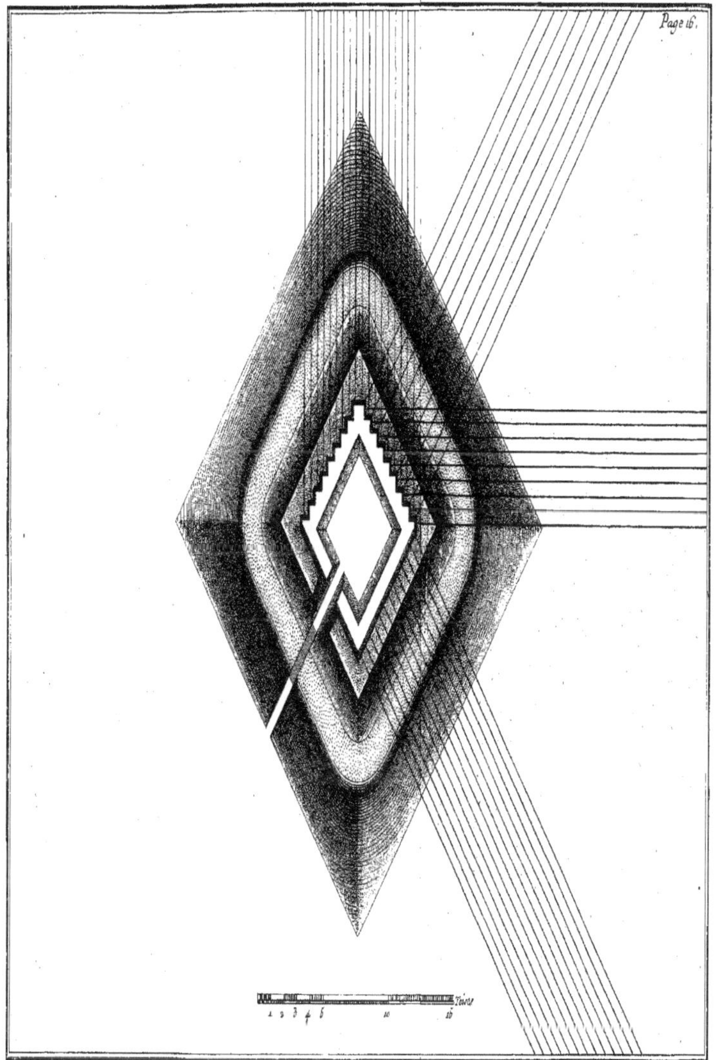

Cb. Ch. Railee sculp.

CHAPITRE SECOND.

I. *Des Forts de Campagne en général.* II. *Des Forts à étoiles.* III. *Des seconds flancs.* IV. *Des Forts triangulaires & des quarrés.* V. *Des Têtes de pont.* VI. *Leur tracé suivant les différens cas.* VII. *Des Têtes de pont d'un usage plus permanent.* VIII. *Projet de flancs mobiles.* IX. *Autres usages des Bateaux armés.*

I. Les fortins ou forts de campagne ont, à l'égard des redoutes, l'avantage d'être flanqués, & le défavantage de conserver intérieurement moins de capacité en proportion de leur pourtour.

On peut les considérer comme étant de deux especes différentes. Les uns ayant à se défendre de partout, sont entiérement fermés, & c'est ce qu'on appelle plus proprement de ce nom ; les autres appuyés à une riviere, à un précipice, &c. restent ouverts, au moins par la gorge.

Quelques Auteurs de cabinet ont, faute d'expérience, donné à ce sujet des desseins pitoyables. Les gens même du métier négligeant de réfléchir sur un tel objet, tombent quelquefois, en les traçant, dans de lourdes fautes.

L'on se réglera pour cela, comme pour tout le reste, sur les principes généraux & sur les

C

maximes que j'ai données ; obfervant, en conféquence de ces maximes, de ne jamais faire de
fort au deffous d'une certaine grandeur. Il vaut
mieux en ce cas y fubftituer une redoute pour
conferver au moins le plus de capacité.

La grandeur néceffaire pour la conftruction de
ces ouvrages varie fuivant la maniere dont on les
fortifie.

II. La plus fimple de toutes eft de brifer les
lignes en angles rentrans ; ce qui donne des flancs
obliques & fans épaules.

Si l'on fe rappelle les maximes que nous avons
établies, l'on verra que l'obliquité de ces flancs,
fouvent trop grande en effet, n'eft plus ou moins
defectueufe qu'à proportion qu'elle excede l'ouverture de 100 degrés, & que l'on ne doit faire
aucune attention à l'angle mort qu'ils forment.

L'on donne à ces forts le nom d'Etoiles, parce
qu'ils en ont à peu près la figure. Adam Fritach
qui cite à ce fujet le fiege de Breda, dit qu'on
les fait ordinairement à quatre angles, quelquefois
à cinq, & fort rarement à fix.

Pl.III.Fig. 1
& 2.

Il les conftruit, en donnant pour le quarré un
huitieme, & pour le pentagone un fixieme de la
longueur du côté, à la perpendiculaire qui détermine la brifure.

L'angle flanquant fe trouve par-là de près de
152 degrés pour l'un, & de plus de 143 pour
l'autre. On ne peut guere le fermer davantage ;
ainfi on ne doit point attendre grande protection

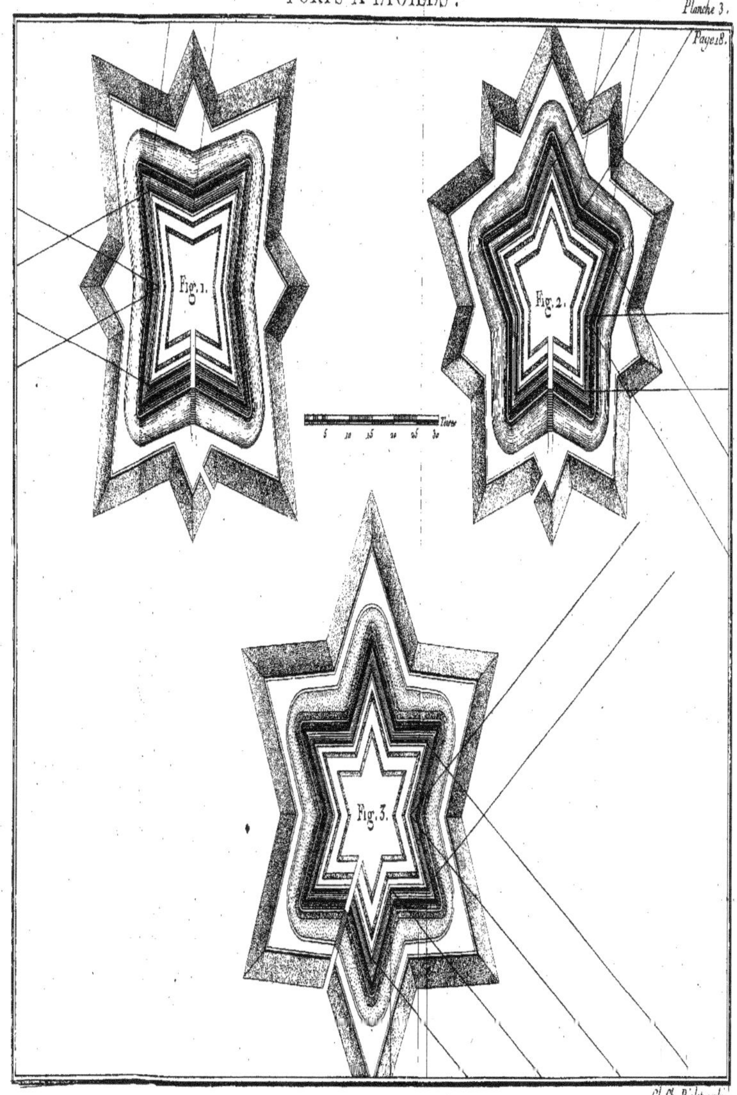
Planche 3.
Page 18.
Fig. 1.
Fig. 2.
Fig. 3.
Toise
5   10   15   20   25   30
Cl. Ch. Riolet sculp.

de ces flancs : cependant comme les feux se croisent à peu de distance, les fronts des polygones sont sans doute mieux défendus que par la ligne droite ; mais les saillans, surtout au quarré, en sont beaucoup plus exposés.

Je ne parle point, au sujet du pentagone, de la difficulté de tracer promptement cette figure sans instrumens, parce que la boussole peut suffire, & que je suppose qu'en campagne un Ingénieur en a toujours une sur lui.

Fritach ne dit rien de la construction des étoi-   Pl. III. Fig. 3. les à six angles. Le Pere Dechalles les forme de triangles équilatéraux : cette figure est réguliere ; & c'est, je crois, la plus parfaite qu'on puisse leur donner.

L'angle flanquant étant par-là de 120 degrés, les feux se croisent mieux & plus près ; & comme les deux flancs sont toujours sur une même ligne, l'espace non défendu devant le saillant, se réduit à un parallélogramme dont le petit côté est égal à la gorge.

L'on peut mettre au rang des étoiles à huit   Pl. IV. Fig. 1. pointes celle que ce Religieux appelle quarrée. C'est en effet un quarré dont le tiers du côté sert de base à un triangle équilatéral qui en flanque le reste.

Cette figure, quoiqu'irréguliere, a sur la précédente l'avantage du plus de capacité, & de croiser les feux sur les quatre angles droits. A l'égard des redans, la largeur de l'espace non vu, est comme à l'autre, perpendiculaire & égale à leur gorge.   C ij

Si l'on confronte ces différentes figures, l'on s'appercevra que la défenſe augmente tant pour les fronts que pour les ſaillans, à proportion du nombre de leurs côtés ; ainſi quoi qu'en diſe l'Auteur Hollandois, l'étoile à ſix pointes eſt préférable à celles qui en ont moins, & l'étoile à huit pointes eſt meilleure que celle-là.

Pl. IV. Fig. 2. La maniere la plus parfaite de la conſtruire ſeroit de former chaque côté d'un octogone en triangle équilatéral. La figure ſeroit ainſi réguliere ; ſes angles flanqués auroient 60 degrés, & les flanquans 105 ; ce qui n'eſt guere trop : mais comme la choſe ne ſeroit point auſſi facile qu'il le faut, à exécuter ſur le terrein, en voici une qui en approche beaucoup.

Pl. IV. Fig. 3. Briſez les côtés d'un quarré en donnant un huitieme du côté à la perpendiculaire, comme pour l'étoile à quatre pointes, & élevez ſur chaque front un triangle équilatéral, dont le tiers d'un des huit côtés ſoit la demi-gorge.

Les angles flanqués ſe trouvent alternativement par-là de 61 degrés 56 minutes, & de 60 degrés, & les flanquans de 105 degrés 58 minutes. J'ai exécuté cette piece en 1743 ſur la Queich, & elle a été approuvée.

C'eſt, ſelon moi, à ce nombre de pointes qu'il faut ſe borner. Il ſeroit trop difficile quant au tracé, & d'ailleurs aſſez inutile pour la défenſe, d'en donner davantage.

III. LA conſtruction des forts baſtionnés

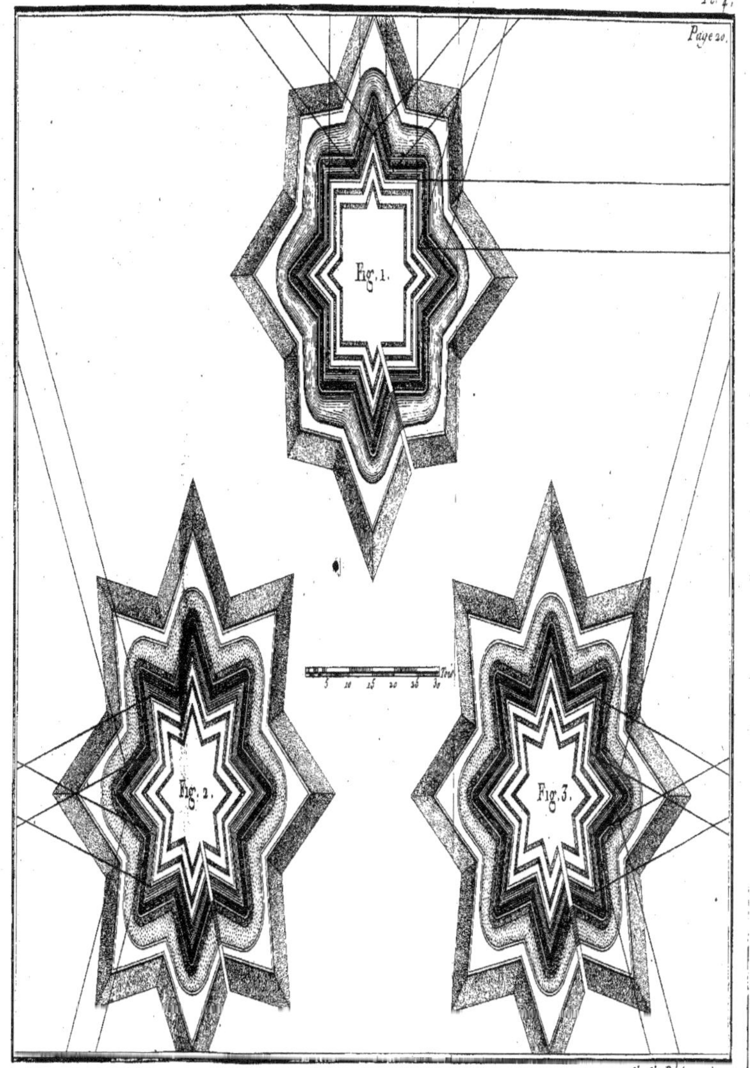

Cl. Ch. Ruelet sculp.

approche plus de celle des places. Elle n'en differe même qu'en ce que la figure à mettre en défenfe, étant plus petite, & l'attaque fuppofée d'un
autre genre, on fe contente ordinairement de les
flanquer par des demi-baftions.

La face de ces demi-baftions tire uniquement
fa défenfe de ce qu'on appelle *fecond flanc*, c'eft-
à-dire d'une partie de la courtine; fur quoi il y
a une obfervation effentielle à faire.

L'on a vu que le foldat tire prefque toujours
directement devant lui; mais quoique cette circonftance foit importante, on ne l'a point ici en
vue. L'on y fuppofera au contraire qu'il tire exactement dans la direction prefcrite.

Je n'examinerai pas non plus s'il eft avantageux
ou non, de faire de ces feconds flancs fi fort du
goût des Hollandois; cette difcuffion indifpenfable dans un Traité général de fortification, feroit peut-être ici déplacée. Je me bornerai à examiner l'effet de cette défenfe.

Le cas que bien des Auteurs femblent en faire,
donnent lieu de foupçonner que quelques-uns
d'entr'eux le comptent fur la longueur de cette
partie de la courtine, au lieu qu'il ne doit fe
compter que fur celle de la perpendiculaire abaiffée de fon extrêmité fur la ligne de défenfe.

Que l'on fuppofe deux ou trois pieds d'inter- Pl. V. Fig. 16.
valle entre chaque fufil, la diftance d'une paral
lele à l'autre ne pouvant fe prendre que perpendiculairement, il eft clair que le fecond flanc ne
donnera pas plus de feux que la perpendiculaire

dont on vient de parler; c'eſt-à-dire que, quoique
le flanc ſoit, par exemple, de 54 pieds, ſi l'angle flanquant eſt, comme au fort triangulaire que
je vais propoſer, de 166 degrés 6 minutes, l'on
aura moins de 13 pieds de défenſe effective; c'eſt ce
que la figure fera mieux entendre que tout ce que
je pourrois ajouter.

IV. Ce ſecond flanc, auquel après tout on eſt
obligé de recourir ici, eſt plus petit & plus oblique dans la figure triangulaire que dans la quarrée.
La figure triangulaire a d'ailleurs bien moins de
capacité, eu égard à ſon pourtour; ce qui eſt dé-
ſavantageux ſuivant une des maximes que nous
avons établies. Voila de fortes raiſons pour l'é-
viter : cependant comme il y a quelquefois des
circonſtances qui obligent à en faire uſage, je vais
dire de quelle maniere on peut la fortifier.

Pl. V. Fig. 2.   Formez un triangle équilatéral; diviſez-en le
côté en trois parties. Portez une de ces parties
pour la capitale en prolongation de ce côté; tirez
la ligne de défenſe de ce point à l'extrêmité de
l'autre côté du triangle. Faites la gorge égale à
la capitale, c'eſt-à-dire du tiers de la longueur
du côté. Elevez le flanc perpendiculairement ſuivant Fritach, ou plus ouvert d'environ 10 degrés,
comme ſur le plan ci-joint

Pl. V. Fig. 3.   Le quarré ſe fortifie de même, à l'exception
que les angles d'un polygone étant plus ouverts
à proportion qu'il a plus de côtés, la ligne de
défenſe ſe tire du milieu du front total, c'eſt-à-

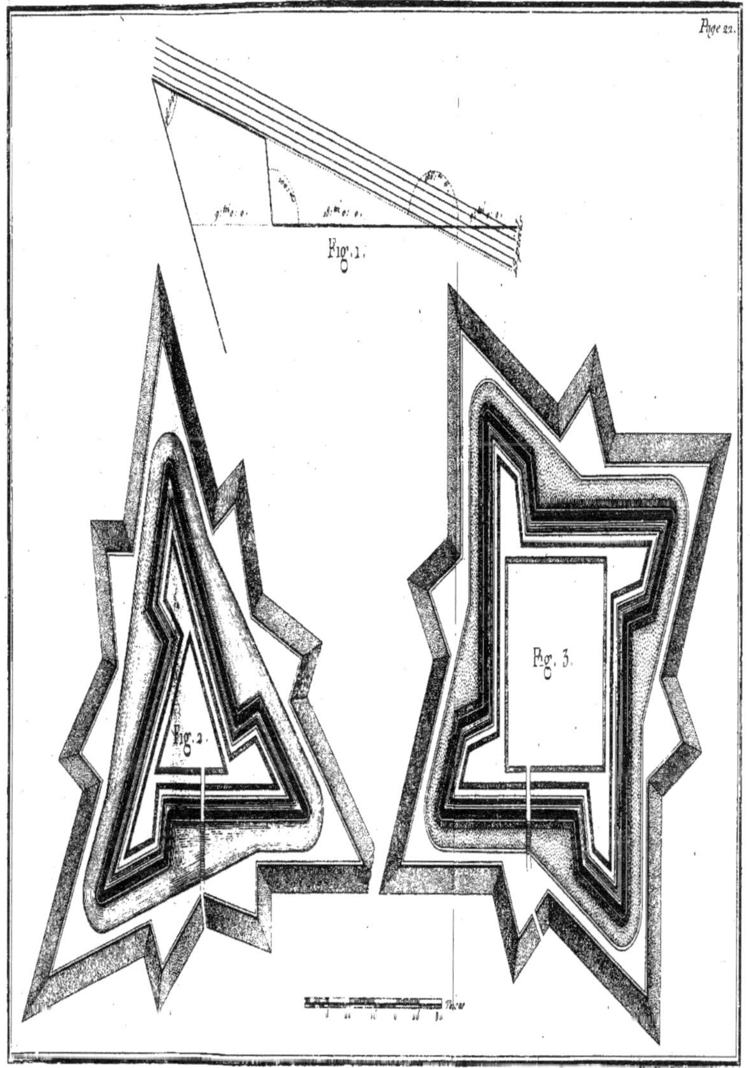

A. Ch. Riolet sculp.

dire d'un point pris au tiers de la courtine, à compter de la demi-gorge, à l'angle du demi-baſtion voiſin.

Je ne multiplierai point ici les exemples ; je ne les étendrai point aux figures irrégulieres, & moins encore à celles qui peuvent être défendues par des baſtions entiers. C'eſt pour des Ingénieurs que j'écris ; & quoique je n'aie point aſſez de préſomption pour en avoir en vue d'autres que de nouveaux, au moins en ce genre, je n'en ai peut-être déja que trop dit pour des Officiers dont l'art de fortifier doit être la principale étude.

V. Les forts ouverts par la gorge ſervant preſque toujours à couvrir la tête d'un pont, ſont rarement abandonnés à leur propre défenſe.

Par cette raiſon, lorſque le pont n'eſt pas fait, on le conſtruit d'ordinaire au milieu d'un de ces coudes, qui s'avançant en arcs de cercle, ſont plus propres qu'une ligne droite à découvrir en avant de l'ouvrage.

Si la riviere eſt étroite, & que le bord oppoſé en ſoit ſupérieur ou égal en hauteur à celui ſur lequel eſt l'ouvrage, l'on y éleve des flancs détachés, dont l'effet eſt d'autant plus certain que le ſoldat craint moins d'y être attaqué.

Si la riviere a 40 ou 50 toiſes de largeur, ou que des bords trop bas obligent de s'éloigner à cette diſtance, comme la mouſqueterie de ces flancs ne dépaſſeroit point aſſez l'angle ſaillant, l'on n'y compte guere que pour ſoutenir la face des flancs que l'on éleve aux épaules de la piece, ou tout au plus pour le moment de l'attaque même, c'est-à-dire lorsque l'ennemi est près du fossé.

L'on est quelquefois privé de cette ressource. Le Rhin au dessous de Strasbourg, le Danube au-dessous d'Ingolstat, & bien d'autres rivieres, ont communément plus de 100 toises de largeur. L'on ne peut donc, d'une rive à l'autre, y espérer aucune protection de la mousqueterie ; mais les flancs dont j'ai parlé, seront toujours utiles, si on les borde de quelques pieces de canon.

Quoique l'artillerie ne soit indispensable qu'en ce cas, pour peu que l'on fasse attention que c'est l'arme la plus propre à défendre au loin l'accès de l'ouvrage, l'on conviendra qu'elle n'est guere moins nécessaire dans les autres. Un Ingénieur peut donc & doit même en demander pour cet usage, auquel on en a souvent employé.

VI. L'on a bien moins d'égards, en réglant la grandeur de ces pieces au nombre d'hommes destinés à leur garde ordinaire, qu'à celui des troupes que l'on a, ou que l'on peut avoir en avant, parce qu'il faut qu'elles y défilent sans confusion, & que ces postes doivent d'ailleurs contribuer à favoriser leur retraite.

Les principales circonstances qui peuvent en déterminer la figure, se réduisent, comme on vient de le voir, à trois cas différens.

PL. VI.   Pour le premier, c'est-à-dire lorsque ces pieces sont flanqués de près de la rive opposée, un
simple

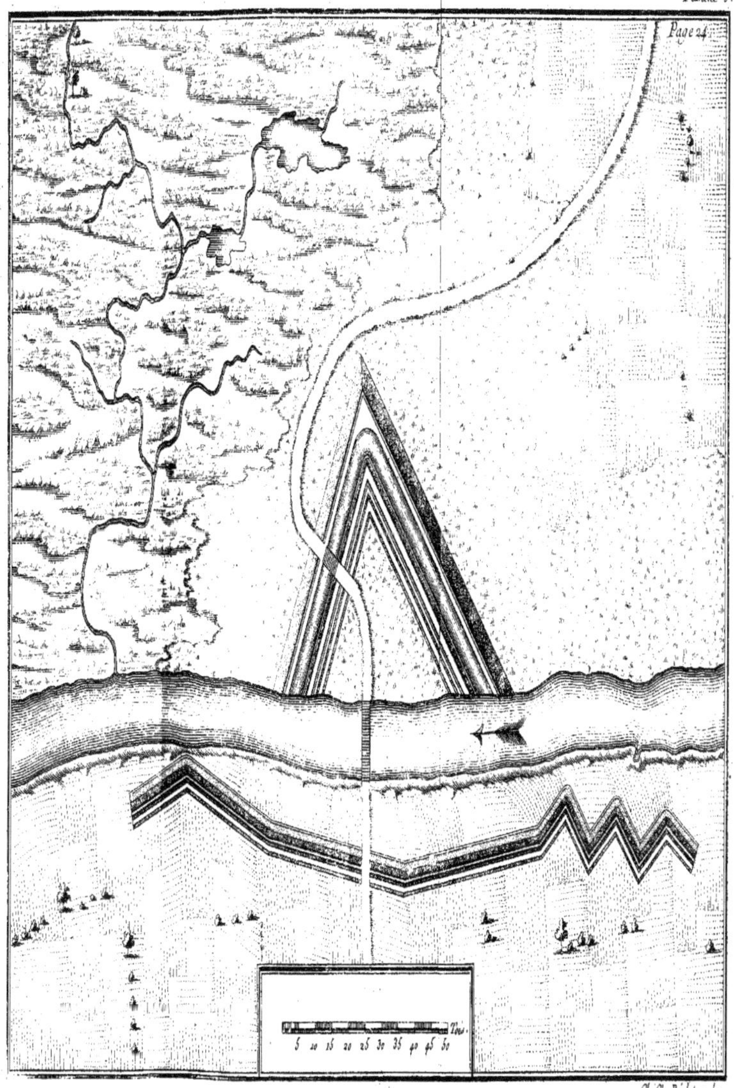

Cl. Ch. Riolet sculp.

fimple redan peut fuffire. L'inclinaifon des faces Pl. vi.
fe regle fur la configuration du terrein, & fur ce
que l'on veut principalement battre. Il n'y a rien
de plus à obferver, fi ce n'eft qu'à proportion que
l'angle differe de 90 degrés, la capacité de l'ouvrage diminue, & que plus il eft aigu, plus fes
faces font protégées directement & de près.

Lorfque l'on n'eft foutenu que de loin par la Pl. VII.
moufqueterie, l'on forme des flancs à l'ouvrage
même, ayant attention que les faces de ces redans foient défendues d'au-delà de la riviere.

Ces faces ne feront pas trop longues, fi ne
laiffant aux gorges que l'ouverture néceffaire pour
y établir une communication facile, l'angle des
flancs fur les branches eft d'environ 110 degrés.
J'ai exécuté en 1742 à Donaftauf près de Ratif-
bone, le deffein que je donne; mais je n'eus pas le
temps de faire le retranchement dans l'Ifle, qui
d'ailleurs eft trop baffe. Je la fuppofe ici de niveau
avec la campagne.

Lorfque l'on n'a d'autre protection à attendre
que du feu du canon, toutes les parties de l'ouvrage, à l'exception du côté de la riviere, étant
également expofées, elles doivent être flanquées
auffi également qu'il eft poffible.

Voici le tracé de deux ouvrages qui peuvent Pl. VIII. Fig.
fervir dans cette occafion.   i.

Formez un quarré; divifez-en chaque côté en
quatre parties égales: prenez intérieurement une
de ces parties pour la capitale; tracez la ligne de
la courtine; prenez une de ces mêmes parties

D

 pour les gorges, & tirez les flancs perpendiculairement à la ligne de défenfe.

Pour la branche, donnez à la capitale & à la gorge le quart du côté, comme au front, excepté que la capitale fe porte extérieurement. Tirez de fon extrêmité au milieu du front total la ligne de défenfe; élevez-y du point de la gorge une perpendiculaire; prolongez-la intérieurement de la moitié de fa longueur, & de ce point de prolongation tirez la branche & le flanc en l'ouvrant de 105 degrés.

Comme cette figure differe en plufieurs chofes de ce qui a été exécuté ou publié jufqu'ici en ce genre, je l'accompagnerai de quelques réflexions.

Les flancs en font très-grands; mais le terreplein reftant affez étendu, & l'angle flanqué d'une ouverture fuffifante, je ne vois rien en cela que d'avantageux. Ceux du front font perpendiculaires fur les lignes de défenfes, pour ne pas trop diminuer des faces utiles par elles-mêmes, en ce qu'elles portent en avant un feu croifé. Les autres font plus ouverts pour laiffer plus de jeu au feu de l'extrêmité de la branche.

L'inclinaifon des branches eft ce qu'il y a ici de plus particulier. J'en tire deux avantages; l'un, qu'en fuppofant le cours de la riviere en ligne droite, leur feu bat à proportion de la diftance, en avant d'une partie des demi-baftions de la gorge; l'autre, que la défenfe du fecond flanc qui doit en rafer les faces, eft moins oblique.

Le fecond flanc devient par-là plus court; mais

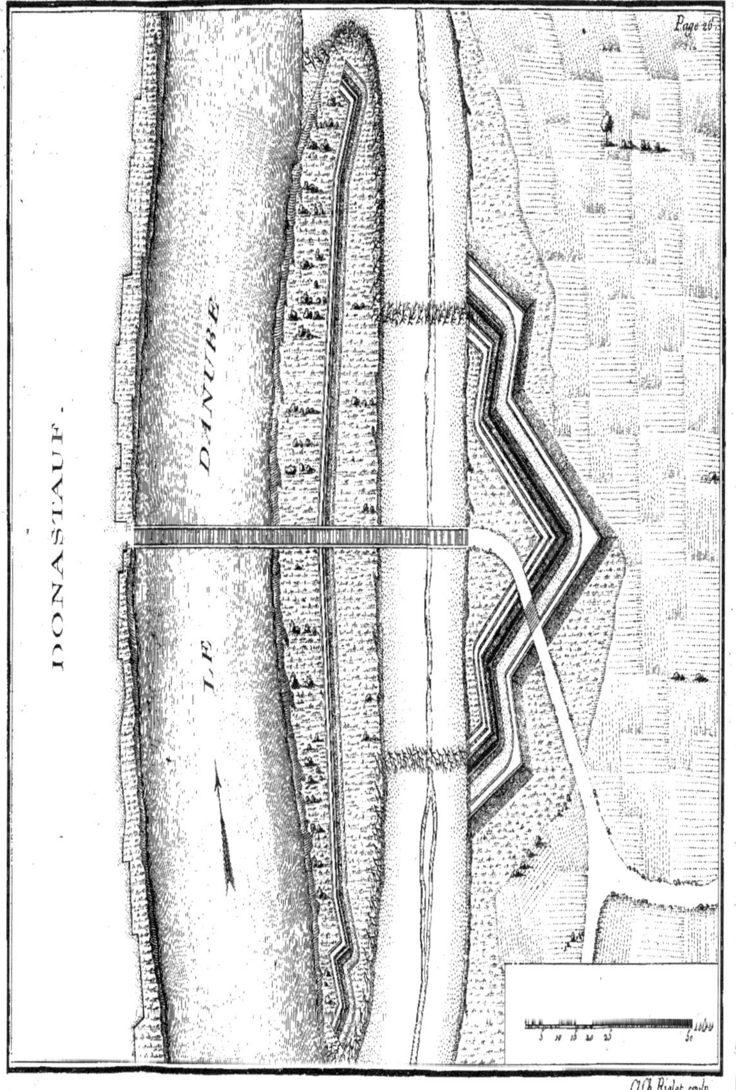

A.Ch. Riolet sculp.

ſi l'on fait attention à la maniere dont ſon feu doit ſe compter, l'on verra qu'eu égard à la ligne raſante, ſon effet reſte toujours le même.

Pour la ſeconde figure, tracez le front comme à la précédente ; rétreciſſez de chaque côté la gorge de l'ouvrage de la ſixieme partie de ſon ouverture : portez ſur la branche deux de ces ſixiemes, & de ce point formant un angle de 120 degrés, tirez la face du demi-redan. Pl. VIII. Fig 24.

Cette méthode me paroîtroit préférable à l'autre, ſi l'on n'avoit aucune protection à eſpérer d'audelà de la riviere, en ce que les branches ſont mieux défendues, & qu'il n'y a point de faces à ces fronts. Au reſte l'angle flanqué des demibaſtions eſt encore de 62 degrés 6 minutes d'ouverture, ce qui eſt ſuffiſant.

L'on ne doit regarder ces différentes têtes de pont que comme des ouvrages bons ſeulement contre un coup de main, & d'une utilité preſque momentanée, en ce qu'ils ne ſervent ſouvent que pendant quelques jours, ou tout au plus pendant le cours d'une campagne.

VII. Il en eſt d'un uſage plus permanent, tels que ceux que nous conſtruiſons ordinairement devaut Huningue & le Fort-Louis, & les ennemis devant Philisbourg au commencement d'une guerre contre l'Empereur, ou contre quelqu'autre Puiſſance de l'Empire.

Le ſeul auquel j'aye travaillé, eſt celui que l'on éleva en 1733, après la priſe de Keel dans l'Iſl de Selingue. Je fus, en qualité de Chef de Brigade, chargé de partie de sa construction, mais je ne le traçai point : c'étoit un ouvrage à corne. Je ne me souviens point assez de ses proportions & de la maniere dont ses branches étoient défendues, pour le citer ici en exemple.

L'on doit observer en général que comme ces petites forteresses sont destinées à subsister jusqu'à la paix, & qu'elles n'ont souvent de secours prochain à espérer que de la garnison d'une place voisine, elles doivent non seulement être construites avec plus de solidité, mais encore fortifiées de maniere à soutenir une attaque plus en regle assez long-temps pour être secourues de plus loin.

Celle qui couvroit en 1734 le pont de Philisbourg, étoit un ouvrage à corne de 45 toises de front avec sa demi-lune, & dont les branches qui s'ouvroient en s'éloignant des angles saillans, étoient flanquées par deux demi-bastions.

L'on se sert assez communément sur le Rhin d'une figure approchante. Si l'on jugeoit à propos d'employer en pareil cas l'une des deux constructions que je viens de donner, il faudroit, ou que le front en eût plus de 60 toises, ou faire les faces plus longues, sans quoi la demi-lune ne seroit pas assez bien défendue.

Comme ces ouvrages se tracent & s'exécutent d'ordinaire plus à loisir que les autres, l'on peut y employer tout ce que l'art de fortifier les places fournit de plus convenable. En 1742, j'avois projetté pour le pont de Deckendorf la moitié d'un

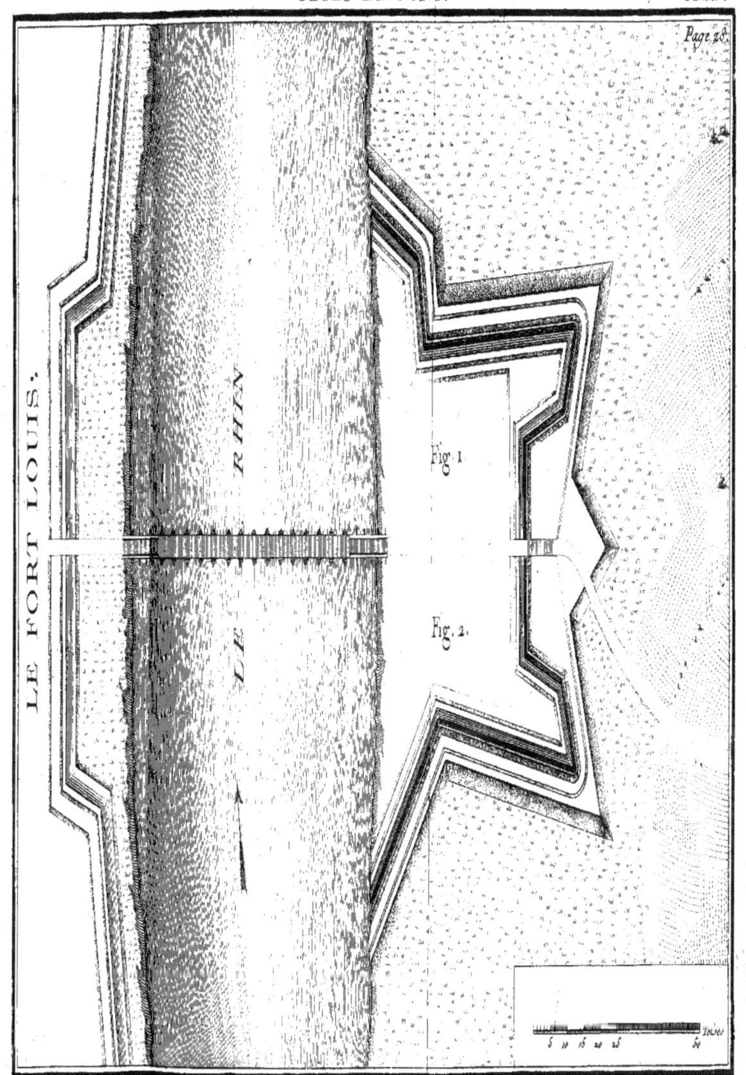

Planche 8.

Page 28.

Cl. Ch. Riolet sculp.

quarré, dont le Danube formoit la diagonale; mais des maladies épidémiques laiffoient à peine affez de foldats en fanté pour le fervice le plus indifpenfable. Cette figure eft d'un grand développement, & renferme d'ailleurs peu de terrein, circonftances qui jointes à quelques autres, me déterminerent à lui en préférer une dont je parlerai par les fuites.

Ce demi-quarré étoit conftruit fuivant la méthode de M. le Maréchal de Vauban, à l'exception que n'ayant point à craindre que la ligne de défenfe fût trop longue, je crus pouvoir en raccourcir les faces pour donner plus d'étendue aux flancs que je faifois, par les raifons que j'ai dites, perpendiculaires à cette ligne.

Le front du polygone étoit de 60 toifes, & c'eft le moins dont celui de cette figure puiffe être, même pour fortification de campagne. On en jugera comme moi, fi l'on fait attention à la petiteffe de fes flancs & de fon terre-plein.

L'ouvrage dont on couvrit la tête du pont à Philisbourg, après la conquête de cette place, faite en 1688 par Monfieur le Dauphin, étoit plus grand, mais à peu près femblable à celui-ci.

VIII. Un ouvrage quel qu'il foit, n'eft fortifié qu'autant qu'il a des flancs, & l'on peut dans les différens cas dont on vient de parler, n'être pas toujours le maître d'en donner, au moins d'auffi étendus qu'on le voudroit, fans trop rétrecir la figure. La proximité d'un marais, d'un ruiffeau, d'un terrein trop bas, la nécessité de profiter des parties les plus élevées, surtout pour les faillans, fans quoi l'on s'expoferoit à être découvert le long des branches, peut-être même dans le terre-plein, font des obftacles qu'il eft fouvent très-dif-ficile de furmonter.

Cette réflexion m'a fait naître l'idée d'y fup-pléer par un moyen que j'avois déja propofé à la Cour pour un ufage tout différent.

Il me paroît auffi fimple qu'avantageux; c'eft d'équiper deux bateaux, chacun de deux petites pieces de canon & du nombre de fufiliers que l'on jugera convenable. Lorfque l'on ne trouve point de bateaux affez grands, l'on peut en attacher plu-fieurs enfemble, & en former des pontons.

La manœuvre de cette machine s'exécutera comme celle d'un bac ordinaire, c'eft-à-dire en faifant paffer fur deux cylindres tournans ou dans des anneaux qui tiendront à fon bord, un cable dont un bout fera arrêté au pont, & l'autre à une ancre jettée à quelque diftance dans la riviere.

Si le cours n'en eft guere fenfible, au moins en cet endroit, les cylindres ou les anneaux feront attachés, l'un fur un bord, l'autre fur l'autre, de maniere à faire prendre au côté du bateau la di-rection la plus propre à fon ufage; mais pour peu qu'il foit rapide, le bateau lui préfentera la proue, fans quoi il courroit rifque d'être jetté au rivage. L'on peut, fi on le juge à propos, y former un parapet de madriers, ou de planches redoublées.

Si l'attaque fe fait avec du canon, ces flancs

mobiles se tiendront derriere la gorge de l'ouvrage, & ne paroîtront que lorsque l'ennemi sera assez près pour les couvrir de ce qu'ils auroient à en craindre. Il y a même en cela un autre avantage, c'est celui de la surprise que l'aspect imprévu de cette défense flottante causera aux assaillans : si elle ne suffit pas pour les mettre en désordre, elle ralentira du moins probablement leur ardeur.

L'on suppose en ceci que la riviere n'est point assez encaissée pour qu'on ne puisse au moins raser la plaine de dessus le fond du bateau, ou de la plateforme que l'on peut y élever. J'eus en 1742, cette idée à Deckendorf ; elle est praticable sur presque tout ce que j'ai vu du cours du Danube. L'année suivante, en arrivant à Vormes, je la trouvai exécutée sur le Rhin, mais d'une maniere moins parfaite, en ce que les bateaux étoient fixes.

Le plus de défense, & surtout l'effet de la surprise, étoient les seuls objets que je m'étois proposés à Deckendorf, où j'étois le maître, par l'uniformité du terrein, de donner à l'ouvrage la figure qu'il me plairoit. Je crois donc qu'on peut se servir de cet expédient sans y être contraint par les circonstances.

IX. Nous employons assez communément dans les places ces bâtimens à d'autres usages ; l'on peut s'en servir de même en campagne : mais comme cette partie ne regarde les Ingénieurs, qu'autant qu'il faut qu'ils en soient prévenus pour s'en garantir, je me contenterai d'appuyer ce que je dis de quelques exemples.

J'ai vu en 1710 ou 1711, à S. Omer, des bateaux armés d'un canon dont l'affût étoit arrêté par un pivot sur lequel il tournoit. Il y avoit dans le même temps des galiotes sur l'inondation de Condé, & l'on en a construit en 1735 à Strasbourg. Enfin l'on n'ignore pas que quand les Impériaux sont en guerre contre les Turcs, l'on voit vers Belgrade des flottes entieres de Saïques.

Les Autrichiens en avoient en Baviere, & comme la route de Nider-Altaich à Deckendorf est à travers une plaine découverte, assez étroite, & resserrée en quelques endroits par le Danube & la montagne, elles nous auroient probablement inquiétés dans la marche que notre armée fit le 18 Août 1742, si Monsieur le Comte de Thoring qui, de concert avec Monsieur le Comte de Saxe, passa brusquement l'Iser à Pladling, n'avoit, par cette manœuvre hardie, obligé Monsieur de Kevenhuller de porter toute son attention & toutes ses forces de ce côté. Les Saïques ne parurent que deux jours après. Elles se couvrirent, au nombre de dix ou douze, d'une Isle qui est à l'embouchure de cette riviere, d'où elles canonnerent nos gardes de cavalerie, & nous firent craindre pour notre pont. Les Hussards & les Pandoures inondoient la plaine. J'avois proposé dès le 30 du mois précédent d'élever une batterie dans cette Isle. On le fit, & l'on ne vit plus rien dans la plaine ni sur le Danube, jusqu'à la nuit du

5 au

5 au 6 de Septembre, que nous décampâmes pour nous joindre fur la route de Bohême, à l'armée de Monfieur le Maréchal de Maillebois.

CHAPITRE TROISIEME.

I. *Exemples fur la maniere de fortifier un Cimetiere.* II. *Une Eglife.* III. *Un vieux Château.* IV. *Une Maifon de campagne.* V. *Attaque de la Maifon de campagne.* VI. *Autres inftructions fur les différens fujets de ce Chapitre.*

I. INDEPENDAMMENT des poftes que fuppofent les ouvrages dont on a parlé dans les Chapitres précédens, il en eft d'autres qui ne demandent ni moins d'attention, ni moins de connoiffances. On les fortifie à proportion du temps, du monde, des moyens que l'on a, & de l'ufage que l'on en veut faire. Je m'expliquerai mieux par des exemples.

Le premier Octobre 1742, étant partis au nombre de vingt-un Ingénieurs, pour nous rendre du camp de Brammerhof à Amberg, nous trouvâmes le lendemain à trois lieues au deffous de Tirfchenreit, une troupe affez nombreufe de Huffards, qui nous attendoit à l'iffue d'un bois, & qui fe contenta d'abord de nous côtoyer, apparemment pour mieux nous reconnoître.

E

Notre escorte n'étoit que de trente-trois hommes de la compagnie franche de du Limont; nous étions pour la plûpart assez mal en pistolets, & nos équipages étoient bien capables de jetter la confusion dans le reste de la troupe : cependant comme nous voulions avancer chemin, nous traversâmes un moment après le petit village de Pfaffenreit sans nous y arrêter.

A peine nous en fûmes sortis, que les Hussards qui en avoient fait le tour, nous attaquerent vivement à coups de pistolets & de carabines; ce qui ne nous empêcha point de continuer notre route au petit pas & en bon ordre jusques vis-à-vis Miteldorf.

Il y avoit plus d'une heure que cette escarmouche duroit sans interruption; deux Ingénieurs, dont un blessé, étoient pris, un autre étoit blessé, ainsi que quatre soldats ou domestiques. Les ennemis n'avoient pas moins souffert que nous; mais ils ne se rebutoient pas : leur nombre pouvoit s'augmenter d'un moment à l'autre; & plus nous avancions, plus nous nous éloignions de tout secours. Ces circonstances nous déterminerent à nous jetter dans ce village.

Nous vîmes bientôt quel fonds nous pouvions faire sur un pareil azyle. Nous n'y trouvâmes ni église, ni rien de fermé de murailles : ce lieu est un amas d'une douzaine de maisons de planches ou de poutres de sapin, couchées l'une sur l'autre, & assemblées aux encoignures, suivant l'usage du pays. Nous avions donc tout à craindre du feu, genre d'attaque peu humain, mais très-familier aux gens que nous avions en tête, & qui alléchés par une fomme affez confidérable qu'ils avoient trouvé en or fur un des prifonniers, nous faifoient affez comprendre que s'ils nous quittoient, ce ne feroit que pour revenir bientôt en plus nombreufe compagnie.

Le parti que nous prîmes dans cet embarras, fut de faire reconnoître Vurz, village à demi-quart de lieue fur notre droite, dans lequel nous appercevions un clocher, & de nous y rendre.

Après en avoir examiné avec foin les différen-tes avenues, & les avoir barricadées avec des charriots dont nous enlevions une ou deux roues, avec des troncs d'arbres, des échelles, &c. nous élevâmes de notre mieux une banquette le long du mur du cimetiere où nous nous étions établis avec nos équipages, regardant l'églife, dont on avoit crénelé la porte, comme une citadelle, & le clocher comme un réduit qui devoit être no-tre derniere reffource.

Deux maifons de maçonnerie touchoient pref-que notre enceinte, mais comme elles étoient bâties fur un terrein plus bas, le haut de leur mur n'étoit pas plus élevé que celui qui nous fervoit de parapet. Nous ne voulions point ouvrir ces murs: il falloit cependant communiquer à ces maifons que nous ne pouvions nous difpenfer d'occuper, tant pour éviter d'en être plongés, que pour nous donner quelques flancs. Dans cet embarras, nous nous avisâmes de conftruire des communications en forme de ponts du haut de notre retranchement dans les toits, & ayant barricadé les portes & les fenêtres du rez-de-chauffée de ces bâtimens, nous y établîmes des corps de garde.

J'ai cru pouvoir rapporter ce que nous fîmes à cette occasion, comme un exemple de ce que l'on doit faire pour des postes semblables. Au reste ces précautions, quoique prudentes, furent inutiles. Les Huffards ennuyés de nous guetter au passage, revinrent le lendemain à midi en grand nombre avec cent Pandoures: mais tout le secours que nous avions pu obtenir en écrivant de tous côtés pendant la nuit, se réduisant à cinquante hommes de la même compagnie, qui d'ailleurs n'avoient pas ordre d'aller plus loin, nous étions déja de retour & en sûreté à Tirfchenreit lorsqu'ils parurent.

II. L'EGLISE de Vurz eût été sans doute un poste plus sûr que son cimetiere; mais sans compter que nous ne voulions point abandonner nos chevaux, ni les y faire entrer, cette retraite demandoit des ouvrages que nous n'avions ni le temps, ni les moyens d'exécuter.

Quand on veut mettre une églife en état de défenfe, il faut d'abord en couvrir les portes par des tambours de groffes paliffades jointives ou recouvertes de madriers. Les creneaux de ce retranchement doivent être élevés à fix pieds au moins de hauteur, pour que l'ennemi n'en puiffe tirer aucun avantage. Les terres d'un petit foſſé dont on l'entoure, ſervent à y former une banquette.

L'on crenele de même les portes & les murs, ou ſi la maçonnerie en eſt trop épaiſſe, l'on pratique les créneaux dans celle dont on maſque les fenêtres, à la hauteur la plus convenable; ce qui ſuppoſe un échafaudage qui doit régner ſur tout le pourtour du bâtiment, pour faciliter la communication d'un lieu à un autre.

Lorſque l'égliſe eſt extérieurement en forme de croix, elle ſe flanque en partie elle-même, ſinon la ſacriſtie flanque du moins un des longs côtés, & le tambour doit être diſpoſé de façon à produire le même effet ſur l'autre.

Il n'y a donc que le derriere du chœur qui reſte abſolument abandonné: l'on peut y ſuppléer ainſi qu'aux autres parties qui ſont dans ce cas, en perçant, comme on le verra à la fin de ce chapitre, une ſeconde rangée de créneaux aſſez pour découvrir de près devant ſoi, ou plutôt en pratiquant en dehors des fenêtres ou du toit, & le plus haut qu'il eſt poſſible, de crainte du feu & de la fumée, de petits machicoulis de charpente.

Si le clocher n'eſt point placé de façon à en tirer le même avantage que de la ſacriſtie, l'on s'en ſert au moins pour découvrir au loin ce qui ſe paſſe, & comme d'un réduit pour capituler, en cas que le ſecours n'arrive point à temps.

C'eſt à peu près de cette maniere que l'égliſe

de Berg, village voifin de Lauterbourg, a été retranchée pendant une partie de la guerre terminée par le Traité de Radftat.

III. Les châteaux de campagne, les maifons affez fpacieufes & bâties folidement, font, par refpect & parce que l'on en tire communément plus d'avantages, des lieux à préférer aux églifes.

Je continuerai à m'expliquer en citant ce que j'ai vu. Cette maniere d'inftruire flatte toujours l'Auteur, j'en conviens; mais elle réveille l'attention du Lecteur qu'elle délaffe. Elle eft même plus propre à faire impreffion fur fa mémoire, en ce que l'on eft d'ordinaire plus attentif au récit d'un fait qu'à de fimples préceptes.

Le premier château que j'aie eu ordre de reconnoître, eft celui de Naterberg, fitué à demilieue de Deckendorf de l'autre côté du Danube.

Pl. IX. Ce font les reftes d'une fortereffe confidérable pour un particulier. Elle occupe fur toute fa largeur la partie la plus élevée d'une montagne à talud très-roide, dont le fommet affez long, & baiffant en pente fur fa longueur, eft étroit, & d'une largeur à peu près uniforme. Les bâtimens tombent en ruine, mais les murs d'enceinte font folides & bien confervés.

Si l'on étoit chargé de mettre ce château en état de défenfe, voici de quelle maniere on pourroit s'y prendre.

L'on ne voit fur le plan que j'en donne aucun

flanc à l'enceinte qui renferme le tout, parce que
dans la visite que j'en ai faite par dedans, je n'y
en ai découvert aucun, peut-être faute d'avoir pu
pénétrer dans des endroits embarrassés & à demi-
comblés par la chûte des toits & de partie des
planchers; mais comme l'escarpement de la montagne supplée suffisamment de trois côtés à ce défaut, & que l'autre, c'est-à-dire l'extrêmité de l'esplanade, est peu étendu & muni d'un fossé, l'on
auroit tort de s'en inquiéter.

Une circonstance plus essentielle est que les
murs de l'avant-cour ont environ quinze pieds de
hauteur, & ceux du château plus de trente, &
qu'ils ne sont pas crénelés.

L'on observera à ce sujet que cette petite for-
teresse ne peut, comme on l'a vu, être attaquée
que par le front de l'esplanade, réflexion qu'ont
faite ceux qui l'ont bâtie, au moins à en juger par
les différens murs qu'il faut ou percer ou franchir
de ce côté, avant que de s'en rendre le maître.

Il suffiroit donc d'établir aux deux angles de
derriere du château deux échafaudages assez élevés pour découvrir par dessus l'enceinte ce qui se
passe, & disposés de maniere à flanquer au besoin
ces trois côtés.

A l'égard des principaux murs du front, c'est-à-
dire de ceux du château, de la fausse braie & de
l'avant-cour, il faudroit, ainsi qu'aux tours qui les
flanquent, y faire les banquettes, les plates-formes
& les créneaux nécessaires, & percer dans les
lieux les plus convenables, des ouvertures assez

grandes pour servir d'embrasures à quelques petites pieces de canon.

L'on ne pourroit d'ailleurs se dispenser de relever en pierres seches, ou de fermer en palissades, les breches de l'enceinte de l'esplanade, de palissader le fond de son fossé, de fraiser le parapet de terre, & dès que l'ennemi commenceroit à paroître, de couper & d'embarrasser le chemin par des abattis.

Si ce poste étoit ainsi réparé, & qu'il fût d'ailleurs pourvu du nécessaire, trois ou quatre cens hommes seroient en état d'y soutenir un siege.

IV. Le premier Août de la même année 1742, j'eus ordre d'aller fortifier le château d'O, maison de campagne située entre Deckendorf & Regen, dont elle n'est éloignée que d'une lieue.

Les ouvrages que j'y fis ne font considérables ni par la singularité, ni par la dépense. Ce ne font, à proprement parler, que des minuties; mais l'action dont on parlera, prouve que ces minuties suffisoient, & le détail en est assez grand pour être de quelqu'utilité à un Ingénieur tel que je le suppose toujours, c'est-à-dire qui n'a que peu ou point d'expérience en ce genre.

PL. X.   Ce château occupe le sommet d'une éminence formée en langue de terre, dont l'accès est impraticable d'un côté, & très-difficile des deux autres. Le plan que j'en donne, & qu'il est bon de voir en lisant ce qui suit, expliquera le reste.

Ma premiere attention fut de masquer les

portes

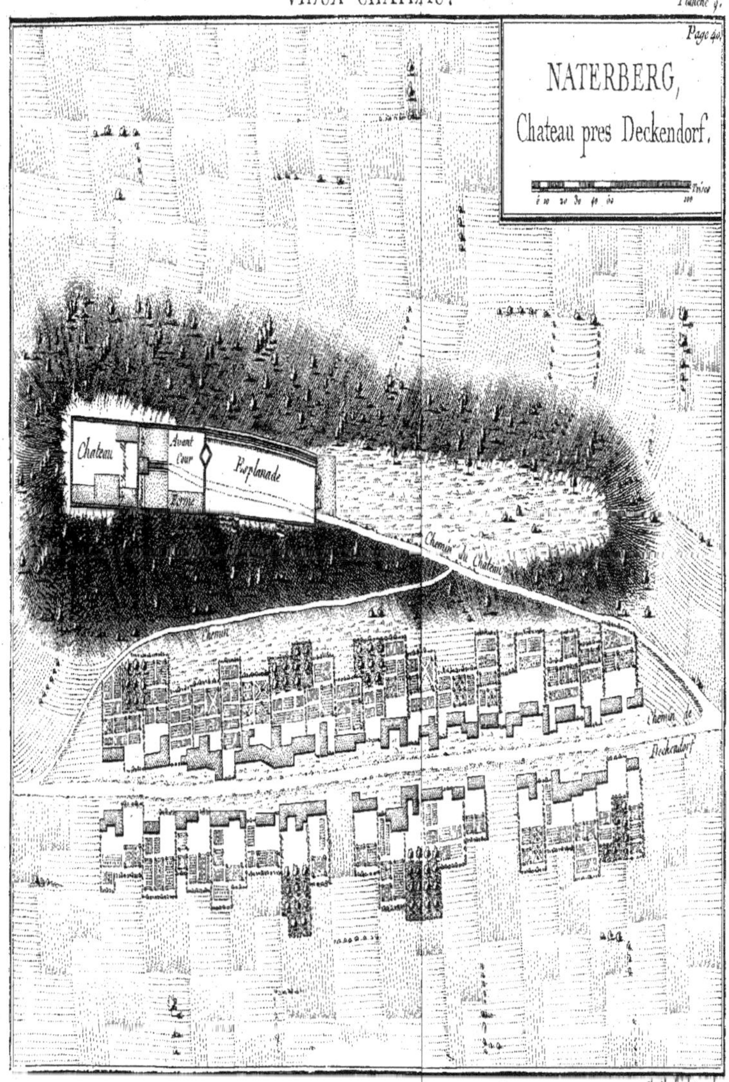
Planche 9.
Page 40.
NATERBERG,
Chateau pres Deckendorf.
Toise
5 10 20 30 40 60 100
Chateau
Avant Cour
Esplanade
Chemin du Chateau
Chemin
Chemin de
Deckendorf
Cl. Ch. Radet sculp.

portes par des tambours de fapins, ferrés l'un contre l'autre, élevés extérieurement de 8 à 10 picds, fuivant ce que je voyois être néceffaire pour me couvrir des hauteurs voifines, & crénelés d'environ 3 en 3 pieds.

Ces tambours, dont les côtés faifoient face à ce qu'ils devoient battre, avoient une banquette, & celui de la grande porte, la feule qui ne fût pas condamnée, une barriere de madriers crénelés.

L'arriere-cour & la grange ne communiquoient à leurs tambours que par des guichets affez bas pour n'être point découverts du dehors.

Toutes les ouvertures extérieures élevées à moins de 9 ou 10 pieds au deffus du rez-de-chauffée, furent en même temps murées pour fe garantir du feu; expédient ordinaire des ennemis que l'on avoit à craindre. Nous ne manquions pas de madriers : j'ordonnai qu'on en mafquât enfuite les autres fenêtres jufqu'à 6 pieds au deffus du plancher, & qu'on y pratiquât des créneaux, ainfi qu'aux portes.

Telles furent les précautions générales que je pris ; voici les obfervations locales qu'il y avoit d'ailleurs à faire.

Le pignon de la petite grange & tous les murs de la grande étoient de bonne maçonnerie, & nos tambours défendoient d'ailleurs affez bien ce front, le feul dont l'accès fût aifé.

Le côté qui donne fur la riviere, étoit fermé de murs folides & hauts : il n'eft d'ailleurs acceffible que vis-à-vis le pont, & il étoit flanqué par les latrines, la tour fuivante, & le tambour voifin de cette tour.

Il n'y avoit rien à craindre pour les derrieres & les côtés de la brafferie bâtis avec foin fur un roc efcarpé.

Delà jufqu'au pavillon, & du pavillon à la petite grange, la cour eft fermée d'un mur de 6 à 7 pieds de hauteur, le long duquel on éleva une banquette. Ce côté plus foible que le refte, devoit être flanqué de quelques créneaux dont je recommandai de percer ces bâtimens.

De la brafferie jufqu'au pavillon, la rampe du côteau eft très-roide; elle l'eft moins enfuite. Le jardin eft fermé extérieurement par un mur de planches clouées fur des poteaux; j'ordonnai de l'abattre, ainfi qu'un mur de pierres feches de 3 pieds de hauteur, qui féparoit les terrafles, & qui pouvoit fervir de parapet à l'ennemi en mettant un genou en terre.

Je recommandai de plus de rabattre en glacis ces deux terrafles, & de couper ou d'applanir tout ce qui pouvoit empêcher de découvrir au loin.

La petite grange, par où je finis la defcription de l'enceinte, étoit fans contredit l'endroit le plus dangereux, en ce que trois de fes murs étoient de planches. Je craignois d'ailleurs que l'ennemi y mettant le feu, il ne fe communiquât à la grande, beaucoup plus élevée, mais couverte de bardeaux ou tuiles de bois.

Je propofai, en rendant compte de ma miffion,

de l'abattre, & de fermer ce vuide par un tambour de même conſtruction que les autres, & tourné de maniere à flanquer les parties voiſines. Je l'aurois fait de mon chef, ſi l'objet qu'on ſe propoſoit étant de faire dans ce château un entrepôt de fourrages, il n'avoit fallu conſerver des lieux propres à le dérober à la vue de l'ennemi, dont on n'étoit pas le maître de l'éloigner aſſez.

L'expédient auquel j'eus recours, fut d'appuyer un parapet de terres bien battues au mur qui donne ſur le jardin, & de doubler celui où l'eſcarpement ne permet pas d'en faire de même, d'un mur de briques maçonnées en mortier de terre graſſe.

Si je me ſuis expliqué auſſi clairement que je le ſouhaite, l'on voit que le côté du jardin étoit le ſeul qui pût être forcé ſans canon : mais en ſuppoſant que l'ennemi eût franchi le mur qui le forme preſqu'en entier, j'oſe dire qu'il n'en eût été guere plus avancé.

En élevant du côté de la cour un nouveau tambour marqué ſur le plan, & démaſquant quelques vieilles portes, j'avois ouvert & aſſuré à travers les écuries une communication de la grande grange & de ſon tambour avec le château. Il étoit très-poſſible de la prolonger par une file de groſſes paliſſades jointives juſqu'à la braſſerie ; mais c'étoit une augmentation conſidérable de travail : il falloit d'ailleurs percer un mur, ce qui n'étoit pas ſans inconvénient, & la braſſerie fort élevée & ſolidement bâtie, étoit très en état de se passer de ce secours.

L'on a vu que toutes les fenêtres, toutes les ouvertures des bâtimens étoient déja, ou devoient être fermées à une hauteur convenable, & crenelées. Il suffit de jetter les yeux sur le plan, pour être convaincu que l'ennemi le plus opiniâtre ne pouvoit tenir dans une cour croisée de tant de feux.

V. Une Relation succincte de ce qui se passa peu de jours après, fera mieux sentir l'utilité de ces différentes précautions.

Le 9 du même mois après midi, ce château fut investi par environ 800 hommes, tant de la garnison de Passau, que du camp de M. de Kevenhuller. Ce corps étoit composé de 400 Grenadiers, auxquels on avoit joint des Pandoures & quelques Hussards.

M. Darmeville, Capitaine Commandant d'un bataillon de Picardie, occupoit avec 50 Fusiliers ce poste, dans lequel s'étoient jettés de Regen, la compagnie franche de Romberg, & 80 Dragons de celle de Jacob, qui étant prisonniers de guerre, ne firent aucun service. Le Commandant François fut sommé plusieurs fois de se rendre à des conditions honorables: on en vint même jusqu'à lui envoyer un ôtage, pour qu'il pût faire reconnoître le nombre & l'espece des troupes dont il étoit investi. Monsieur de Poussac, Capitaine au Régiment de Normandie, dont étoit le détachement, fut chargé de cette commission. Il trouva

effectivement les 400 Grenadiers dont on a parlé,
en bataille derriere un rideau voifin : mais ni
cette circonftance, ni l'embarras que tant de chevaux caufoient dans un fi petit efpace, ni les inconvéniens à craindre de la quantité des fourrages
entaffés ou répandus dans la cour, ne purent
ébranler la réfolution de ces braves Officiers.

La vue des tambours qui le couvroient prefqu'en entier, empêcha de fonger au front du plus
facile accès. L'attaque fe tenta d'abord vis-à-vis du
moulin que les ennemis brûlerent : leur deffein
étoit vraifemblablement de grimper à couvert du
pignon de la brafferie, pour fe gliffer le long du
mur de clôture; mais ayant éprouvé que la rampe
étoit trop roide, & le pavillon crénelé, ils fe por-
terent bientôt du côté le plus foible, c'eft-à-dire
vers le jardin, où l'on n'avoit du moins qu'un de
ces obftacles à furmonter. Les affiégés, fans s'é-
pouvanter du bruit, ne tiroient qu'à propos & par
ordre du Commandant. Ils culbuterent fucceffivement quelques Pandoures qui, foutenus de leur
moufqueterie, s'efforcerent pendant la nuit de
mettre le feu à la petite grange avec des torches
attachées à de longues perches. Ce mauvais fuc-
cès découragea les autres : enfin à une heure du
matin, les ennemis ne pouvant ni brûler ce bâtiment, ni jetter par leurs fréquentes décharges
la confufion dans nos troupes, fe retirerent à
quelque diftance, pour concerter apparemment
de quelle maniere ils s'y prendroient pour mieux
réuffir.

La chofe étoit difficile fans canon, & M. le Comte de Saxe qui avoit pris le jour même de l'attaque, le commandement de l'armée, ne leur donna pas le temps d'en faire venir. Ce Général bien informé de ce qui fe paffoit, avoit ordonné pour le lendemain fur fa gauche un fourrage général, où il marcha en perfonne. Sous ce prétexte, il avoit détaché par deux chemins différens deux corps d'infanterie & de Dragons, qui dégagerent ce pofte, & qui auroient enlevé ou écrafé les 800 hommes qui l'attaquoient, fi trop d'ardeur n'avoit empêché de fe conformer exactement à l'ordre de ne paroître qu'en même temps pour leur couper le chemin de la retraite.

VI. Si mon deffein n'étoit que d'expofer mes propres idées, & de parler des ouvrages que j'ai fait exécuter en ce genre, je n'aurois peut-être rien à ajouter ici: mais comme mon objet eft tout différent, je finirai ce chapitre par un recueil d'expédiens & d'obfervations tirés fommairement d'un Auteur d'autant plus éclairé, qu'il s'eft trouvé dans le cas d'en faire ufage.

1°. M. de Folard, feul qui ait écrit fur ces matieres, préfere les murs de briques, & entre ceux-ci, les moins épais aux murs de pierres & de moëllons, parce que le canon ne fait que fon trou dans ceux-là, & que dans la pierre, ou il fait de plus grandes ouvertures, l'on a d'ailleurs plus d'éclats à effuyer.

2°. Il recommande de fe précautionner avec

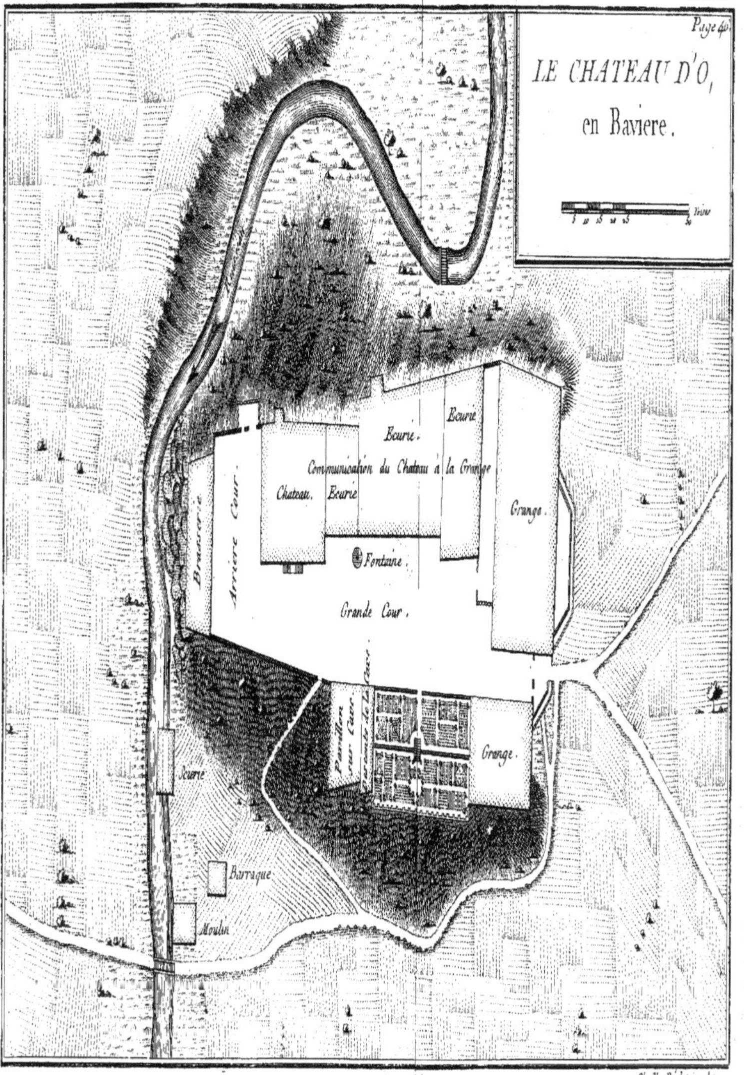
Planche 10.
Page 40.
LE CHATEAU D'O,
en Baviere.
Toises
Ecurie
Ecurie.
Communication du Chateau à la Grange
Chateau. Ecurie
Grange.
Brasserie
Arriere Cour.
Fontaine.
Grande Cour.
Pavillons sur Cour
Grande de la Tour
Grange.
Ecurie
Baraque
Moulin
Cl. Ch. Riolet sculp.

foin contre le feu; & conféquemment, fi le bâtiment à mettre en défenfe eft couvert de chaume
ou de planches, de jetter la couverture à bas, &
de brûler fur le champ le chaume, de crainte que
l'ennemi ne s'en ferve pour nuire. A l'égard des
planches dont il ne parle pas, on trouvera affez
à les employer.

3°. Il propofe de boucher la porte, furtout fi
elle eft grande, avec un ou deux arbres garnis de
toutes leurs branches coupées & aiguifées par les
bouts; *ce qui vaut mieux*, dit-il, *que la porte la mieux
barricadée.* Cela eft bon en effet : mais je ne vois
pas pourquoi il aime mieux en laiffer les battans
ouverts, comme il l'explique enfuite très-claire-
ment, que de les créneler. Il ne dit rien des
fenêtres.

4°. Il veut que les créneaux du bas, qu'il ouvre
de 3 ou 4 pouces de largeur, & qu'il éleve de 7
pieds & demi, ou de 8 pieds au deffus du rez-de-
chauffée, pour que l'ennemi n'en puiffe faire
ufage, ne foient qu'à 2 ou 3 pieds de diftance l'un
de l'autre, afin qu'on ne puiffe efcalader le toît
fans en être découvert. Il recommande furtout
d'en percer aux angles.

5°. Indépendamment de ces créneaux, il en
propofe d'autres percés deffous & dans les intervalles à un pied feulement de terre, creufant pour
pouvoir s'en fervir, à 2 pieds & demi du dedans
du mur, une tranchée large de 6 pieds, & profonde de 3. L'on voit par ce moyen les jambes
de l'affaillant, qui étant proche & baiffé, pourroit

n'être pas découvert des ouvertures supérieures. Cela est bien imaginé : je voudrois seulement pour plus grande précaution, que le créneau fût à fleur de terre, & de plus, que ce ne fût qu'un trou d'environ 6 pouces de hauteur. Il ne seroit pas même nécessaire que la tranchée fût plus profonde, parce qu'on pourroit tirer un genou en terre. La banquette des créneaux supérieurs, sous laquelle on se place ainsi, doit en ce cas être de planches.

6°. Dans la crainte où il est que l'ennemi ne gagne le toît qu'il suppose ici de tuiles, il s'échafaude de maniere à pouvoir le défendre par des ouvertures qu'il y a pratiquées.

7°. Il avertit de faire provision de pierres pour les jetter, surtout vers les angles, qui sont les endroits où l'ennemi doit sapper de préférence.

8°. Si l'on est obligé, faute de monde, ou autrement, d'abandonner le bas, il faut, selon lui, se mettre en état d'empêcher l'ennemi d'y entrer : l'on doit pour cela faire au plancher, surtout vers la porte, des trous qui servent de meurtrieres. Cet expédient est un de ceux dont M. le Comte de Saxe, aujourd'hui Maréchal de France, se servit, lorsqu'il se défendit toute une nuit dans une hôtellerie de campagne avec 18 hommes contre un détachement de 200 Dragons & de 600 Chevaux Polonois, qui ne purent, quoique blessé, ni le forcer, ni le prendre.

9°. Lorsqu'on ne peut même occuper qu'une partie des chambres hautes, M. de Folard propose

d'ouvrir

d'ouvrir en plufieurs endroits le plancher de celles qu'on abandonne, ou du moins de le couper devant les portes un peu plus que de leur largeur, pour que cette ouverture ferve comme de foffé; mais il eft bon, ce me femble, d'avoir l'œil deffus, de crainte que l'ennemi ne monte par-là avec des échelles.

10°. Enfin quand les portes font minces, & qu'on entreprend de les percer à coups de hache, il veut que l'on s'en éloigne de quelques pas pour tirer à travers, en vifant à l'endroit où fe fait le bruit. C'eft ainfi qu'il en ufa en 1705, en Italie à la défenfe de la caffine de la Bouline, devenue célebre par cette action.

Le Lecteur s'apperçoit fans doute que la plûpart de ces préceptes conviennent également aux différens articles de ce chapitre : ainfi en y ajoutant ce que j'ai dit dans chacun en particulier, l'on aura, je crois, peu de chofe à défirer fur cette matiere.

J'y joindrai cependant quelques réflexions ; c'eft fur l'attaque, objet qu'on ne peut fe difpenfer d'avoir en vue, lorfqu'on travaille à favorifer la défenfe. En fuppofant le pofte en état, qu'il eft fuffifamment garni de monde, & que l'ennemi n'a point de canon, il eft réduit, comme M. de Folard l'obferve, à efcalader le toit, à fapper les murs, ou à y faire breche avec une poutre fufpendue entre quatre poteaux en forme de belier : or j'avouerai naturellement qu'il ne me paroît pas poffible qu'aucun de ces moyens réuffiffe,

G

à moins que la poudre ne manque, ou que la tête ne tourne à ceux qui ſe défendent.

L'on n'a donc à craindre, ſelon moi, que le feu & la fumée, moyens dont il eſt bien difficile de ſe parer, ſi l'on eſt forcé d'abandonner le bas du bâtiment, que l'on doit par cette raiſon défendre de préférence.

Mais ſi l'aſſaillant a quelques pieces de canon de ſix ou de huit livres de balle, comme le demande l'Auteur que je cite, & que pour battre les murs en toute ſûreté, il s'établiſſe hors de la portée du fuſil, je ne vois pas qu'il ſoit prudent de s'opiniâtrer contre un feu dont on eſt certain d'être écraſé ſans pouvoir y répondre. J'en excepte cependant le cas où l'on eſt ſûr d'un ſecours prochain, & ſurtout celui où l'on a ordre de ſe défendre juſqu'à la derniere extrêmité.

Au reſte on ne doit point oublier pour concourir à la défenſe des portes, & même pour flanquer les murs, de ſe pratiquer de ces machicoulis de charpente dont j'ai déja parlé. C'eſt delà que l'on doit faire uſage du magaſin de pierres ; mais j'avoue que craignant plus le feu que la ſappe, j'aimerois mieux encore un magaſin d'eau.

CHAPITRE QUATRIEME.

I. *Des Bourgs ou autres lieux considérables à fortifier.* II. *Avantages & désavantages, eu égard à la situation.* III. *Eu égard à la disposition & à la construction des maisons.* IV. *Inconvénient de la grandeur du circuit.* V. *Moyen d'y remédier en certains cas.* VI. *Inconvéniens presque toujours insurmontables.* VII. *Des lieux à retrancher pour un jour de bataille.* VIII. *Communication à établir d'un poste à un pont : premier exemple.* IX. *second exemple.*

I. Differentes circonstances, telles que la nécessité d'éloigner les ennemis, d'assurer les communications, de mettre à l'abri de toute surprise un corps de troupes dans des quartiers d'hyver ou de rafraîchissement, obligent assez souvent à fortifier des lieux beaucoup plus spacieux que ceux dont nous avons parlé jusqu'ici.

Un Ingénieur doit en ce cas commencer par examiner soigneusement la situation du lieu, la nature de ses environs, la disposition & la construction de ses bâtimens, l'étendue de son circuit, ce qu'il peut contenir de troupes, c'est-à-dire ce que l'on peut, suivant la saison, y camper, ou y loger de monde.

Il doit ensuite reconnoître lui-même avec soin

à quelle diſtance ſont les bois les plus voiſins, ſi les chemins en ſont actuellement aiſés, ou du moins praticables; le nombre & l'eſpece d'ouvriers & d'outils, & le nombre de voitures & de bêtes de tirages ſur leſquelles il peut compter; enfin quels ſont les autres ſecours qu'il peut attendre de l'endroit même, ou de ceux qui ſont à portée.

L'on voit que ces attentions ſont preſque toutes également indiſpenſables. Un village, les villes même dominées de près, telles que Donavert & Deckendorf, ne peuvent preſque jamais être que de très-mauvais poſtes. Un précipice en toute ſaiſon, &, excepté pendant de fortes gelées, une riviere à bords eſcarpés, une inondation à former, un marais impraticable, un terrein bas & entrecoupé de foſſés, ſuppléent avantageuſement, s'ils ſont à une diſtance convenable, à une partie des retranchemens à faire. C'eſt donc autant de rabattu ſur les ouvrages qu'il faut élever & défendre au beſoin, & voilà l'un des points les plus eſſentiels; car l'on n'a communément dans ces occaſions d'autres travailleurs que ceux que l'on tire des troupes deſtinées à les garder, & l'on regle le nombre de celles que l'on y envoie ſur ce que le lieu peut en contenir.

Quand on envelopperoit le poſte entier d'un retranchement continu, un ſimple foſſé, s'il n'eſt profond & rempli d'eau, eſt rarement un obſtacle aſſez fort pour arrêter l'ennemi. Il eſt donc toujours utile & ſouvent néceſſaire de paliſſader, ou

de fraiſer : d'ailleurs il faut des ponts & des barrieres , ce qui ſuppoſe des bois , des voitures , des
ouvriers & des outils.

II. Quelque important que ſoit un tel ſecours,
je ſçais que l'on eſt quelquefois obligé de s'en
paſſer. L'on peut même y ſuppléer, au moins en
partie, par des moyens dont on parlera au Traité
de Conſtruction que j'ai annoncé ; ainſi l'eſſentiel
ſe réduit aux premieres obſervations.

Il eſt des lieux ſitués ſi avantageuſement , qu'ils
ſemblent faits pour être retranchés. Tels ſont ceux
qui ſont bâtis ſur une croupe eſcarpée , ou qui
occupant un coude ou un confluent de rivieres
non guéables , ſont naturellement inacceſſibles ſur
la plus grande partie de leur pourtour.

Il en eſt au contraire qui , par des défauts auxquels on ne peut remédier, doivent être abſolument rejettés comme incapables de toute défenſe.
Tels entr'autres ceux qui ſont dominés de près
par des hauteurs dont on ne peut ſe défiler ni ſe
couvrir dans les parties expoſées à l'attaque.

Cette maxime eſt par elle-même d'une vérité
évidente ; mais il faut faire attention aux circonſtances dont elle eſt accompagnée. Que la partie
dominée ſoit, par exemple, inacceſſible , & que
du côté de l'attaque l'on ſoit couvert par les maiſons, l'on voit que l'on n'en eſt guere moins en
état de ſe défendre, puiſque quelques petits poſtes
ſuffiſent aux endroits où l'on eſt vu ; qu'il eſt facile
en les blindant , de les mettre à l'abri du danger,

& même d'affurer leur communication par quelque bâtiment voifin.

C'eft ainfi que j'avois projetté d'établir un pofte
dans le cimetiere du fauxbourg de Deckendorf,
fitué au pied d'un Calvaire élevé prefque à pic,
mais couvert en partie par l'églife : fa deftination
étoit uniquement de contribuer à affurer la communication du fauxbourg à la ville, & de la ville
au Danube.

III. Un village fitué dans un terrein fec &
uni, tel qu'on ne puiffe en tirer aucun avantage,
eft rarement propre à l'ufage dont il s'agit.

Ce que l'on cite ici comme un défaut effentiel,
eft, à parler en général, une circonftance à défirer
pour une place de guerre : mais quoiqu'il foit
également queftion de fortification dans l'un
comme dans l'autre de ces cas, ils font d'ailleurs
très-différens. Dans l'un l'on travaille à loifir &
avec les moyens convenables ; dans l'autre les
momens font comptés & les moyens toujours
bien bornés.

L'on a donc befoin de tirer du lieu même des
fecours qui abregent l'ouvrage. Ils font, comme
je l'ai fait preffentir, de différente efpece. La
difpofition des bâtimens & leur conftruction fourniffent quelquefois le même avantage, qu'une
heureufe fituation.

Lorfque j'arrivai à Donaftauf, au commencement de Septembre 1742, je trouvai quelques
Officiers des deux bataillons qui y étoient, occupés

à retrancher ce bourg. Le château dont on ne pouvoit efpérer d'autre fecours, faute de créneaux & d'échafaudages, couvroit en partie de la hauteur. Un Calvaire fort étendu & fermé de murs, & la contiguité de la plûpart des maifons abrégeoient très-confidérablement le travail. J'étois occupé d'ailleurs, & je n'avois qu'un Ingénieur avec moi. J'aidai ces Officiers de quelques confeils, & ils réuffirent fi bien que peu de jours après, ayant reçu avis que l'ennemi paroiffoit fe difpofer à nous attaquer, nous nous trouvâmes en état de nous bien défendre.

Lorfque les maifons, quoique féparées les unes des autres en plus d'endroits, ne forment point une figure trop alongée, & qu'elles font, comme dans les Evêchés, bâties & couvertes de maniere à ne pas craindre le feu, l'on peut encore en tirer parti, puifqu'il n'y a qu'à les créneler, & à élever dans les intervalles des retranchemens flanqués par eux-mêmes, ou par ceux de ces bâtimens qui avancent le plus en dehors. C'eft, comme on le verra, ce que j'avois propofé pour une partie du fauxbourg de Deckendorf.

Mais fi les maifons font de bois, comme en Baviere & en Boheme, ou de terre & couvertes de chaume, comme en Flandre, elles ne peuvent fervir que d'habitation, & font d'ailleurs beaucoup plus dangereufes qu'utiles.

IV. La grandeur du circuit ajoute à cet inconvénient, & en forme quelquefois par elle-

même un infurmontable, eu égard aux circonftances.

Je me fuis trouvé dans ce cas à Pilſting, bourg
fitué en-deçà de l'Iſere, à demi-lieue de Landau.
Sa poſition avoit fait projetter d'y mettre des
troupes en quartier, & l'on ſe confirma dans cette
réfolution dès que l'on ſçut que les Autrichiens
s'étoient emparés de cette place.

Je fus détaché de l'armée le 14 Novembre,
c'eſt-à-dire deux jours après ſa reddition, & ayant
reçu ordre de retrancher le bourg, je l'examinai
foigneuſement.

PL. XI.　　J'y reconnus bientôt la plûpart des différens
défauts dont j'ai parlé. Il n'eſt dominé de nulle
part ; ſes environs ſont même preſque partout
marécageux & entrecoupés de quelques foſſés
d'écoulement. Mais l'hyver eſt rude & long en
Baviere : cette ſaiſon approchoit ; l'on ne pouvoit
donc compter ſur des avantages de nature à cef-
fer aux premieres gelées.

D'ailleurs de ſoixante-dix maiſons dont Pilſting
étoit compoſé, ſept ſeulement étoient en maçonnerie, & toutes les autres en bois.

Il falloit conféquemment ſe réſoudre à le retrancher en entier, ou du moins à en fortifier le
pourtour par des ouvrages tels que ceux dont on
parlera ; ce qui n'étoit pas même praticable.

Cette nouvelle difficulté provenoit de ce que
les maiſons étant preſque toutes iſolées par des
cours & des jardins, leur contour, quoiqu'elles
bordaſſent quatre rues différentes, ne pouvoit ſe
réduire

réduire à moins de huit cens cinquante toises.

J'avois reconnu que ce lieu ne pouvoit fournir de logement qu'à un bataillon, & l'on voit que ce nombre de troupes n'auroit suffi ni à le fortifier, ni même à le défendre.

Cette seule raison étoit sans réplique ; mais j'aurois eu d'ailleurs bien de la peine à rassembler les palissades nécessaires. Le Rindal, petit bois éloigné d'une lieue vers Straubing, ayant été entiérement coupé, l'on auroit été obligé d'en tirer de plus loin, & le peu de chevaux & de bœufs que les Autrichiens avoient laissés dans ce canton, ne pouvoient suffire, surtout eu égard aux mauvais chemins & au mauvais état de ces attelages.

Ainsi quoique le cimetiere fût spacieux & fermé d'un bon mur ; qu'il fût aisé d'y pratiquer des communications avec trois maisons de maçonnerie & deux de bois qui y touchent, l'ennemi ne pouvant traverser assez-tôt celles de bois, s'il y met le feu, pour ne pas laisser le temps d'être secouru, ou du moins de barricader l'ouverture que l'on a faite ; comme ce poste particulier, bon pour derniere ressource, ne décidoit rien, en ce que l'on ne pouvoit en faire usage sans abandonner avec le bourg, les malades, les subsistances & les équipages, je n'hésitai point à conclure que Pilsting n'étoit susceptible en entier d'aucune fortification.

V. Il y a des circonstances qui obligent de sacrifier l'intérêt du particulier au bien général ;

H

il y a même des guerres cruelles, où la nécessité de la représaille force en quelque maniere à des dévastations qu'elle autorise ; conjonctures bien tristes, & dont un Ingénieur ne doit jamais se prévaloir sans des ordres précis, qu'il lui convient très-rarement de demander.

L'on voit que je veux parler de ces occasions où l'on détruit les parties embarrassantes, pour conserver, avec beaucoup moins de travail, celles dont on a besoin. Si nous avions été dans ce cas à Pilsting, & que la partie ramassée du bourg eût suffi pour l'objet qu'on se proposoit, tout devenoit facile, ou du moins très-possible.

En rasant les maisons qui s'étendent le long des chemins de Straubing & de Deckendorf, l'on resserroit l'enceinte de plus de 200 toises, c'est-à-dire environ du quart, & l'on perdoit peu de logement.

C'étoit déja beaucoup : cependant comme le développement du reste paroît encore un travail bien considérable pour un seul bataillon foible, comme ils le sont toujours à la fin de la campagne, & pressé peut-être, par le départ inopiné des troupes voisines, de se retrancher promptement, je crois que l'on peut en ces occasions recourir à l'expédient que je vais proposer :

C'est après avoir déterminé la figure de l'enceinte de la maniere la plus convenable, d'élever aux angles des redoutes en forme de bastion, dont les feux croisés sur les intervalles, rasent réciproquement les faces de ces petits ouvrages.

La planche achevera de développer ma penſée. Pl. XI.
Cinq des côtés du polygone extérieur ſont chacun de 100 toiſes ; on peut leur en donner juſqu'à 120, & même juſqu'à 130. La perpendiculaire
eſt d'un douzieme du côté. Les faces ſont de
12 toiſes, & les flancs perpendiculaires aux lignes
de défenſe.

Le ſixieme front a près de 150 toiſes de longueur ; mais c'eſt le mieux défendu, en ce que les
faces y ſont raſées de près de l'enceinte du cimetiere, & que les deux murs de cette enceinte
les plus avancés vers la campagne, ſont raſés de
même par les flancs des demi-baſtions voiſins.

L'on voit aſſez que cette figure n'eſt qu'un polygone fortifié preſqu'à l'ordinaire, dont on ſup-
prime les courtines. Des redans auroient bien
l'étendue que je donne aux redoutes qui en tiennent lieu : j'épargne donc ces courtines en entier,
c'eſt-à-dire plus de 420 toiſes courantes de travail, de maniere qu'en comptant ſur 50 toiſes de
développement pour chaque redoute, 720 toiſes
de lignes que l'on auroit à faire, ſe réduiſent ainſi
à 300.

A l'égard de la défenſe, 50 hommes dans chacun de ces poſtes, autant dans le cimetiere, & le
reſte du bataillon avec les Grenadiers en bataille
dans les lieux le plus à portée de les ſoutenir au
beſoin, peuvent ſuffire.

Je ne me ſouviens pas que cette idée ait été
exécutée, ni même propoſée. Elle eſt cependant
ſi ſimple que je ne ſçais ſi elle eſt nouvelle. Quoi

qu'il en foit, elle peut être très-utile, au moins en certains cas.

Après avoir détaillé ce que je lui connois d'a-vantages, il eft jufte de rechercher fes défauts. Dans un quartier non fermé, tel que celui-ci, le foldat peut fe débander pendant la nuit ; les pay-fans peuvent avoir des communications dange-reufes ; une troupe déterminée peut enfin percer par les intervalles.

C'eft au Commandant, c'eft à l'Ingénieur char-gé du projet, à examiner s'il peut mieux faire, eu égard au temps & au nombre des travailleurs. De cette maniere un pofte eft bientôt en état de défenfe ; ce qu'on ne peut efpérer qu'avec beau-coup plus de monde, en fuivant la méthode ordi-naire. Cet avantage eft folide & réel : d'ailleurs rien n'empêche, quand on a pourvu au plus preffé, d'achever de fermer l'enceinte, foit par un para-pet de terre, foit par des abattis ou d'autres ef-peces de barricades.

VI. Quel que foit le nombre & la diverfité d'expédiens que l'expérience & l'imagination fug-gerent, l'on trouve quelquefois en plaine, comme au pied des montagnes, des lieux dont on ne peut tirer aucun parti.

La plûpart des villages font même dans ce cas. Les maifons s'étendent ordinairement le long d'un ou de deux chemins qui les traverfent : le refte n'eft que cours, vergers & jardinages fermés d'une mauvaife haie, d'un foffé étroit ou d'un

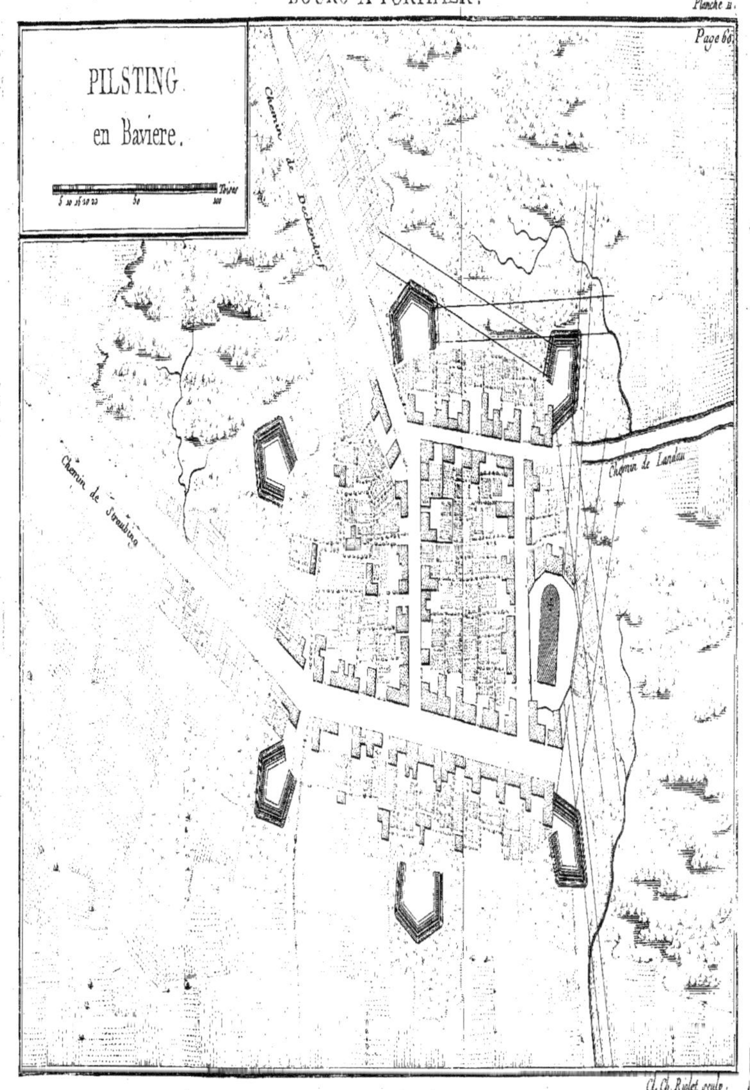

Planche 11.
Page 66.
PILSTING.
en Baviere.
Toises
Chemin de Deckendorf
Chemin de Landau
Chemin de Straubing
Cl. Ch. Riolet sculp.

mur de terre, de pierres seches ou de bois ; ce qui rend le circuit extrêmement grand, à proportion du nombre d'habitations.

Tel est, par exemple, Schleitel en-deçà de la Loutre, qui uniquement composé en ligne droite de deux rangs de maisons isolées & même assez éloignées les unes des autres, est au moins aussi long que Strasbourg, en y comprenant la citadelle.

Lorsque les maisons sont bâties ou couvertes de matieres combustibles, c'est, comme on l'a déja dit, un obstacle de plus. Je les trouvai réunis à Bischofsmais, village situé à trois quarts de lieues en-deçà du château d'O, & destiné de même au dépôt des fourrages. Le cimetiere, ressource ordinaire en pareil cas, ne pouvoit, eu égard à la distance, protéger ni défendre les granges : d'ailleurs etant étroit & borné sur presque tout son contour par des maisons de bois qui le dominent, je vis que l'ennemi fusilleroit, ou brûleroit à son choix ceux qui entreprendroient de s'y maintenir

J'examinai donc ce village suivant l'ordre que j'en avois : mais je n'y fis rien, parce qu'il ne me paroissoit pas possible d'y rien faire ; de maniere que le Lieutenant que nous y laissâmes avec 30 hommes, ne dut qu'à lui-même son salut & celui de la troupe. Pendant l'attaque du château, quelques coureurs ayant paru, apparemment pour reconnoître, il prit le seul parti qu'il eut à prendre ; ce fut de se retirer dans l'église, d'en barricader les avenues, & de travailler aux créneaux & aux échafaudages dont je lui avois fait connoître l'utilité. Le hasard favorisa ces précautions & sauva le dépôt. Vingt Volontaires qui escortoient un petit convoi de pain envoyé à M. de Grassin sur la frontiere de Boheme, trouvant les passages fermés, se joignirent à lui. Ils avoient avec eux deux tambours : l'Officier profita de la circonstance. Il leur ordonna de battre en même temps à l'heure ordinaire la retraite de l'infanterie & celle des Dragons; & ce fut peut-être cette ruse qui fit différer à l'attaquer jusqu'après la prise du poste principal qui, comme on l'a dit, ne put être forcé.

VII. L'on a vu par les différens exemples que nous venons de rapporter, que les plus grandes difficultés que l'on trouve, lorsqu'il est question de fortifier un bourg ou un village, se réduisent aux désavantages d'une situation dominée ou ingrate, d'une enceinte de trop grande étendue, & de la construction dangereuse des maisons, qui ne permet pas d'en faire usage pour la défense.

L'on a supposé en cela les cas les plus ordinaires, c'est-à-dire un poste détaché ou des quartiers à établir : mais il en est d'autres où les assujettissemens n'étant plus les mêmes, l'on doit se régler sur d'autres maximes.

Tel est, par exemple, la fortification d'un village dont on a dessein de se servir un jour de bataille. Qu'il soit en avant ou dans la ligne même, ou qu'une des aîles s'y appuie, il importe peu, &

il est même souvent plus utile que défavantageux qu'il soit dominé, pourvu que ce ne soit que par les derrieres.

Le nombre de troupes que l'on y destine ne se réglant plus sur ce que le lieu peut en loger, les inconvéniens de l'étendue du circuit, & même ceux des matériaux combustibles employés à sa construction disparoissent, en ce que l'usage principal des bâtimens se réduisant alors à dérober aux yeux de l'ennemi les mouvemens que l'on juge à propos de faire, l'on enveloppe tout ce qui peut nuire dans l'enceinte, sans égard au plus grand nombre de travailleurs & de défenseurs que ce surcroît d'ouvrage exige, & dont on sçait qu'on ne manquera pas.

Les attentions essentielles & particulieres à ce cas sont, ce me semble, de se ménager les plus grands flancs qu'il est possible, parce qu'il n'est point question de chicane, ni d'attaque, pour ainsi dire, tâtonnée, mais de résister à l'effort d'une colonne ; de découvrir les environs en coupant à 2 pieds de terre les bois & les haies, pour donner plus de jeu à l'artillerie dont on ne peut ici se passer ; d'embarrasser, autant qu'il est possible, le terrein devant soi & sur ces flancs, pour que l'ennemi ne puisse avancer sans se rompre, & de l'applanir au contraire sur ses derrieres, afin d'être à même de rentrer en force dans le poste, si l'on est obligé de reculer.

Quand le village ferme la ligne, l'on doit de plus prolonger en potence le retranchement &

les embarras du côté expofé, pour avoir moins à craindre d'être tourné par l'ennemi.

Une fituation favorable , furtout fi elle eft difpofée de maniere à s'élever médiocrement fur les parties qu'elle doit battre, eft toujours d'un grand avantage. Ce que j'ai voulu dire eft donc feulement que, dans cette occafion , bien des circonftances qui feroient des obftacles confidérables dans d'autres , n'arrêtent point & fe négligent par les facilités que l'on a pour y fuppléer.

Au refte cet article eft plus effentiel à un Ingénieur qu'on ne le penfe communément. Il y a peu de batailles fans de tel poftes , & l'on vient de voir à celle de Fontenoi de quelle importance ils peuvent être.

VIII. Lorsque la ville ou le bourg eft en avant & à quelque diftance d'une riviere , & par conféquent d'un pont fait ou à faire, l'on doit non feulement fortifier le lieu même, mais encore s'appliquer avec foin à s'affurer de cet intervalle, pour qu'une communication fi effentielle, foit pour les fecours, foit pour la retraite, ne puiffe être coupée.

Je me fuis trouvé deux fois en Baviere chargé de ce foin. M. de Balincour s'étant emparé des hauteurs qui dominent, au-delà de l'Ifere, le débouché de Dingelfing , les ennemis maîtres de Landau depuis fix jours feulement , l'abandonnerent, & je reçus ordre de mettre au plutôt cette place en état de défenfe.

Elle

Elle est située sur la croupe d'une petite montagne dont elle occupe jusqu'au sommet toute la largeur. Deux portes, l'une au bas, l'autre au haut, en divisent l'enceinte en deux parties à peu près égales. A droite en entrant, ce qui est le côté qui fait face à la riviere, le mur est peu élevé, n'a pas plus de deux pieds d'épaisseur, & est adhérent presque partout aux maisons ; mais il n'est dominé par rien, & le terrein sur lequel il est bâti, est escarpé de maniere à passer pour impraticable. Je remarquai de plus que les planchers de ces maisons pouvoient, eu égard à la hauteur des créneaux, servir de banquettes, & qu'il étoit aisé d'en élever en charpente dans les cours, ainsi que dans quelques autres vuides que je trouvai de distance en distance.

L'enceinte de la gauche, à l'exception d'une partie étançonnée, & par conséquent à retrancher, me parut en beaucoup meilleur état. Le mur en est épais de 4 à 5 pieds : un petit toit dont ce mur est couvert dans les endroits où il ne tient point aux maisons, le défile des hauteurs ; & pour communiquer par-là d'une porte à l'autre, il ne falloit que quelques légeres réparations, & percer un petit nombre de maisons. Ce côté d'ailleurs est bordé d'un fossé large, profond & d'un talud très-roide.

Il y avoit des battans & des tambours avec leurs barrieres aux deux portes. L'enceinte, à parler en général, n'a ni tours, ni flancs ; mais je comptois y pourvoir promptement & à peu de

I

frais, par un moyen dont je parlerai en traitant de la Conſtruction ; de maniere qu'avec ce ſecours indiſpenſable contre la ſappe des murs & l'eſcalade, je me flattai de mettre en peu de jours ce corps de place en état de ne pouvoir être forcé ſans canon.

Le fauxbourg eſt preſqu'auſſi étendu que la ville, & je ne pouvois me diſpenſer de le conſerver, tant par rapport au logement néceſſaire dans la ſaiſon où nous étions déja, que parce qu'il couvre & enferme l'emplacement du pont à ſubſtituer à celui que les ennemis avoient brûlé. Ce fauxbourg eſt dominé principalement d'une hauteur conſidérable par ſon étendue, & de plus près, d'un pain de ſucre terminé en plateau, ſur lequel eſt une groſſe chapelle. Je projettai d'occuper ces éminences par des redoutes qui communiqueroient au foſſé de la place, & d'en élever, de diſtance en diſtance, du pied du plateau à l'Iſere, quelques autres, à joindre enſuite enſemble par un petit parapet bordé d'un foſſé plein d'eau.

Ces précautions étoient ſuffiſantes d'un côté. A l'égard de l'autre, un ſimple retranchement de quelques toiſes, bien paliſſadé, devoit fermer le court eſpace qui eſt entre l'eſcarpement & la riviere.

Cet expoſé, tel à peu près que je l'envoyai en réponſe, explique ce que je crois qu'on doit faire en pareille occaſion. C'étoit un ouvrage de bien peu de jours, mais je n'eus pas même le temps de le commencer.

IX. Pendant que le gros de nos troupes formoit ainſi une pointe au-delà de l'Iſer, M. le Comte de Saxe pouſſant devant lui ce qui tentoit, à la faveur des défilés, de s'oppoſer à ſa marche, s'avançoit de l'autre côté du Danube. La réſolution étoit priſe de rentrer dans Deckendorf. M. le Comte d'Aumale, Commandant en chef les Ingénieurs, m'ordonna, lorſque je m'y attendois le moins, de rejoindre ; ce que j'exécutai le jour même, en me rendant par Straubing à Ober-Altaich, quartier général, & delà à Pogen, notre quartier particulier.

Notre petite armée que l'on nommoit alors la réſerve, s'embarqua gaiement le 2 Décembre ſur le Danube, à l'exception de la cavalerie qui prit le chemin ordinaire ; & quoique côtoyée pendant une bonne partie du chemin par des Huſſards qui ſe mirent même en bataille à portée du piſtolet du rivage, elle vint aborder devant Deckendorf, un peu au deſſus des reſtes du pont que nous avions brûlé trois mois auparavant en partant pour la Boheme.

Les ennemis ſurpris de nous voir arriver ſi vîte & par cette route, abandonnerent la place après avoir tiré quelques coups de canon, de maniere qu'au lieu d'être employé en ſecond à ce ſiege, ſuivant ma premiere deſtination, je le fus à mettre ce lieu dans le meilleur état qu'il ſeroit poſſible.

Sans les hauteurs dont on y eſt plutôt plongé que dominé, cette entrepriſe eût été facile. Il ſuffiſoit pour le corps de la place de réparer les banquettes, de refaire les plates-formes de quelques tours ; &, en cas d'attaque, lorsque le lieu en auroit été déterminé par la position du canon, d'élever de droite & de gauche du mur principal au mur de la fausse braie, avec des palissades jointives & crénelées préparées à l'avance, des retranchemens qui battissent en flanc d'un feu croisé, les troupes destinées à forcer une breche que l'on auroit eu soin en même temps de retrancher & de barricader en dedans de la ville.

A l'égard du fauxbourg principal, la proximité de la Paung, celle même de la montagne, d'ailleurs si désavantageuse, la situation du cimetiere, la grandeur de la cour du Curé & de l'enclos des Capucins, étoient des circonstances bien favorables.

PL. XII.   Je fus chargé de la ville & de la plaine, c'est-à-dire de réparer le corps de la place, de retrancher le fauxbourg, & d'assurer la communication avec le Danube. Le plan m'épargnant un plus long détail, je me bornerai à quelques notes sur ce qui a besoin d'explication.

Le retranchement *A* de la tête du fauxbourg fut commencé : il étoit défilé de partout, protégée par une redoute dont on ne pouvoit guere s'emparer, qu'après s'être rendu maître de deux autres, & il portoit sur le défilé un feu supérieur à celui qu'on pouvoit lui opposer ; mais bon contre une surprise, il étoit bien difficile, eu égard aux hauteurs, de s'y maintenir dans une attaque générale.

Le cimetiere *B* est une terrasse revêtue, élevée de 18 pieds, & bordée d'un parapet de bonne maçonnerie à grands créneaux. L'église & deux files de grosses palissades jointives suffisoient à en épauler contre le feu du Calvaire, quoique presqu'à pic, la partie que l'on avoit intérêt d'occuper. Le petit retranchement *C* qu'elle flanque sur le dessein, couvre un ancien pont, & renferme une quantité considérable de maisons.

Le retranchement *D* proposé pour suppléer à celui-là, en cas que l'on trouvât l'enceinte trop étendue, ou les troupes dispersées dans trop de postes différens, & celui *F* couvroient la communication ouverte de la place à la Paung, tant par la porte de Nider-Altaich, que par une poterne *E* que j'avois dessein de pratiquer, en réparant un pan de mur qui s'étoit écroulé. Des retenues devoient élever à pleins bords le lit de cette petite riviere, qui cessoit par-là d'être guéable.

La direction des feux des ouvrages qui s'étendent de la Paung au Danube, montre assez que c'est une couronne sans courtine, dont le redan gauche de la tête du pont forme un demi-bastion. Le front devoit d'ailleurs en être défendu par des batteries placées au-delà du Danube. Le bastion droit couvre de son feu la porte de Straubing. Le petit ouvrage voisin des fours suffisoit pour tenir en respect les Saïques qui auroient tenté de remonter.

Si l'on suppose Deckendorf en plaine, l'on

conviendra peut-être qu'on ne pouvoit guere avec moins de travail, le mettre en un certain état de défense, & en assurer la communication : mais malheureusement Deckendorf & cette partie du rivage sont dominés. Il falloit donc occuper ces hauteurs importunes, & s'y établir de maniere à n'en être point délogé : or cette entreprise étoit non seulement très-difficile, mais même comme impossible, eu égard aux circonstances.

On le tenta cependant, parce que c'étoit un point indispensable. M. le Comte d'Aumale traça lui-même les trois redoutes que l'on y voit. Elles ne pouvoient être ni mieux placées, ni mieux tournées : mais cet expédient, l'unique qu'il eût à prendre dans des conjonctures si embarrassantes, exigeoit nécessairement, tant pour occuper ces postes, que pour les soutenir, un certain nombre effectif de troupes ; aussi ne comptoit-il que sur l'état où se trouvent les Régimens à la fin d'une campagne longue & pénible, & notre cantonnement pouvoit sur ce pied fournir à tout. Mais quoique le temps ordinaire des maladies fût passé, ce qui restoit en santé six semaines après, c'est-à-dire dès la fin de Janvier, suffisoit à peine à garder les Drapeaux, & pouvoit d'autant moins se maintenir dans un poste si désavantageux, que tant par cette circonstance, qu'eu égard à la dureté de la terre causée par la rigueur d'un froid excessif, l'on n'avoit entrepris qu'une partie de ces ouvrages, & que cette partie même loin d'être en sa perfection, n'étoit proprement qu'ébauchée.

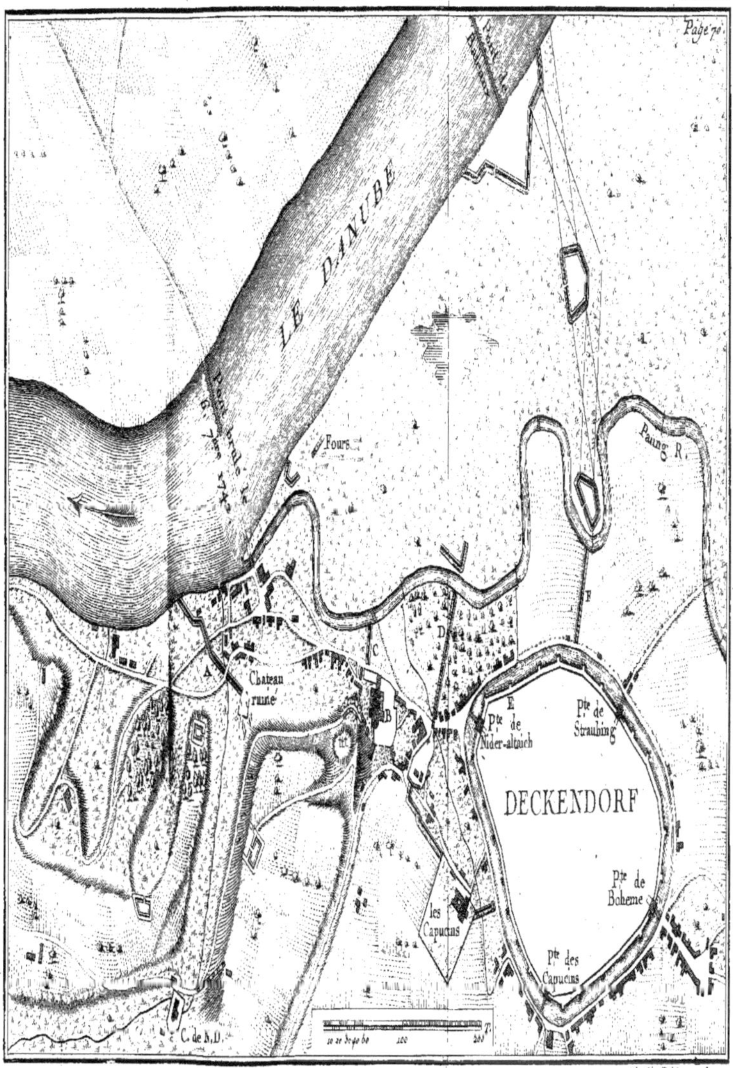
Page 70.
LE DANUBE
Fours
Paing R
F
D
C
A
Chateau ruiné
B
E
Pte de Nider-altaich
Pte de Straubing
DECKENDORF
Pte de Boheme
les Capucins
Pte des Capucins
C. de N.D.
10 20 30 40 50 60   100   200

Ces exemples qui raſſemblent ſous un même point de vue la maniere dont on peut ſe ſervir d'une vieille enceinte, retrancher un fauxbourg & une tête de pont, & aſſurer une communication, m'ont paru propres à terminer ce que j'avois à dire ſur cette matiere. L'on y verra d'ailleurs que quelque déſagréable qu'il ſoit de travailler dans des lieux où l'on trouve des difficultés que l'art ne peut ſurmonter, un Ingénieur doit, ſans ſe décourager, s'efforcer au moins d'adoucir le mal qu'il ne dépend pas de lui de guérir.

CHAPITRE CINQUIEME.

I. *Camps retranchés ; leur utilité.* II. *De leur poſition.* III. *Du campement des troupes.* IV. *Camp retranché de Ruſſenheim : premier projet.* V. *Deuxieme projet : ce que l'on en penſe.* VI. *Examen de l'intérieur du premier.* VII. *Troiſieme projet.* VIII. *Défauts de la fortification du premier & de celui-ci.* IX. *Camp retranché de Spire.*

I. Quand on a des raiſons qui déterminent à tenir un plus grand nombre de troupes enſemble, on conſtruit pour leur ſûreté un camp retranché.

Les Grecs, les Romains, la plûpart des autres nations, faiſoient rarement quelque ſéjour dans un lieu ſans s'y fortifier. L'armée ſe raſſemblant, formoit par fa pofition un quarré ou un autre rec-tangle de peu de circuit, eu égard au nombre d'hommes qu'il contenoit: cet ufage paroît même avoir duré jufqu'au dernier fiecle. Mais celui de camper, autant qu'il eft poffible, en front de bandiere s'étant introduit depuis, cela ne fe peut à préfent que par des lignes, & ce n'eft ni de ces lignes, ni de ces camps paffagers dont il eft ici queftion.

Les camps dont nous parlons font d'une in-vention bien plus moderne; je ne fçais même fi nous ne les devons point à M. le Maréchal de Vauban. L'on en a élevé de fon temps fous Namur, fous Ath, fous Lauterbourg, fous Dunkerque; & ce Général, fi bon juge en cette matiere, ne craint pas de dire dans l'un de fes plus beaux ou-vrages *, qu'il voudroit que l'on en fît faire d'a-vance fous toutes les places frontieres.

* Traité de la défenfe des Places.

Le principal objet qu'il fe propofe en cela eft, comme il l'explique lui-même, de mettre l'en-nemi hors d'état d'en entreprendre le fiege, ou du moins de l'expofer à un danger évident de ne pas réuffir.

Si l'utilité de ces camps fe bornoit à cet objet, ce feroit uniquement dans un Traité de défenfe des Places qu'il faudroit en parler, & l'on au-roit peu de chofe à ajouter à ce que ce célebre Ingénieur en dit dans le fien: mais quoique ef-fentiels en ce cas, ils ne font pas moins utiles en d'autres qui concernent l'efpece de guerre dont il s'agit.

Lauterbourg

Lauterbourg, par exemple, eu égard à sa fortification, & surtout à sa position par rapport aux lignes de la Loutre, doit plutôt être considéré comme un simple poste que comme une place ordinaire, & avec ce secours il devient en quelque maniere inattaquable.

Une ville telle que Spire entourée d'une mauvaise enceinte non terrassée, est par elle-même hors d'état de soutenir un siege : par ce moyen quelques bouts de retranchemens suffisent pour faire perdre à l'ennemi le dessein de l'entreprendre.

Les avantages de ces camps s'étendent d'ailleurs plus loin. Une armée ne prête jamais le flanc sans danger à un corps de troupes considérable, lorsque par l'étendue du terrein qu'il occupe, elle ne peut que difficilement le tenir en échec : de simples détachemens même ne font guere impunément des incursions, quand on leur rend le passage, & surtout la retraite, si difficiles.

Lauterbourg & Spire peuvent donc par-là couvrir au besoin le pays en-deçà des rivieres qui y passent.

Enfin, l'utilité qu'observe M. de Vauban d'avoir où placer sûrement & sans embarras des magasins, des équipages de toute espece, & les paysans des environs avec leurs familles & leurs bestiaux, étant commune à la défense des places & au cas dont il s'agit, elle doit encore se compter ici.

L'on n'a pas fait jusqu'à présent de camp

retranché, que ce ne fût fous une place bonne ou mauvaife. Elle lui fert de retraite & d'appui au befoin. Il en tire d'ailleurs bien des fecours néceffaires : ainfi cette condition peut être regardée comme effentielle.

Il eft rare que les environs d'une place ne fourniffent pas quelque fituation favorable. L'ancien camp retranché de Dunkerque, fitué en plaine, étoit couvert d'un côté par le canal de Bourbourg, de l'autre par le canal de la Moure, & le front en étoit défendu par le Fort-Louis. Celui de Lauterbourg, inacceffible par fes derrieres, borde un tertre affez élevé, au bas duquel la Loutre divifée en deux branches, coule à travers une prairie baffe & marécageufe.

L'on ne trouve point partout des lieux auffi convenables ; mais c'eft à l'Ingénieur à rechercher & à faifir jufqu'aux moindres avantages. L'on obfervera d'ailleurs que ces retranchemens ayant bien moins d'étendue, & fe conftruifant plus à loifir que des lignes, on les fait d'un profil plus fort, on les gazonne, on les paliffade, on emploie enfin plus de tems & plus de foins à les fortifier. Or il n'eft guere de terrein qu'on ne mette ainfi en état d'être bien défendu.

L'on doit principalement en excepter ceux qui font vus ou dominés à certaine diftance, en ce qu'on ne peut y faire de manœuvres qu'elles ne foient apperçues, & que d'ailleurs les parapets ne couvrent point autant qu'ils le doivent.

Les endroits bas, marécageux, mal-fains &

ceux où l'on manqueroit d'eau pour les hommes
& les chevaux, doivent être pareillement rejettés.

III. Quand la nature du terrein le permet,
la figure du camp ne doit être ni triangulaire, ni
alongée, mais telle que sa superficie soit la plus
grande qu'il est possible en proportion de son
contour.

A l'égard de la grandeur de ce contour, elle
se regle sur le nombre de troupes destinées à occuper le poste; ou lorsqu'on ne peut faire autrement, ce nombre se regle sur ce que le lieu est
capable de contenir.

L'on voit qu'il est également indispensable
dans l'un comme dans l'autre de ces cas de sçavoir
l'espace qu'il faut pour le campement & la manœuvre, & c'est ce qu'on ne peut connoître sans
entrer dans quelque détail, tant à cause de la différence du nombre d'hommes & de Compagnies
dont les bataillons ou les escadrons sont compo-
sés, que par les variations qui arrivent quelquefois à ce sujet.

La tête du camp, parallele au retranchement,
doit, autant qu'il est possible, en être éloignée
au moins de 50 toises, pour que les troupes puissent se ranger en bataille, & faire leurs évolu-
tions.

Une tente d'Infanterie est de 6 pieds en quarré,
non compris le cul-de-lampe. On compte par
tente sept soldats, ou cinq soldats & un Sergent.
La premiere & la derniere font face, l'une à la

tête, l'autre à la queue du camp. Les autres y font paralleles fur leur longueur.

Une compagnie forte ou foible, campe toujours en file, & n'a par conféquent qu'une tente de front. On adoffe ces files ou ces compagnies de deux en deux, ne laiffant d'intervalle de l'une à l'autre, qu'une petite rue où fe logent les culs-de-lampe.

M. de Bombelles donne 6 pas, c'eft-à-dire 3 toifes de front pour les deux files de tentes : M. d'Héricourt réduit cette mefure à 5 pas ; ce qui eft les refferrer autant qu'il eft poffible, la petite rue deftinée aux culs-de-lampe n'étant ainfi que de 3 pieds.

De deux en deux compagnies on laiffe une grande rue, de 16 pas, fuivant l'un de ces Officiers, & de 6 feulement, fuivant l'autre. Une pareille rue fépare les Grenadiers dont les tentes ne font adoffées à rien.

Le front d'un bataillon eft également ainfi de 90 pas ou de 45 toifes ; parce que les bataillons n'étoient que de neuf compagnies, au lieu de dix-fept, quand M. de Bombelles a écrit ; conformité qui fait voir que l'on a égard dans le campement, au terrein que les troupes mifes en bataille doivent occuper.

A l'égard de la profondeur, M. de Bombelles donne 32 pas pour onze tentes, & M. d'Héricourt 17 pour fix ; ce qui revient au même, puifque c'eft toujours un pas de l'une à l'autre, fans égard aux culs-de-lampe de la premiere & de la derniere.

Le reste, à compter de la derniere tente des foldats, fe place, fçavoir les cuifines à 10 pas ; les tentes des tambours & des vivandiers à 20 ; celles des Officiers fubalternes à 35 ; celles des Capitaines à 45, & enfin celle du Colonel, du Lieutenant-Colonel & du Major à 80.

L'on peut donc compter qu'un bataillon Fran-çois fur le pied d'aujourd'hui, occupe par fon camp 45 toifes de front, & 48 toifes 3 pieds de pro-fondeur, à compter de la tête des tentes. Il eft évident qu'il n'y a rien à retrancher fur la pre-miere de ces dimenfions : mais comme dans le cas dont il s'agit, les trois principaux Officiers font ordinairement logés, & que les autres dif-tances peuvent fe diminuer, je ne vois aucun inconvénient à réduire la profondeur à 30 toifes.

On laiffe ordinairement d'un bataillon à l'autre 10 toifes d'intervalle, & on ne peut guere en laiffer moins.

En terrein libre, & lorfque rien ne gêne, l'on campe affez communément la feconde ligne à 100 ou 200 toifes de la premiere : mais comme on eft toujours bien plus refferré dans un camp retranché, l'on juge que 40 ou 50 toifes de dif-tance peuvent fuffire.

C'eft d'ordinaire à la feconde ligne que la ca-valerie fe place. Chaque compagnie n'a, comme celles d'infanterie, qu'une file de tentes, & on adoffe de même deux compagnies enfemble.

L'on donne 7 pas, la ruelle comprife, pour deux de ces files adoffées, 3 pas du devant des tentes aux piquets des chevaux, auxquels toutes font face, & 12 ou 15 pas d'un de ces rangs de piquets à l'autre, de maniere qu'il reste une rue assez large entre les croupes des chevaux.

Le camp d'un escadron de quatre compagnies est ainsi de 50 ou de 56 pas de front. Sa profondeur se détermine par le nombre de cavaliers ou de Dragons, à raison de sept hommes par tente, & de 7 pas des mats des unes aux mats des autres, en y comprenant celle du Maréchal-des-logis, pour que chaque cheval occupe trois pieds de terrein en largeur.

A 15 pas des piquets sont les cuisines & les forges ; à 25 pas sont les tentes des vivandiers ; à 45 celles des Lieutenans & des Cornettes ; à 65 celles des Capitaines, & 30 pas plus loin celles du Colonel, du Lieutenant-Colonel & du Major. L'on voit ce que l'on peut en rabattre au besoin, & suivant les circonstances.

Voyez l'Essai sur la Castramétation, par M. LE BLOND. On ne laisse aucun intervalle entre les escadrons d'un même Régiment. M. d'Héricourt donne dix pas d'un Régiment à l'autre, trente entre deux Brigades, & quarante de la cavalerie à l'infanterie.

Je ne parle point ici de la distance des faisceaux d'armes ou des étendards aux premieres tentes, quoique ce soit communément delà que l'on compte la tête de la ligne ; ni de l'emplacement des gardes du camp & des latrines, parce que ce détail, essentiel à un Officier Major, n'est nullement de mon sujet.

Au reste il est toujours bon de se concerter sur toutes ces choses avec le Maréchal général des logis de l'armée, ou de prendre l'ordre directement du Général.

IV. Je viens d'avancer que l'on n'avoit fait jusqu'à présent de camps retranchés que sous des places. Je devois en excepter celui dont je vais parler.

Le 11 Mai 1734, je fus envoyé de Bruchsal, ou étoit l'armée, à Russenheim, village à une lieue au dessus de Philisbourg. J'y trouvai, sous les ordres de M. le Marquis de Balincour, les Brigades de Gondrin & de Bretagne, chacune de quatre bataillons, & le Régiment de Dragons de Languedoc. Ce lieu, dont on avoit dessein de faire un poste, ne pouvoit pas à beaucoup près contenir tant de monde : il fallut donc songer à fortifier le camp ; ce qui étoit d'autant plus aisé que cette situation est une des plus avantageuses que je connoisse.

Il suffit de jetter les yeux sur le plan pour s'en Pl. XIII. convaincre. Le terrein que l'on devoit occuper, est plus élevé sur les flancs & sur les derrieres que ses environs. La droite est couverte par une haie vive & bordée, ainsi que le village par la Pfintz, petite riviere encaissée dans cet endroit, où il en tombe un autre bras & deux ruisseaux. Des coulisses & un radier en pierres de taille que je remarquai au pont, répondoient de la facilité de faire une inondation. Quelques digues devoient ensuite former des flaques & élever les eaux, jufqu'à 8 & 10 pieds de profondeur, depuis le bas du village jufques vers leur embouchure ; les prairies qui bordent extérieurement la riviere, font d'ailleurs baffes & marécageufes.

Sur la gauche une prairie dominée par le rideau le fépare du Rhin, & la Chapelle qui tient lieu de citadelle au refte, eft fur un terrein plus élevé, efcarpé & couvert de halliers & de broffailles.

N'ayant par-là, pour ainfi dire, que le front à retrancher, comme j'avois, eu égard à fon étendue, plus de travailleurs qu'il n'en falloit, je réfolus de n'y rien épargner. Je fermai le foir même le paffage des eaux pour tendre l'inondation ; & fur le compte que je rendis à M. de Balincour, mes idées fe trouvant à peu près conformes aux fiennes, il me chargea de tracer le lendemain le nouveau camp, tel qu'il falloit qu'il fût, par rapport au projet.

La fortification en eft des plus fimples. C'eft une efpece d'ouvrage à corne de 150 toifes e front, couvert par une demi-lune. La perpendiculaire a 20 toifes & les faces 40 : la branche droite fuit en ligne droite la haie qui la couvre ; mais la gauche beaucoup plus étendue eft flanquée fur toute fa longueur par des retours à angles droits, ou par la Chapelle.

Une ligne de peu d'épaiffeur devoit former cette branche, dont les crochets feuls étoient en prife au canon, parce qu'il n'y avoit aucune

apparence

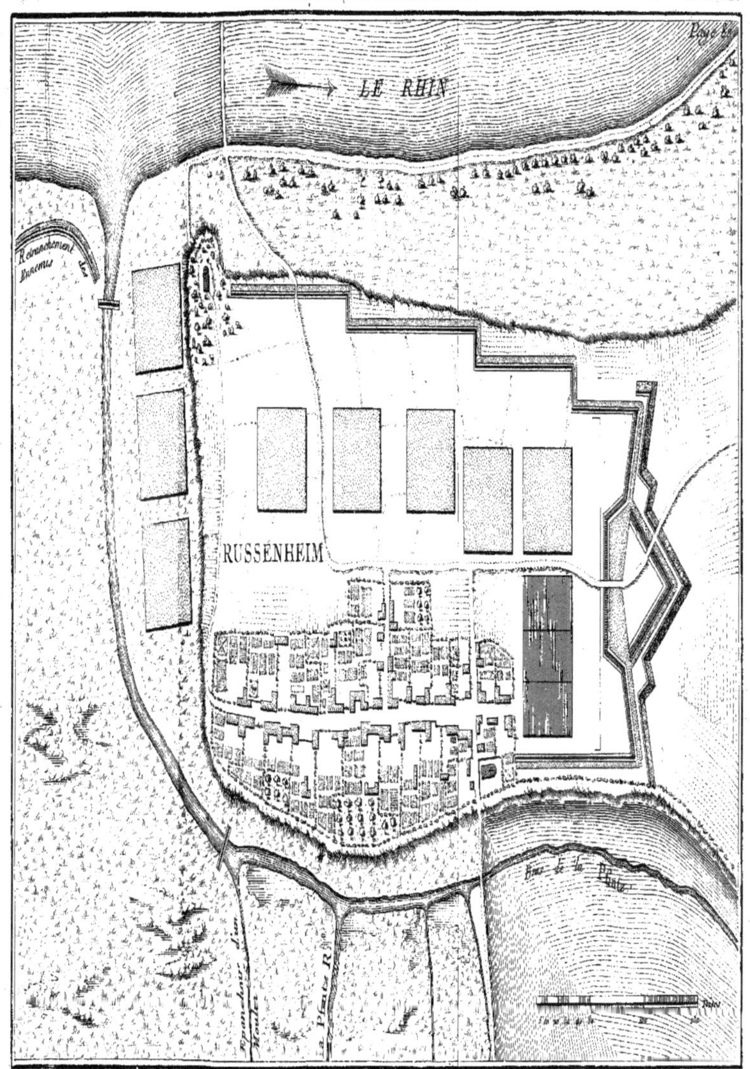
Planche 13.
Page 129.
LE RHIN
Retranchement Ennemis
RUSSENHEIM
Cl. Ch. Bialot sculp.

apparence que l'ennemi s'engageât dans cet en-
tonnoir, ce qu'indépendamment du défavantage
du terrein, il ne pouvoit faire fans prêter le flanc
à un feu confidérable.

Un Ingénieur travaille toujours avec plaifir,
lorfqu'il eft ainfi fecondé par la nature, mais je fus
bientôt privé de cet agrément. A peine avois-je
marqué le camp, que M. du Portal qui nous commandoit, arriva. Il approuva en gros mon projet,
il voulut feulement qu'on affurât la tête du pont
par deux redoutes, & qu'on fubftituât trois redans aux demi-baftions & à la demi-lune. Peut-
être avoit-il dès lors deffein de baftionner les lignes que nous traçâmes peu de jours après devant
Philisbourg; quoi qu'il en foit il chargea un autre
Ingénieur de l'ouvrage, & m'emmena le jour
fuivant pour vifiter les lignes de la Loutre, où
j'étois en chef.

V. J'IGNORE comment ce pofte, que je n'ai
pas vu depuis, fut fortifié; mais en s'affujettiffant
comme on le demandoit, à la figure, il étoit bien
difficile de fe conformer d'ailleurs à ce qui étoit
prefcrit.

L'on verra au chapitre fuivant que les redans
ont par eux-mêmes quelques défauts effentiels
caufés par l'obliquité de leurs défenfes. Ces défauts, quoique connus, n'empêchent point qu'on
ne s'en ferve pour couvrir les lignes droites &
les angles rentrans; à l'égard des faillans, furtout quand ils font droits ou aigus, comme

l'inconvénient augmente en proportion du moins d'ouverture, je ne fçache pas qu'on ait trouvé le fecret d'y en pofer.

L'on y fubftitue ordinairement de petits baftions, &, dans le cas dont il s'agit, comme il n'eft pas poffible de faire des demi-redans, on y emploie des demi-baftions.

L'on donne, autant qu'on le peut, 120 toifes de la pointe d'un redan à l'autre, & le front n'en avoit que 150. Il falloit donc, même pour fe conformer à l'ufage, revenir à peu près à mon idée. Rien n'empêchoit d'élever un redan à la place de la demi-lune, de tracer le foffé parallélement à la ligne magiftrale, de diminuer de la longueur des faces des demi-baftions, qu'eu égard au plus d'étendue du front, j'avois tenu plus grands pour rapprocher les feux, & de changer la direction de leurs flancs; mais avec tous ces changemens les demi-baftions ne fubfiftoient pas moins.

Je fuppofe en ceci que l'on voulût s'en tenir exactement à la figure, & que l'on jugeât que 10 toifes réduites à 8 ou 9 par l'épaiffeur du parapet, ne fuffifoient pas pour flanquer un redan; car la principale difficulté ne roule après tout que fur le peu de largeur du front. L'on ne pouvoit à la vérité l'étendre en droite ligne jufqu'au Rhin, fans être vu du rideau fur toute la largeur de la prairie; mais rien n'empêchoit de le prolonger jufqu'au bord de ce rideau, ce qui faifoit difparoître les plus grands obftacles.

Le projet que je donne ici, suppose ce prolon- Pl. XIV.
gement. L'on y verra une maniere bien simple ,
& peut-être nouvelle, de se passer de bastions sur
les angles , quelqu'aigus qu'ils puissent être.

Au reste, si des redans suffisent pour flanquer
des retranchemens ordinaires, je doute qu'il soit
bien à propos de les employer à un camp retranché, qui, fait pour être défendu avec des forces
plus inégales, & ayant d'ailleurs moins d'étendue
à proportion, doit, quand on le peut, être fortifié avec plus de soin.

VI. Si l'on croit que je parle ainsi pour faire
valoir mon premier projet, je me flatte qu'on me
rendra bientôt plus de justice. A tout prendre, il
vaut mieux que le second, ou du moins je le
crois ; mais il s'en faut bien qu'il ne soit à l'abri
d'une critique judicieuse.

J'y remarque moi-même des défauts de deux
especes : les uns, qui feront la matiere de cet
article, roulent sur le choix de l'emplacement de
la ligne ; les autres plus essentiels , en ce qu'ils
regardent le genre de fortification dont je fais
usage, seront relevés dans un des articles suivans,
& au chapitre VIII.

J'ai cru devoir établir pour regle que la tête
du camp doit, autant qu'il est possible, être éloignée au moins de 50 toises de l'intérieur du retranchement , & dans le tracé dont il s'agit, elle
ne l'est que de 25.

Le camp des Dragons réduit à 69 toises de front

pour trois escadrons, est un peu serré; il l'est d'ailleurs sur sa droite contre la branche qu'il faut défendre au besoin, & par derriere contre le village.

Enfin n'y ayant pas plus de 120 toises de l'angle du demi-bastion gauche au Rhin, pourquoi ne pas continuer jusques-là le front de l'ouvrage, puisque cette ligne, plus courte environ des deux tiers que celle qui aboutit vers la Chapelle, suffisoit pour enfermer plus de terrein ?

Voici ce que j'ai à répondre à ces objections. Mon dessein étoit bien de porter la fortification plus en avant, moyennant quoi les troupes de cette partie, & en particulier les Dragons, auroient été plus au large; mais je n'en fus pas le maître. On vouloit avoir le moins qu'il seroit possible, d'étendue de parapet à border, & l'on croyoit ne le pouvoir qu'en se resserrant.

Je doute au reste que ces défauts soient ici d'une grande importance. Je sçais qu'un camp retranché ordinaire doit pouvoir se défendre, ainsi que des lignes, par le gros des troupes en bataille; que comme c'est un ouvrage d'une utilité durable, ou même permanente, il est bon d'y être à l'aise; qu'il faut de plus se réserver assez de terrein pour y placer au besoin des dépôts de toute espece. Je ne conteste sur aucun de ces points : mais pour peu qu'on y fasse attention, l'on verra que nous n'étions point précisément dans ce cas. Ce poste n'étoit proprement qu'un village retranché, qui ne pouvoit être destiné à aucun entrepôt, & que

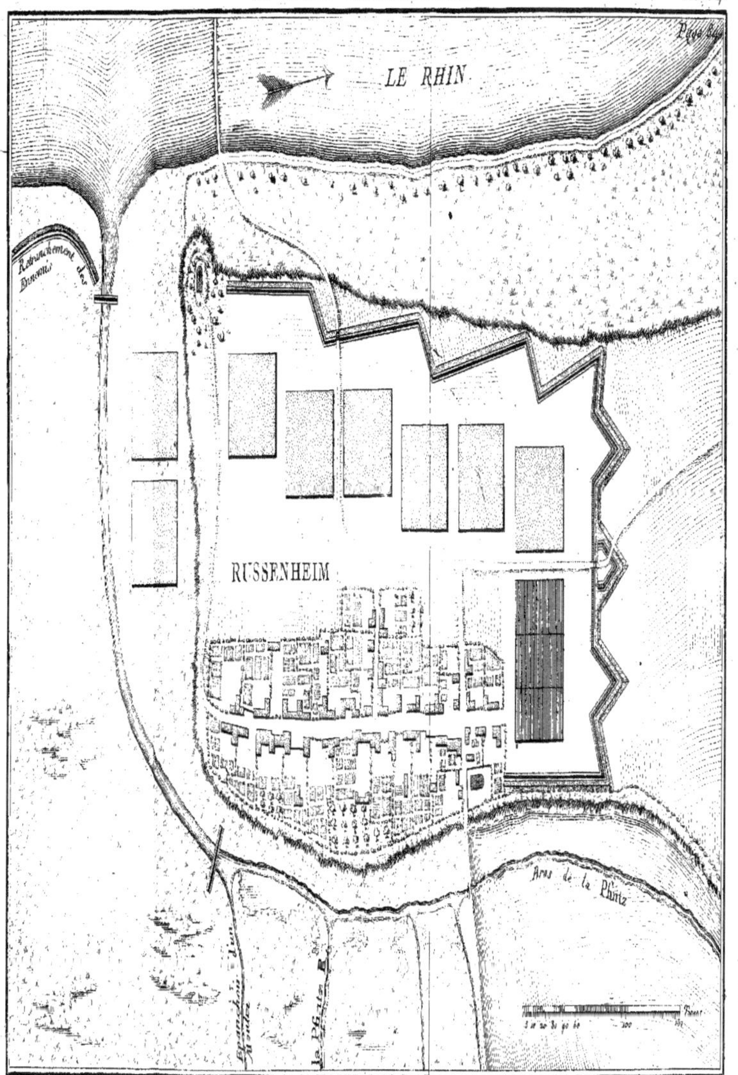
Planche 14.
Pièce 5.
LE RHIN
Retranchement des Russes
RUSSENHEIM
Aras de la Phitz
Cl. Ch. Ruelet sculp.

l'on n'avoit intérêt de garder que fort peu de temps. En effet, il fut abandonné bien avant la fin du fiege de Philisbourg.

A l'égard de la branche gauche, je pourrois alléguer que je confervois par-là la fupériorité du terrein; que je courois rifque, en pouffant le front jufqu'au Rhin, d'être plongé du rideau; & que cette partie de retranchement, quoique plus courte, demandoit plus de travail que celle dont elle tenoit lieu, en ce qu'indépendamment d'une demi-lune d'augmentation, il falloit la conftruire fur un profil beaucoup plus fort pour la mettre en état de réfifter au canon : mais j'aime mieux avouer de bonne foi que n'ayant reconnu le terrein qu'en gros & d'un premier coup d'œil, cette idée, toute fimple, toute naturelle qu'elle eft, ne fe préfenta point à mon efprit.

VII. L'on va effectivement voir que la plûpart Pl. xv. de ces réponfes feroient des excufes & non pas des raifons. C'eft à l'occafion d'un troifieme projet que je donne. Le front en eft une couronne tracée fuivant la méthode ordinaire, excepté que les flancs font perpendiculaires aux lignes de défenfe. Elle ne déborde pas le rideau, pour éviter d'en être plongée; mais le retour de partie de fa branche jufqu'au Rhin, y fupplée à peu de frais & fans inconvéniens, en ce qu'elle eft flanquée & épaulée par le refte.

La tête du camp n'eft éloignée, comme aux autres, que de 25 toifes de l'intérieur de la

fortification, parce que je crois que cela fuffit ici ;
la cavalerie placée fuivant l'ufage en feconde ligne, eft à 50 toifes de l'infanterie dans le point
où elle en approche le plus, & elle a plus d'efpace
libre fur fes flancs & fur fes derrieres.

Ce nouveau deffein, en comptant même la
demi-lune d'augmentation, n'a tout au plus qu'autant de développement que le premier : il lui eft
donc préférable, en ce qu'enfermant plus de
terrein, dix bataillons & fix efcadrons y font plus
au large, que des troupes moins nombreufes d'un
quart ne le font dans celui - là.

Comme un corps auffi confidérable eft en état
de former des entreprifes, & qu'il eft toujours
avantageux & fouvent effentiel d'abréger autant
qu'on le peut, le temps qui fe perd en défilant,
je n'ai point héfité de pratiquer une porte fur chaque courtine, & une autre à l'extrêmité de la
gauche vers la digue, qui eft l'endroit où elle eft
le moins en vue & en prife à l'ennemi, ce qui
peut paffer pour un avantage de plus.

VIII. Ce projet tracé uniquement à deffein
de faire connoître de quelle maniere on pouvoit
éviter les inconvéniens que j'ai relevés dans le
premier, en eft effectivement exempt, mais ils
manquent l'un & l'autre par des endroits bien
plus effentiels.

L'on ne peut avoir trop d'attention à fe ménager de beaux flancs, puifque c'eft en cela que
confifte la principale défenfe : ceux-ci font grands

Planche 10.
Page 89.
LE RHIN
RUSSENHEIM
Cl. Ch. Riolet sculp.

& bien dirigés ; mais quel avantage en revient-il ? Qu'il y ait vis-à-vis de l'angle de l'épaule 5 ou 6 toifes de la ligne magiftrale à la contrefcarpe, voilà tout ce qu'ils peuvent battre, il eft clair que le refte tire fur la demi-lune.

Cette piece néceffaire pour couvrir la porte, eft donc d'ailleurs plus nuifible qu'utile. Elle défend l'accès des faces, j'en conviens : fi l'on fuppofoit une attaque en forme, cela pourroit la rendre fupportable ; mais comme on eft ici plus expofé à un coup de main qu'à un fiege, & qu'en ce cas il eft bien dangereux de défendre de pied ferme un ouvrage détaché, le parti le plus fage feroit peut-être dans le moment de l'affaut d'en retirer les troupes, pour éviter de confondre l'ami avec l'ennemi, ou de les voir entrer pêle-mêle par la barriere.

Les flancs ayant ainfi toute leur liberté, l'affaillant auroit dans la demi-lune un feu terrible à effuyer ; mais ce feroit autant de rabattu fur ce qu'auroient à fouffrir ceux qui attaqueroient par les faces.

Ces fronts baftionnés ont d'ailleurs un inconvénient. Le foffé en eft défendu directement partout, mais il eft fi large en proportion du refte entre la demi-lune & la courtine, que l'excavation en feroit bien longue, & que la brouette ou le bayard deviendroient indifpenfables pour tranfporter les terres dans les endroits convenables. L'on va voir le parti que j'ai pris depuis en pareil cas pour lever cette difficulté.

IX. Au mois d'Avril de l'année suivante, M. de Quadt, Lieutenant Général, me chargea de dresser un projet sur Spire où il commandoit, & d'y comprendre un camp retranché. Je ne parlerai ici que de ce dernier objet. Le choix de l'emplacement n'étoit pas difficile; on ne peut même guere en souhaiter de plus favorable que celui qu'on trouve entre le Spirback & le Neuback, & il n'y en a pas d'autre.

PL. XVI. Cette position, quant au plan, est aussi belle en grand, que celle de Russenheim en petit. Le front, tel que je le déterminai, est d'environ 500 toises : il domine devant lui, & est plus étendu que le terrein par où l'on peut en approcher.

L'avantage de découvrir jusqu'aux bois les mouvemens de l'ennemi devoit faire occuper la tour de Spire, mais en forme de grand-garde seulement, c'est-à-dire comme un poste à abandonner en cas d'attaque générale.

Un fossé de 30 pieds de largeur sur 9 ou 10 de profondeur, passe au pied de cette tour. C'est surtout pour la cavalerie, un obstacle considérable à franchir sous le feu du canon. L'on ne peut en approcher le camp plus qu'il ne l'est, sans perdre à tous égards l'avantage du terrein.

La branche droite destinée à faire partie des lignes à tracer sur la riviere que j'avois déja eu ordre de reconnoître, devoit être bordée par une inondation. Deux rideaux différens la côtoient en amphithéâtre. Je suivis le plus bas pour ne point trop resserrer la figure, & pour m'écarter moins du

bord

bord de l'eau. Il eſt plus élevé de quelques pieds que tout ce qui eſt en avant.

La gauche s'étend le long du Neuback, dont le lit en cet endroit, a juſqu'à 15 pieds d'encaiſ-ſement ſur 9 toiſes de largeur. Il peut inonder de 4 à 5 pieds de hauteur la prairie baſſe, où cette branche aboutit.

La tour du Palatin en eſt ſi près, que je crus devoir la joindre à la ligne. Elle voit au loin : ſa communication flanque tout ce qui eſt à ſa portée, & couvre une des digues néceſſaires au regonfle-ment des eaux.

Enfin une poſition ſi heureuſe quant au plan, ſeroit parfaite à tous égards, ſi tant d'avantages n'étoient en quelque maniere contrebalancés par un défaut eſſentiel : mais c'en eſt aſſez pour l'in-telligence du ſujet ; & comme mon deſſein eſt de citer des exemples, & non de donner des mémoi-res ſur les places, un plus grand détail ſeroit auſſi hors de propos, que l'explication des motifs que l'on avoit alors en vue.

Je ne pouvois, ainſi qu'à Ruſſenheim, ſuppo-ſer d'attaque que par le front, & mes premieres idées étoient encore récentes. Je réſolus donc de le baſtionner : mais ayant tout le loiſir de tracer mon projet ſur le papier, je ſentis mieux les in-convéniens d'un remuement de terre exceſſif, & j'apperçus bientôt qu'en tenant le foſſé parallele à la fortification, il y avoit des parties où l'on étoit à couvert.

Cette circonſtance ne me rebuta pas : je

M

m'avifai de rabattre en forme de glacis fur une certaine hauteur, cette partie importune de contrefcarpe , & pour donner plus de jeu au feu des flancs , je plaçai un des paffages de la porte à l'extrêmité de chaque face des demi-lunes. Le plan expliquera le refte. Je me corrigeois ainfi peu à peu fur mes fronts baftionnés , mais je fentois bien que je ne levois encore qu'une partie des inconvéniens. L'on verra aux chapitres VII & XI de nouvelles réflexions & des idées plus fatisfaifantes fur cette méthode.

CHAPITRE SIXIEME.

I. *Différens ufages des lignes.* II. *Objections & réponfes fur celles qui couvrent une armée;* III. *Sur celles qui couvrent le pays.* IV. *Sur celles que l'on deftine à un nouveau fyftême de guerre défenfive.* V. *Néceffité d'appuyer les extrêmités de ces lignes , & comment.* VI. *De la diftance des lignes à la tête du camp.* VII. *Défauts des lignes ordinaires.* VIII. *Moyen de les corriger.*

I. Lᴇs lignes , quant à leur ufage , peuvent fe divifer en deux claffes différentes. Les unes , propres pendant un fiege à empêcher les fecours, ou à réprimer les entreprifes d'une garnifon nombreufe & active, dépendent uniquement de l'attaque des places , & conféquemment ne font pas de notre fujet.

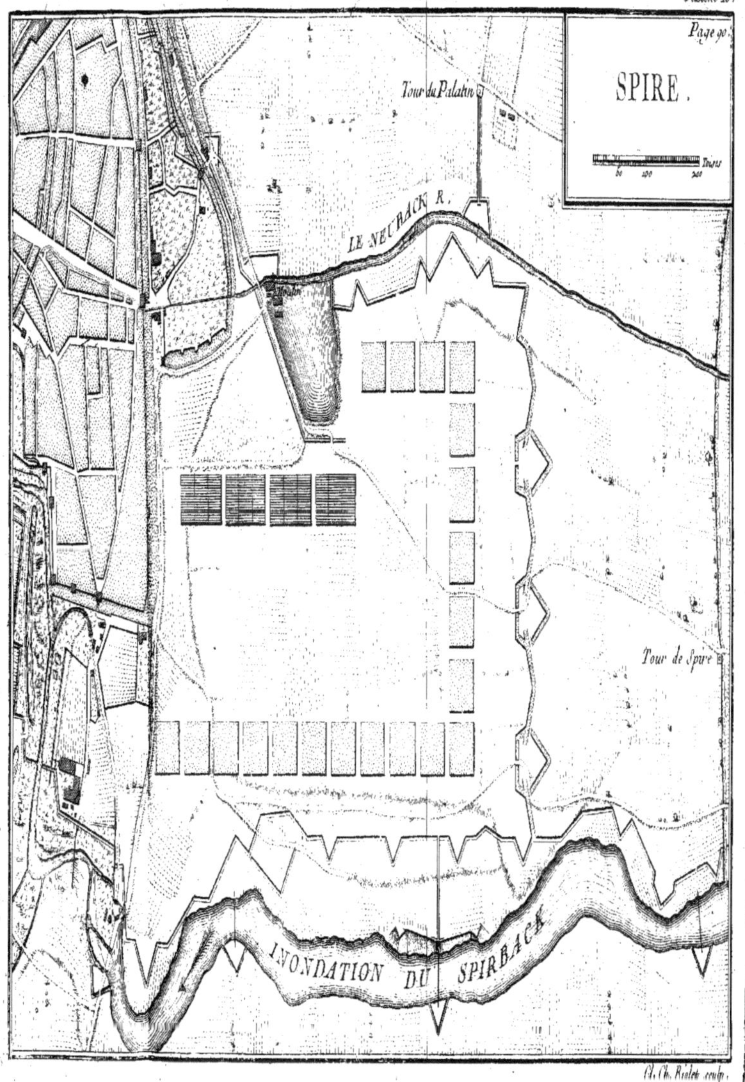
IV. CAMP RETRANCHE.
Planche 16.
Page 90.
SPIRE.
Toises
50   100   200
Tour du Palatin
LE NECKACK R.
Tour de Spire
INONDATION DU SPIRBACK
Cl. Ch. Rialet sculp.

Les autres, dont bien peu d'Auteurs ont écrit, ont pour objet de faire respecter une armée dans son camp; d'arrêter les courses de l'ennemi en lui opposant une barriere impénétrable; ou enfin, embrassant une plus grande étendue de terrein, de mettre à même de se maintenir plus facilement sur la défensive.

Quoiqu'un Ingénieur ait rarement part, même en ce cas, aux résolutions que forme un Général, comme il ne doit pas travailler sans sçavoir quel fonds l'on peut faire sur son ouvrage, & qu'il est d'ailleurs plus exposé qu'un autre à répondre à ce sujet, l'on commencera par examiner ici ce que l'on allegue communément pour & contre ces différentes especes de retranchemens.

II. Il n'est rien de plus simple & de plus raisonnable que de tâcher de suppléer par les ressources de l'art à ce qui peut manquer d'avantages naturels à une position que l'on est obligé de prendre. L'on ne peut donc en général blâmer qu'une armée se fortifie dans son camp, pourvu que les ouvrages que l'on y emploie, n'occupent point trop d'étendue; qu'ils soient bien dirigés, & disposés de façon à ne gêner en rien les mouvemens qu'elle peut être en occasion de faire.

Ces conditions qui renferment tout, ne laissent guere lieu aux objections; mais l'exécution n'en est pas toujours également aisée. Que l'on ait, par exemple, des raisons pour se tenir sur la défenfenfive, & pour éviter d'engager une action, il faut néceffairement, ou trouver un camp inacceffible, ou, fe poftant de maniere à ne pouvoir être tourné ni pris par les flancs, oppofer à l'ennemi un front retranché & flanqué avec foin fur toute fon étendue.

Il n'y a, je crois, point d'autre alternative. Cependant comme on péche en cela contre une des conditions ci-deffus, cela n'empêchera peut-être point qu'on n'y applique ces paroles de M. le Marquis de Feuquieres, qui y conviennent en effet autant qu'aux lignes de la troifieme efpece qu'il avoit en vue. *Une armée dans des lignes, dit-il, n'en peut plus fortir qu'en défilant ; & par conféquent l'ennemi qui s'en approche, eft libre dans tous fes mouvemens qu'il fait auffi hafardeux qu'il lui plaît, fans craindre d'inconvénient.... Ainfi je conclus que l'armée qui eft contrainte dans tous fes mouvemens, eft toujours inférieure à celle qui fait tous les fiens avec une liberté fi entiere, qu'elle peut hafarder les moins prudens, fans craindre d'en être châtiée.*

Cette maxime eft digne de la réputation de fon Auteur, & j'ai avoué d'avance que l'application en feroit jufte. Mais ne pouvoir nuire à l'ennemi, n'eft après tout qu'un inconvénient auquel on peut oppofer le grand motif de la néceffité qui oblige, fuivant la fuppofition, à tout entreprendre pour éviter le combat : auffi M. de Feuquieres eft fi éloigné de blâmer cet ufage, qu'il n'eft pas, felon lui, fans exemple de voir établir des batteries en forme, & même ouvrir la tranchée pour forcer une armée qui a fuppléé par des

retranchemens, aux avantages d'une bonne poſition qu'elle n'a pu prendre; entrepriſe qui, pour
me ſervir de ſes termes, *ſuppoſe toujours une grande
ſupériorité de l'attaquant, & même une néceſſité de ſe
commettre à cette action, qui ſera toujours d'une grande
conſommation d'hommes.*

Que ſi rien n'engage d'ailleurs à refuſer le combat, & qu'il ne ſoit queſtion que de balancer par
des fortifications la ſupériorité du nombre, en
ſorte que quelques ouvrages détachés, dont la
quantité & la force ſe déterminent par rapport à
cette inégalité & à la ſituation du lieu, puiſſent
ſuffire, il eſt clair que l'on ſera à couvert de l'objection précédente. Mais n'en aura-t'on pas d'au-
re à craindre ?

Rien n'énerve plus le courage, dit l'ingénieux
Auteur (a) de la Préface d'un nouveau ſyſtême
de fortification, *que de penſer qu'on eſt ſur la défenſive. Car l'eſprit fait d'abord ce raiſonnement ſecret : je
me défends, je ſuis donc en danger, ou même je ſuis
donc le plus foible. Or l'idée ſenſible du danger & le ſen-
timent intérieur de ſa foibleſſe épouvante les plus braves.*

A parler en général, cela eſt vrai, & l'on voit
la conſéquence que l'on peut en tirer, même dans
le cas dont il s'agit : mais dépend-il toujours d'un
Général de n'être pas ſur la défenſive, & loin que
la fortification doive alors être pour nous un témoignage décourageant de notre foibleſſe, ne
pouvons-nous pas la regarder comme un remede
propre à la réparer ? *La pelle & la pioche*, dit M. de

(a) Le Pere Caſtel, Jéſuite.

Folard, en parlant de cette espece de guerre, *font
la reſſource des foibles, ou de ceux qui ne veulent rien
haſarder. Ce ſont les ſeules armes avec leſquelles on ſe
défend, & les plus ſalutaires pour empêcher l'effet des
autres.*

III. L E s lignes de la ſeconde eſpece ſouffrent
les mêmes objections, & d'ailleurs une critique
plus étendue. Leurs principaux objets ſont de garantir de contributions le pays qu'elles couvrent;
de mettre à portée d'en établir en avant; d'aſſurer
les communications d'une place à une autre ſans
avoir beſoin d'eſcortes, & de rendre, tant qu'elles
ſubſiſtent, ces places inattaquables.

M. de Feuquieres qui, à l'exception du dernier, rapporte ces avantages, prétend qu'ils n'ont
rien de réel, ou qui ne ſoit balancé par de grands
inconvéniens. Voici en quels termes il s'en explique.

L'expérience, dit-il, *ne nous a que trop convaincus
que ces lignes n'empêcheront point le pays de contribuer,
puiſqu'il ne faut, pour établir la contribution, qu'une ſeule
fois avoir trouvé l'occaſion de forcer cette ligne pendant
tout le cours d'une guerre, pour qu'elle ſoit établie; après
quoi, quand même les troupes qui ont forcé les lignes, auroient été obligées à ſe retirer promptement, la contribution ſe trouve avoir été demandée, & dans un Traité de
Paix, pour peu qu'elle ſe faſſe avec égalité, il faut tenir
compte des ſommes impoſées, quoique non levées; en ſorte
qu'elles entrent en compenſation avec celles qui au temps du
Traité, ſe trouvent dûes par le pays ennemi. Ainſi les*

lignes ne font d'aucune utilité pour garantir de la contribution.

La feconde raifon , qui eft celle d'établir des contributions dans le pays ennemi , n'eft pas bonne. Ce ne font point les parties qui fortent de la ligne , qui établiffent la contribution , ce font ceux qui fortent de la place.

Celle de la facilité pour la communication d'une place à une autre , continue-t'il , eft un peu plus apparente pour le détail de ceux qui , à couvert de la ligne , veulent aller feul. Mais dans le fonds, fi c'eft pour la fûreté des convois, cette facilité n'eft qu'apparente ; car fi le Prince comptoit ce que la conftruction & l'entretien de ces lignes coûtent à fon pays, & la quantité de troupes qu'elles lui occupent pour les garder, je fuis très-perfuadé qu'il trouveroit ces troupes plus utilement employées à la garde des places, aux efcortes des convois & dans les armées , qu'à la garde des lignes.

J'ai déja obfervé que cet Auteur ne dit rien contre l'avantage effentiel d'empêcher l'inveftiture des places qui fe trouvent liées par ces retranchemens.

Une telle autorité eft fans doute refpectable , mais ces maximes paroiffent avancées d'une maniere trop générale. Il eft des pofitions heureufes, telles que font entr'autres celles de Bergues à Dunkerque, & de la montagne à Lauterbourg, qui étant fortifiées avec foin ne laifferoient aucune inquiétude fur la crainte d'y être forcé, ni même fur celle d'y voir pénétrer un corps déterminé & peu nombreux: ainfi des lignes y garantiroient de la contribution.

Elles mettroient d'ailleurs à même d'en impo-
ser en avant; car l'on ne voit point en quoi les
partis qui en sortiroient, n'auroient point à cet
égard le même privilege que les autres.

Enfin, si de pareilles lignes aboutissent, comme
dans le premier cas, à des places de guerre, ces
places deviennent inattaquables; & si, comme dans
l'autre, c'est à une ville fermée, mais peu fortifiée, elle ne peut guere se soutenir que par un
tel secours.

Je conviens que cela ne se peut, par exemple,
sur la Loutre, sans y employer un certain nombre
de troupes; mais est-ce donc en pure perte? non
sans doute, puisqu'indépendamment qu'elles couvrent toute la basse Alsace, elles tiennent en
échec, & même en inquiétude un corps au moins
égal au leur, à moins que l'ennemi ne leur abandonne tout le pays qui est en avant.

A l'égard des autres lignes, c'est-à-dire de celles
de Bergues à Dunkerque, elles auroient de plus
l'avantage que, même en présence d'une armée,
les garnisons de ces places & des postes intermédiaires pourroient suffire à les garder ou du moins
à les défendre.

Qui ne voit d'ailleurs qu'il vaut beaucoup
mieux être à même de se passer d'escorte, que
d'être obligé d'en prendre une, ne fût-ce que
parce qu'elle peut être battue?

A toutes ces objections, M. de Feuquieres en
ajoute une autre, c'est celle de la dépense, qui excede, dit il, ce qu'il en coûteroit pour le paiement
de la

de la contribution. Cela ne peut être vrai que bien rarement ; mais indépendamment des autres avantages que l'on en retire, l'on doit, ce me semble, compter pour beaucoup celui de priver l'ennemi de cette contribution qu'il est le maître d'exiger, soit en argent, soit en subsistances, soit en corvées.

IV. L'espece de lignes que M. de Feuquieres attaque le plus vivement, font celles au moyen desquelles on prétendoit, suivant lui, depuis quelques années établir un nouveau système de guerre défensive. *L'expérience, dit-il, a fait connoître la fausseté de ce système qui réside en deux points incontestables.*

Le premier est ce que nous avons rapporté au sujet des armées enfermées & gênées dans des retranchemens. *Une armée dans des lignes, ajoute-t'il, n'y est jamais ensemble, parce qu'il faut qu'elle garde un trop grand front ; & par conséquent lorsque l'ennemi attaque un endroit de la ligne dont il a dérobé la connoissance, soit par un mouvement que la constitution du pays lui aura donné la facilité de cacher, soit par une marche de nuit, pendant qu'il fera attaquer le côté opposé à celui de sa véritable attaque, il est certain que cet attaquant n'aura jamais affaire qu'à une partie de l'armée, dont le reste ne pourra même marcher au secours du corps attaqué, que très-difficilement, & en colonne, ce qui est périlleux.*

M. de Feuquieres remarque ensuite que les dernieres lignes construites dans cette vue étant trop étendues, il falloit trop affoiblir l'armée pour les garder ; que conséquemment elles avoient été

forcées toutes les fois qu'elles avoient été attaquées, & que d'ailleurs cette grandeur excessive
empêchant qu'elles ne fussent suffisamment gar-
nies de redans & d'autres ouvrages, elles ne pouvoient être bonnes, c'est-à-dire fortifiées avec
assez de soin.

Je n'entreprendrai pas de répondre à des objections si solides en elles-mêmes, tant qu'elles ne
regarderont que les cas ordinaires. Je conviens
qu'eu égard à leur étendue, de simples retranchemens de 4 ou 5 lieues ne peuvent être assez bien
fortifiés pour qu'une armée, même égale en
nombre, n'y soit pas très-exposée. Mais en supposant un terrein favorable, ces lignes ne different guere de celles de la seconde espece : l'on
peut donc alléguer en leur faveur, ce que l'on a
dit en faveur des autres.

Les lignes de la Loutre (*a*), par exemple, ont
plus de 5 lieues de longueur. Cependant si elles
étoient dans l'état où l'on peut les mettre en
moins de deux mois de travail, 20000 hommes
s'y défendroient avec succès contre l'armée la plus
nombreuse.

Il est vrai qu'elles ont une des conditions
qu'exige ensuite M. de Feuquieres, qui est de réduire l'ennemi à des points d'attaque, & qu'il
seroit même assez difficile d'en trouver de bien

______

(*a*) Ces lignes sont les mêmes que celles de Vissembourg, dont M.
de Feuquieres parle dans ses remarques. Je ne sçache pas qu'elles ayent
été forcées ni abandonnées depuis 1706, que profitant des avantages
du terrein, on les couvrit par des inondations.

praticables; mais elles n'en ont qu'une , n'étant d'ailleurs rien moins que courtes , & foutenant bien autant l'unique & mauvaife place qui s'y trouve , qu'elles en font protégées.

Je crois donc pouvoir conclure que s'il n'y a point d'efpece de lignes contre laquelle on ne puiffe faire de folides objections, il n'y en a point non plus dont on ne puiffe tirer de grands avantages, lorfque l'art eft fecondé par la nature ; je dis fecondé par la nature , car fi on peut, par exemple , les tourner fans inconvénient , il eft évident qu'elles ne fervent à rien. D'ailleurs je fuis déja convenu , & je conviendrai toujours volontiers que des lignes élevées dans un terrein fec, uni & découvert, tel que feroit une vafte plaine , font bien plus dangereufes qu'utiles , dès qu'elles ont beaucoup plus d'étendue que le front qu'occuperoit l'armée en bataille. A l'égard des premieres, c'eft-à-dire du retranchement des camps, l'on a vu que M. de Feuquieres n'en trouvoit pas l'attaque facile; ce qui vaut bien une approbation : & MM. de Folard & de Santa Cruz en parlent , l'un , comme d'un *ufage des anciens , que nous avons aiffé pour un autre beaucoup moins avantageux*, qui eft celui d'établir des grands-gardes, & de multiplier les poftes & les détachemens en avant; l'autre, comme du meilleur moyen de foulager fes troupes, d'être en état de faire de gros détachemens, & de ne combattre que quand on le juge à propos, *& non pas quand les ennemis veulent.*

V. La premiere attention que l'on doit avoir en projettant des lignes, eſt, comme on vient de l'inſinuer, que les extrêmités en ſoient appuyées de façon qu'on ne puiſſe, ou qu'on n'oſe les tourner.

L'uſage auquel les lignes ſont deſtinées décide à cet égard du plus ou du moins de précaution néceſſaire. Si elles doivent, comme celles de la Loutre, couvrir tout un pays, une forêt vaſte & fourrée, meilleure encore quand elle eſt maréca-geuſe, une chaîne de montagnes coupée de peu de gorges faciles à garder, une riviere large & profonde, ou quelqu'objet équivalent à ceux-là, peuvent ſeuls lui procurer cet avantage.

Ce qui met dans la néceſſité de ſe précautionner à cet égard avec tant de ſoin, c'eſt qu'elles ne ſer-viroient à rien ſans cela contre les incurſions, & que de tels retranchemens étant preſque toujours trop étendus pour le nombre de troupes commiſes à leur garde, ils ne ſe ſoutiennent preſque que par la bonté de leur fortification, de maniere que l'ennemi auroit le loiſir de les tourner à ſon aiſe, avant que leurs défenſeurs trop diſperſés & trop foibles, euſſent le temps de ſe raſſembler pour le faire repentir d'un tel mouvement, quand ils ſe-roient aſſez forts pour l'entreprendre.

Ces poſitions heureuſes, & cependant indiſpen-ſables, ſont rares, j'en conviens; mais cette eſpece de lignes doit l'être auſſi. A l'égard de celle dont l'objet n'eſt que de couvrir une armée qui refuſe ou qui ne veut accepter le combat qu'avec cet avantage, une place de guerre, un bourg fermé de murs, un château de campagne, un petit bois que l'on farcit d'infanterie, un marais bien reconnu pour être impraticable, un ruisseau escarpé ou bourbeux, suffisent. L'on peut même, comme on l'a vu, y suppléer en se couvrant en flanc par le retranchement prolongé en crochet, ou par des abattis.

Il n'est point hors d'exemple qu'un Général non content de ces précautions, se soit encore retranché par derriere, s'enveloppant ainsi de toutes parts : cela devient pour lors une nouvelle espece de camp retranché, que l'on fortifie suivant le terrein; mais ces exemples sont peu communs.

VI. Soit qu'en traçant des lignes l'on ait à s'assujettir, du moins dans les principales parties, au camp déja établi, ce qui arrive quelquefois, soit qu'il faille envelopper quelque village, ce qui est bien moins rare, il est également nécessaire qu'un ingénieur soit prévenu de l'espace qui doit être entre le retranchement & le front de bandiere.

A Philisbourg, car les lignes de circonvallation ne différant essentiellement de celles-ci que par leur figure circulaire, tout ce qui convient aux unes, convient aux autres; à Philisbourg, dis-je, cette distance fut fixée à environ 65 toises, & l'on n'en laissa pas davantage entre le retranchement & le village d'Oberhausen, quoiqu'il y eût des troupes campées entre deux : mais il est à observer que l'on cherchoit à se resserrer pour être partout plus en force.

M. le Maréchal de Vauban, dans son mémoire sur la conduite des sieges, a fixé cet espace à 100 ou 120 toises; ce qu'il a ensuite étendu dans celui de l'attaque des places, de 60 à 120. Il pourroit être dangereux d'en donner plus ou moins. Dans le premier de ces cas, les troupes seroient trop éloignées de ce qu'elles ont à défendre, & dans l'autre elles n'auroient pas tout le terrein nécessaire pour manœuvrer à l'aise, & laisser sur les derrieres un passage suffisant à la marche des corps chargés de porter du secours aux endroits les plus menacés ou les plus pressés. L'on peut, je crois, inférer delà que la distance que l'on doit donner, lorsque l'on n'est gêné par rien, est celle de 80 à 100 toises.

A l'égard des parties qui sont vis-à-vis des villages, il faut, ce me semble, ajouter à la distance déterminée, surtout si elle n'est que de 60 ou 80 toises, la profondeur du camp, à compter depuis les faisceaux ou les étendards, jusques & compris les tentes des Officiers subalternes, ou du moins les cuisines.

VII. Toutes les lignes, sans en excepter celles de circonvallation & de contrevallation, qui à cet égard ne different des autres que par l'usage auquel on les destine, peuvent se fortifier de la même maniere.

Pl. XVII.
Fig. 1.
La méthode ordinaire & presque universelle-

ment reçue, eſt de les flanquer par des redans. En terrein libre M. de Vauban les eſpace, pour la circonvallation, de 120 toiſes d'une pointe à l'autre. Il leur donne dans ſes deſſeins 30 toiſes de gorge, & 22 de capitale; ce qui en détermine les faces à un peu moins de 27 toiſes. C'eſt à péu près de cette maniere que nous les traçâmes à Kell en 1733, & neuf ans après à Nider-Altaich en Baviere.

L'angle flanqué de ces petits ouvrages eſt ainſi de 68 degrés 34 minutes, & par conſéquent aſſez ouvert : mais en ſuppoſant les lignes de feu d'é-querre ſur la face, comme leur angle avec la cour-tine eſt de 34 degrés 17 minutes, elles paſſent à plus de trente toiſes en avant du milieu de la cour-tine, & la capitale oppoſée n'en peut être coupée qu'à 49 ou 50 toiſes de la pointe du redan.

Il eſt d'ailleurs à obſerver que ſi l'on ſuppoſe, comme on le fait d'ordinaire, la portée du fuſil de 120 toiſes, loin que les feux collatéraux ſe croiſent ſur cette capitale, il s'en faudra de plus de 7 toiſes que celui qui en approche le plus ne ne la touche.

Il réſulte delà qu'à compter toujours du trait magiſtral, & ſuppoſant que le ſoldat tire direc-tement devant lui, chaque courtine forme la baſe d'un triangle iſoſcele de 30 à 31 toiſes de perpendiculaire, qui n'eſt pas flanqué, & qu'il y a devant chaque redan un eſpace de 30 toiſes de largeur, en avant duquel on en trouve un autre de 30 toiſes auſſi qui y communique par un

Pl. XVII.
Fig. 1.

paſſage de 11 à 12 toiſes, qui n'eſt battu de nulle part ; c'eſt ce que l'on connoîtra mieux par le deſſein ci-joint.

Enfin les foſſés ont une défenſe ſi oblique, qu'elle ne peut évidemment produire qu'un très-petit effet.

Que l'on ne préſume point de la franchiſe avec laquelle je m'explique, que je viſe à m'ériger en cenſeur : c'eſt un titre qui me conviendroit d'autant moins que je le déteſte. Je cherche, j'examine de bonne foi ; c'eſt au Lecteur judicieux à décider. En un mot, ma propre inſtruction & celle de quelques-uns de mes confreres eſt, comme je crois l'avoir dit, l'unique objet que je me propoſe dans les diſcuſſions de cette nature. Loin même de rejetter entiérement ici une méthode adoptée par un auſſi grand maître, & auſſi univerſellement reçue, je conviendrai ſans peine qu'elle eſt ſuffiſante, pourvu que l'on ſuppoſe une nombreuſe artillerie.

En effet, la plûpart de ces inconvéniens diſparoiſſent par ce moyen. Le canon que l'on place d'ordinaire aux redans, en fait la principale & preſque la ſeule défenſe ; & ne tirant point au haſard, comme la mouſqueterie, l'obliquité des faces n'eſt point un défaut à ſon égard.

L'on peut d'ailleurs alléguer en faveur de cette méthode, qu'un front de 120 toiſes n'en a que 144, c'eſt-à-dire un cinquieme de plus, de développement ; ce qui eſt avantageux, ſurtout quand on eſt preſſé, qu'on manque de travailleurs, ou que
l'on

l'on a peu de troupes, eu égard à l'étendue du parapet que l'on doit border. Mais après tout, ces considérations n'empêchent point de sentir que les feux trop obliques, & les espaces vuides de feux que l'on est obligé de souffrir à la plûpart des forts de campagne, parce que l'on ne peut faire autrement, doivent, à parler en général, être regardés comme des défauts essentiels & même inexcusables dans tous les cas où l'on peut les éviter.

VIII. Apre's la déclaration que je viens de faire, ou plutôt de répéter, je crois pouvoir hasarder librement mes propres idées. Ce n'est que successivement & par degrés que les Sciences se développent, & l'on sçait qu'un génie médiocre suffit souvent pour ajouter aux découvertes d'un grand homme, & même pour les perfectionner. Si le Lecteur sçavoit combien je suis convaincu de cette maxime, je n'aurois assurément aucun soupçon de présomption à en craindre.

J'ai remarqué quatre défauts principaux à la méthode ordinaire; je vais les récapituler ici. Le milieu de la courtine n'en est flanqué qu'à 30 toises en avant : la direction du tir le plus voisin ne coupe la capitale qu'à environ 50 toises de l'angle flanqué. Les lignes de défense étant de plus de 120 toises, le feu de ce qui excede cette longueur ne peut se compter pour rien : enfin la grande obliquité du redan sur la courtine empêche que le fossé ne soit défendu.

Je me trompe grossiérement, ou un changement bien léger peut remédier à tout. Il n'eſt queſtion que de briſer la courtine par le milieu, de maniere que l'angle ſaillant qu'elle formera, ſoit ſur l'alignement des pointes des redans; opération auſſi ſimple que facile dans la pratique.

L'angle de la face avec ſa demi-courtine n'étant alors ouvert que de 98 degrés 14 minutes, ces parties ſe flanqueront réciproquement partout à juſte diſtance d'un feu croiſé, & leurs foſſés ſeront défendus. Le milieu d'une courtine droite que l'on n'attaque jamais de préférence, ne réunira plus tous les feux: ils ſeront diſtribués plus également, & ſe tripleront même vers les ſaillans, c'eſt-à-dire vers les endroits les plus foibles.

Je ne puis me refuſer ici une réflexion ſi juſte & ſi ſimple, que je la regarde comme une maxime. La quantité de feux qu'il eſt poſſible de tirer d'un ouvrage, eſt toujours, quoi que l'on faſſe, déterminée par la grandeur de ſon développement: il n'eſt donc queſtion que de le diſtribuer également, ou en proportion du beſoin des parties; ce que je compte faire ici.

Voici à quel prix on achetera ces avantages. Le front ſuppoſé toujours de 120 toiſes, en aura 154 de développement, c'eſt-à-dire 10 de plus que par la méthode ordinaire: je dois d'ailleurs, pour obſerver une entiere exactitude, remarquer que l'angle rentrant ne ſera point vu, au lieu qu'on le découvroit, au moins obliquement, de partie de la face oppoſée. Les connoiſſeurs jugeront de l'importance de cet inconvénient, dont on parlera plus au long au chapitre XIII.

CHAPITRE SEPTIEME.

I. *Nouveaux projets de lignes, à redans;* II.
à tenailles. III. *Autre tracé plus parfait.*
IV. *à crémailleres.* V. *à redans & lunettes:*
leurs inconvéniens. VI. *à tenailles & lunet-*
tes. VII. *à tenailles brisées & lunettes.*

I. Le changement de direction des feux de courtine dont on vient de parler, en opere un autre bien confidérable, qui eft, que chaque demi-
front fuffifant à fa défenfe, tient lieu en quelque
maniere d'un front entier. Je vais m'expliquer
plus clairement.

Ce qui conftitue, quant à la défenfe, un front
de fortification, c'eft un affemblage de lignes tournées de maniere à fe flanquer réciproquement.
Or comme, fuivant la méthode ordinaire, la
courtine ne bat que devant foi, & que les deux
faces qui la terminent, font les feules parties qui
ayent, ou qui tendent à avoir cette propriété, le
front ne peut être complet, c'eft-à-dire flanqué
partout, s'il n'eft compofé de la courtine & des
deux faces.

Suivant le nouveau tracé cela eft tout différent.
Si la face défend fa demi-courtine, elle en eft
également défendue; de forte qu'en fuppofant
que ces parties foient détachées du refte, & qu'on
ne puiffe les tourner, elles feroient capables de fe
foutenir par elles-mêmes.   O ij

Il résulte delà que l'on peut sans inconvéniens donner plus de distance d'un redan à l'autre ; mais je voudrois en ce cas changer de construction. Qu'on les éloigne de milieu en milieu d'un quart de plus, c'est-à-dire de 150 toises en tout, ce qui est, selon moi, la plus grande longueur convenable, eu égard au feu des faces, je donnerois à la capitale du redan qui, outre cet usage, sert encore de perpendiculaire à la brisure, un cinquieme du front, & une toise de plus que la moitié de cette capitale, à chacune des demi-gorges.

Cette toise est pour empêcher que l'angle flanqué, qui ne seroit sans cela que de 59 degrés 22 minutes, ne soit trop aigu. De cette maniere cet angle aura 63 degrés 24 minutes, celui de la face avec la courtine 99 degrés 54 minutes, & la longueur de cette face sera de plus de 28 toises.

L'on ne peut, ce me semble, disconvenir que cette méthode ne soit bien préférable à l'ancienne par la direction des feux, par leur distribution & par le raccourcissement des lignes de défense, tous points également essentiels. Elle ne lui cede même guere par le moins de travail, puisque le développement n'excede la longueur du front que d'environ 35 toises, c'est-à-dire de 5 toises seulement de plus qu'un cinquieme.

II. Ces brisures me rappellent la maniere dont je traçai en 1743 au camp sous Landau un retranchement d'environ demi-lieue de longueur : ce

Fig. 1.

Fig. 2.

Fig. 3.

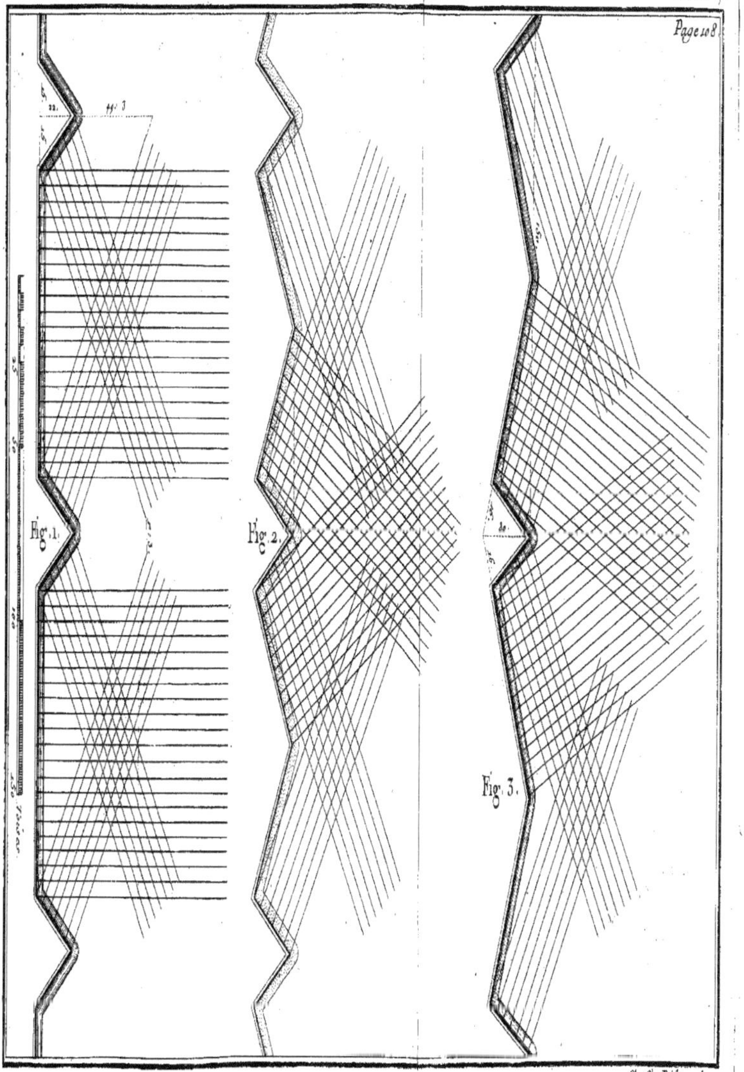

Cl. Ch. Riolet sculp.

n'eſt pas ce que j'ai fait le mieux de ma vie, mais il
eſt plus généreux de relever ſes fautes que celles
d'autrui; cela eſt même plus commode en ce que
l'on ne craint pas d'être ſoupçonné de chercher à
les groſſir, & que l'on eſt bien moins embarraſſé
ſur la tournure & le choix des expreſſions.

Je voulois ſuivre, autant qu'il ſe pourroit, le
bord d'un petit rideau élevé d'environ deux pieds
ſur la prairie; & mon deſſein étoit d'ailleurs de
jetter la Queich dans le foſſé. J'étois ſur les lieux
lorſque je reçus l'ordre; il falloit tracer ſur le
champ. L'idée me vint de le faire en forme de te- Pl. XVIII,
nailles ſimples, ou de queue d'hironde; ce qui me Fig. 1.
parut d'autant plus convenable qu'ayant par-là
moins d'angles ſaillans, & ces ſaillans étant fort
ouverts, les terres devoient moins ſe dégrader
par le courant de l'eau.

A l'égard de la fortification, je ne pouvois
ignorer que les perpendiculaires de deux lignes
qui forment entr'elles un angle rentrant, ne ſe cou-
pent. Je ne pouſſai pas plus loin mes réflexions,
& fixant chaque front à 120 toiſes au plus, l'ouvrage fut bientôt piqueté. Je ne me ſouviens plus
de ce que je donnai aux perpendiculaires; je ſuppoſe que c'étoit un quart du côté. C'eſt ſur ce
pied que je vais examiner mon projet.

Les angles tant ſaillans que rentrans, ſont ainſi
de 126 degrés 52 minutes: conſéquemment la
ligne de feu la plus voiſine, ſuppoſée d'équerre,
forme avec la branche qu'elle doit flanquer, un
angle de 36 degrés 52 minutes, de façon que par

cette obliquité il s'en faut de 14 toifes qu'elle ne touche la capitale, & qu'en la fuppofant affez longue, elle ne la couperoit qu'à environ 90 toifes de la pointe du faillant.

Je tombois donc, à l'exception de ce qui regarde la courtine, dans tous les defauts que j'ai reproché aux lignes à redans ordinaires, fans y gagner autre chofe que 10 toifes de développement par tenaille, & d'être un peu moins expofé aux dégradations de l'eau : car donnant, comme je le faifois, aux perpendiculaires 8 toifes de plus que n'en ont les capitales des redans, il eft clair que je m'éloignois davantage, au moins dans les rentrans, du rideau que je voulois border.

Si l'on n'avoit pas changé de deffein quant à l'emplacement, ce qui empêcha l'exécution de ce projet, je n'aurois, je crois, pas été des derniers à m'appercevoir qu'il ne rempliffoit pas mes vues ; mais je l'aurois connu trop tard. D'où cela venoit-il ? De ce que je n'avois pas eu le temps de tracer mon idée fur le papier pour examiner la direction, la diftribution & la portée des feux. Une notion confufe fur l'effet du rentrant me trompa : je m'éloignai de la méthode ordinaire, à deffein de tracer de meilleures lignes, & j'en traçai de très-médiocres.

La même caufe a fouvent produit & produira fouvent les mêmes effets. L'on a rarement dans ces occafions le loifir de deffiner fes projets ; ce qui feroit fans doute d'un grand avantage pour délibérer avec foi-même. Un certain nombre de

maximes, d'exemples, d'analyses & d'autres connoissances en ce genre, y suppléeroit; mais où
les prendre? L'on n'étudie point cette matiere
dans les places, parce que ce n'est pas l'objet présent, & que l'on ne trouve aucun Livre qui en
traite. A l'égard de ce que l'on voit à la guerre,
la fatigue, les soins différens & d'autres causes de
distraction empêchent souvent qu'on ne l'examine
autant qu'il le faudroit pour en profiter: d'ailleurs
quel que soit le rapport de la fortification de
campagne avec celles des places, la science de
celle-ci ne suffit pas toujours pour développer plei-
nement ce qui concerne l'autre.

III. Je fis, comme on le voit en cette occasion, l'expérience de ce que je viens de dire;
car si j'avois mieux connu les propriétés des tenailles, ou que j'eusse eu le temps de les examiner
le compas à la main, les défauts dont j'ai parlé
ne m'auroient point échappé: j'aurois démêlé d'où
ils provenoient, & senti que pour les corriger, il
n'y avoit qu'à raccourcir le front, ou diminuer
l'ouverture de ses angles.

J'emploie l'un & l'autre de ces moyens dans le Pl. XVIII.
second tracé. Le front n'a que 100 toises, & la ^{Fig. 2.}
perpendiculaire en est la troisieme partie. La li-
gne de défense ne s'éloigne par-là de la branche
qu'elle doit flanquer, que sous un angle de 22
degrés 38 minutes, & elle coupe la capitale à 41
toises 3 pieds du saillant, de maniere que les
colonnes de feu de chaque front, après s'être

traverſées réciproquement, ſe croiſent, chacune
ſur une partie conſidérable d'un de ſes angles,
avec une des colonnes du front voiſin.

Le développement de cette figure n'a, comme
celui des lignes ordinaires, qu'un cinquieme de
plus que la ligne droite. C'eſt au Lecteur à comparer, s'il le juge à propos, les autres avantages de ces méthodes, j'ajouterai ſeulement que
ce tracé auroit encore moins convenu que celui
que je fis au deſſein où j'étois de ſuivre de près
le bord du rideau, puiſque le plus de longueur
des perpendiculaires m'auroit contraint de m'en
écarter davantage.

IV. D E S crochets en forme de crémaillere,
tels à peu près que ceux que j'ai employés au ſecond camp retranché de Ruſſenheim, pourroient
auſſi former une nouvelle eſpece de lignes. Il eſt
donc queſtion d'examiner comment on la conſ-
truiroit, & l'effet que l'on pourroit en attendre.

Pl. XIX.   Diviſez tout le front en parties de 60 toiſes;
abaiſſez de chacun de ces points une perpendiculaire d'un quart de cette meſure, c'eſt-à-dire de
15 toiſes: du ſommet d'une de ces perpendiculaires au pied de l'autre, tirez la branche. A l'é-
gard du crochet, avancez-en le pied de 5 toiſes
ſur la branche qu'il doit flanquer.

L'angle qu'il formera avec cette branche ne
ſera ainſi que de 95 degrés 21 minutes, de ſorte
que la ligne de défenſe ne paſſera qu'à 5 ou 6
toiſes de l'angle flanqué le plus voiſin; & que

comme

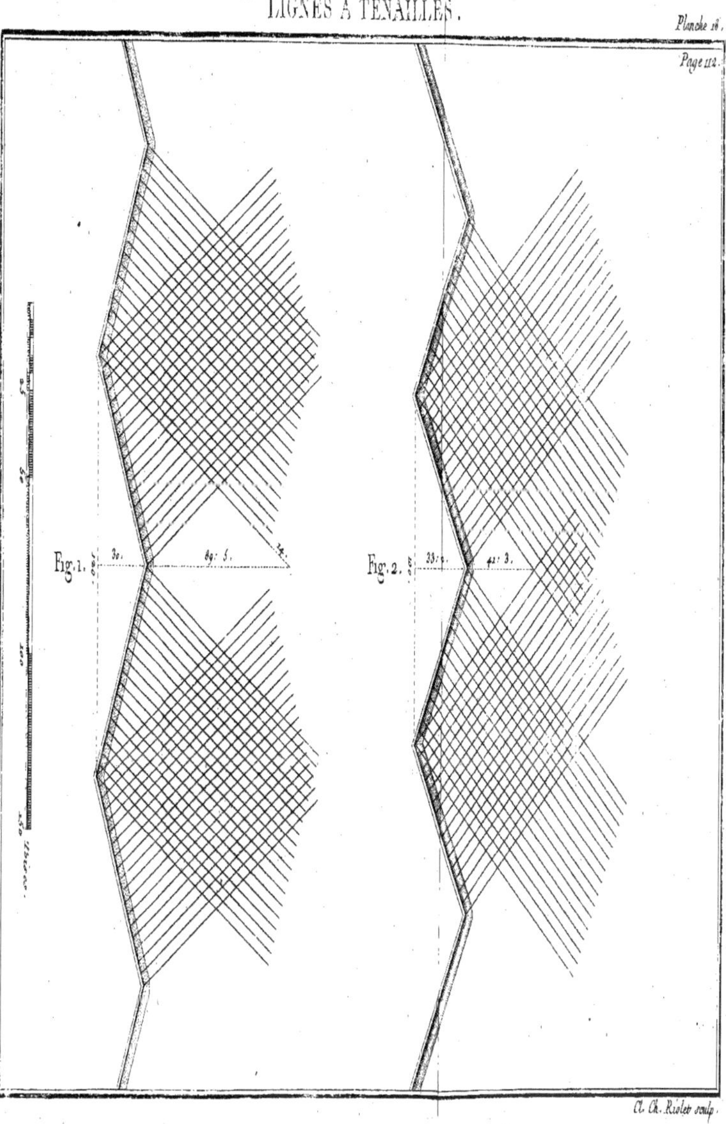

Cl. Ch. Riolet sculp.

comme elle ne fera point encore là à la moitié de Pl. XIX. fa longueur, elle couvrira parallélement celle de la branche fuivante jufques vis-à-vis fon crochet.

N'y ayant ainfi aucune partie qui ne foit défendue des deux flancs qui la précedent, la longueur de ces flancs, qui n'eft que de 14 à 15 toifes, m'a paru fuffifante.

Ces colonnes de feu qui s'enchâffent, pour ainfi dire, confécutivement l'une derriere l'autre vers le milieu de leur portée, font un effet fi fingulier, qu'il eft, je crois, fans exemple ; mais il n'en eft pas moins bon, puifqu'on ne peut nier que ce qu'il y a de mieux pour foutenir une partie dont la défenfe commence à s'affoiblir par l'éloignement, c'eft de lui procurer une feconde défenfe plus voifine.

L'on peut d'ailleurs compter entre les avantages de ce projet, que les faillans doubles en nombre, & flanqués à demi-portée du fufil, s'avançant peu vers la campagne, font moins en prife à l'ennemi ; qu'il eft plus facile, tant par ce peu de faillie, que par le moins de longueur des branches, de fuivre l'alignement déterminé, & de profiter de la configuration du terrein ; que c'eft le feul tracé fuivant lequel il regne parallélement & fans interruption un feu direct, & que c'eft encore le feul dont les feux foient diftribués également partout.

Quoique ces crochets puffent fe continuer dans le même fens d'un bout de la ligne à l'autre, je

P

Pl. XIX. crois qu'il feroit mieux, par des raifons que j'expliquerai, de les difpofer autrement. Je voudrois, par exemple, que de 400 toifes en 400 toifes il y eût un faillant formé par deux branches égales aux autres, que ce faillant fût flanqué de part & d'autre par deux redans en crémaillere, & que chacune des extrêmités du tout fût terminée par un baftion.

Le tracé du faillant & des crémailleres eft le même que je viens d'expliquer. A l'égard du baftion, j'établirois le milieu de fa gorge à 20 toifes du point où l'extrêmité de la branche tombe fur la ligne qui lui fert de bafe. J'éleverois fes flancs de la même façon & de la même grandeur que fi c'étoit pour un des redans; je tirerois enfuite, d'une épaule à l'autre, une ligne coupée en deux également par une perpendiculaire égale à une de ces parties, & dont l'extrêmité feroit le point de l'angle flanqué qui par-là feroit toujours droit.

L'utilité que je me propofe en cela, c'eft de tirer du flanc du baftion le même feu de moufqueterie que d'un crochet, & de la face, deftinée à l'emplacement du canon, un feu d'artillerie qui, fe croifant en avant, ferviroit de premiere défenfe à la ligne.

Il en réfulte encore que les feux des quatre crochets les plus voifins fe croifent devant le milieu de cet efpace de 400 toifes, c'eft-à-dire devant la partie qui étant la plus éloignée des baftions, & par conféquent de l'artillerie, a le plus befoin de ce fecours.

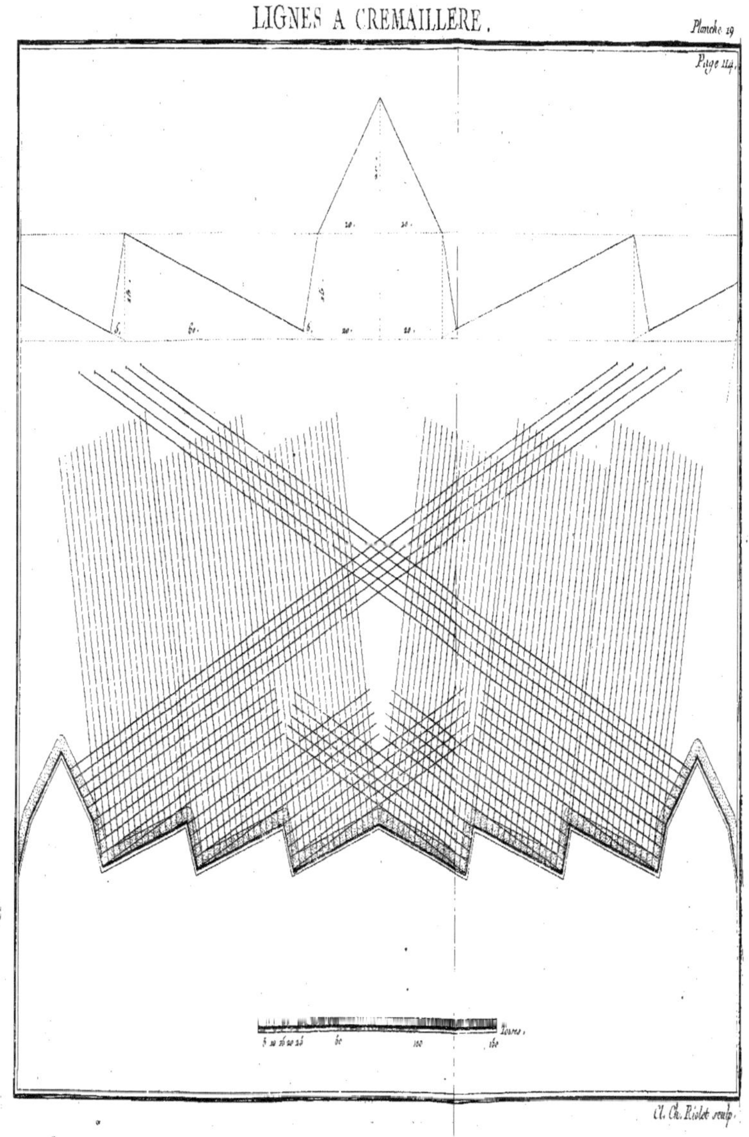

Ch. Ch. Riolet sculp.

Quoique les faces de ces baſtions ſoient vues Pl. XIX.
moins obliquement de la courtine que celles des
redans tracés ſuivant la méthode ordinaire , je
conviens que c'eſt la partie la plus défectueuſe ;
mais indépendamment de leurs batteries qui les
rendent reſpectables , ſi l'on ne veut pas en faire
l'angle plus aigu , de crainte de les trop alonger ,
on peut du moins en rendre l'accès plus difficile
par des paliſſades , des abattis , ou des puits.

En ſuppoſant , comme on l'a fait d'abord , la
ligne entiere en crémaillere , le développement
n'excede la ligne droite que d'environ 11 toiſes
2 pieds par 60 toiſes , ce qui n'eſt pas un cinquieme ; mais ſi l'on ſuit en entier le projet , il excédera de 84 à 85 toiſes par front de 400.

J'avoue franchement que ces lignes me plai-
roient beaucoup , ne fût-ce qu'à cauſe de la ré-
pétition des flancs dont la proximité double la
défenſe , & la rend bien plus efficace. L'on doit
encore obſerver que l'artillerie débordant par ſa
poſition le reſte de la ligne , elle peut , ſi l'on veut ,
la raſer , à très-peu de choſe près , avantage que
n'a aucune des méthodes dont j'ai parlé.

Il eſt d'ailleurs des circonſtances où l'on enclave des ouvrages fermés dans la ligne , pour
favoriſer , au beſoin , le ralliement des troupes à
qui ils ſervent de point d'appui. L'on voit qu'il
ſuffit ici pour cela d'iſoler les baſtions , & de les
retrancher par la gorge ; mais l'on doit en ce cas
les faire d'un profil plus fort , & même les en-
tourer de puits ou de paliſſades.

P ij

V. Ce que propose M. de Folard dans son sçavant Commentaire sur Polybe peut donner l'idée d'une construction toute différente des précédentes, quoique l'objet de l'Auteur soit uniquement de mieux se fortifier par quelque augmentation d'ouvrages. *Il faut observer, dit-il, sur toutes choses de pratiquer à 30 ou 40 toises de ses retranchemens, & d'espace en espace, des redoutes ou des fleches avancées, avec des communications, & ces communications doivent être entre deux terres bien palissadées de tous côtés, & où il puisse passer quatre hommes de front entre les deux banquettes.*

Il seroit à souhaiter qu'un Auteur si éclairé eût bien voulu entrer à ce sujet dans un plus grand détail, ou du moins que le plan qu'il donne fût géométrique; mais comme tout ce que l'on peut en conclure avec certitude, c'est qu'il suppose des lignes à redans, c'est d'après la façon la plus universelle & réputée la meilleure de les tracer, qu'il est naturel de juger des avantages & des inconvéniens de son idée.

Pl. XX. Fig. 1. L'on doit donc supposer une lunette à 30 ou 40 toises en avant de la courtine d'un de ces fronts, car c'est devant la courtine qu'il les place. Qu'en résultera-t-il? que tout, ou presque tout le feu des flancs voisins en enfilera la gorge, ou en fichera les faces. Je compte ici que cette distance de 30 ou 40 toises, se prend de la gorge, & non de l'angle flanqué de l'ouvrage, sans quoi la lunette débordant à peine, elle ne seroit nullement propre à l'usage auquel on la destine.

Pl. XX. Fig. 2. Que, sans égard à la méthode ordinaire, l'on rende les redans aflez obtus pour produire cet effet, la lunette en fera bien défendue & non battue; mais d'où feront flanqués ces mêmes redans & la courtine?

Ce qui n'eft pas d'une moindre conféquence, c'eft que dans l'un comme dans l'autre de ces cas, la communication battra néceflairement fur toute l'étendue de leurs faces les redans collatéraux, & que fi l'on met de ces pieces fur tous les fronts, le refte tirera fur ce qui déborde des communications voifines. Ce feu eft fans doute bien plus dangereux pour l'ennemi que pour l'ami; mais n'eft-ce pas toujours un très-grand inconvénient? Je fçais par expérience, comme bien d'autres, que rien n'eft plus inquiétant que de s'y trouver expofé.

L'on ne peut donc, je crois, s'empêcher de conclure que ces lunettes font bonnes en elles-mêmes, mais qu'il ne paroît pas poffible de les mettre en œuvre à des lignes tracées fuivant les méthodes reçues.

Que l'on me permette une digreffion, elle fera courte, & l'exemple de l'Auteur que je cite, m'y autorife. L'Officier qui parle le mieux de la guerre en général, femble, s'il n'eft Ingénieur, n'être plus de la même force quand il vient à toucher à quelque partie qui concerne la fortification; ce qui me confirme également dans deux idées que j'ai expofées ci-devant : l'une qu'il eft très-dangereux de rien avancer fur ces matieres, que l'on ne l'ait vérifié avec la regle & le compas; l'autre que ce n'eft que du corps même que nous devons attendre les inftructions dont nous avons befoin.

J'en reviens aux lunettes; je fens parfaitement tout l'effet que l'on pourroit attendre de ces pieces, & furtout de leur communication fi propre à prendre des revers; il ne refte donc qu'à trouver quelque moyen de les employer fans qu'il en naiffe aucun inconvénient.

VI. L E tout fe réduit, comme on l'a vu, à flanquer leurs faces, & à diriger ces différens feux de façon qu'ils ne puiffent nuire.

Ces faces n'ont d'autre protection à fe prêter mutuellement qu'un feu trop avancé dans la campagne. Elles font beaucoup trop éloignées l'une de l'autre, pour que l'on ait à en efpérer une défenfe qui approche de la rafante : ce n'eft donc pas delà qu'on doit attendre rien de ce que l'on cherche.

Pl. XX. Fig. 3. Une même ligne, quelle que foit l'inclinaifon qu'on lui donne, ne peut flanquer la lunette & le retranchement. Quand on ne feroit pas convaincu des dangers & du peu d'effet des défenfes mal dirigées ou trop obliques, l'on ne pourroit s'empêcher de convenir que les directions de ces lignes de tir font trop divergentes pour partir du même point.

Puifqu'un feul flanc ne peut fuffire, effayons de nous en procurer un deuxieme. Coupez le front, que je fuppofe de 120 toifes, en deux

également par une perpendiculaire ; donnez 35 Pl. XX.
Fig. 3.
toifes à la brifure des branches, 18 toifes aux demi-gorges du redan, & 25 à fa capitale.

Portez l'angle flanqué de la lunette à 60 toifes
en avant de l'interfection de la perpendiculaire
avec la ligne du front ; faites fes faces de 25 toifes, & alignez-les à 20 toifes de l'extrêmité des
branches du retranchement.

La capitale de la lunette fera ainfi coupée par
la ligne de feu, à un peu plus de 3 toifes de l'angle
flanqué ; de maniere que cette piece fera défendue de chaque côté par 20 toifes, & les branches
du retranchement par 22 toifes, d'un feu prefque
rafant, ce qui eft tout ce qu'on pouvoit defirer.

Il ne refte que la communication à tracer, &
ce n'eft certainement pas la partie la plus aifée.
L'ennemi ne peut y être bien découvert que de
front par une partie égale ou proportionnée à fa
largeur. D'ailleurs fi elle eft trop élevée, il eft
clair qu'elle mafquera le feu des branches, & fi
on l'enterre, elle ne verra point affez, & fera
plongée de la campagne.

Pour parer, autant qu'il m'eft poffible, à ces
divers inconvéniens, je lui donnerois 15 pieds
feulement de paffage à la gorge de la lunette, ce
que j'augmenterois jufqu'à 30 fur l'alignement des
angles flanqués du retranchement. Par cette obliquité, j'empêcherois le feu de rafer de trop près
ces angles, & j'aurois d'ailleurs l'avantage de découvrir fur un front plus que double du fien, l'ennemi qui y entreroit par l'extrêmité oppofée ;

mais comme c'eſt un angle, & par conſéquent d'un endroit dont je ne puis eſpérer tout le feu néceſſaire, j'éleverois un tambour en glacis au commencement de cette communication, dont j'écarterois enſuite les branches parallélement à celles du redan, comme on le voit ſur le plan.

Pour ce qui eſt de l'élévation, j'en établirois le ſommet à trois pieds au deſſus de la ſurface du terrein, & je ne m'enterrerois que de 16 pouces, c'eſt-à-dire qu'autant qu'il le faut pour achever de donner au parapet la hauteur néceſſaire.

Il eſt bon d'obſerver que le ſommet en doit être formé de niveau & ſans plongée, pour que le feu raſe horizontalement la campagne. Je la ſuppoſe ici ſans pente : ſi elle en avoit, on ſe régleroit de façon à la raſer parallélement.

Je n'ai point parlé de banquettes, parce que deux motifs différens me déterminent à les rejetter. L'un, que ne pouvant leur donner moins de quatre pieds de largeur, taluld compris, la communication s'élargiroit par-là de 8 pieds, & que conſéquemment l'on y ſeroit plus expoſé aux coups de revers; l'autre, que moins cette communication ſera couverte, plus on y ſera plongé des branches du retranchement.

Il n'eſt pas poſſible d'empêcher que deux lignes paralleles ne ſe battent à angle droit ; une communication battra donc toujours l'autre, & je n'y ſçais d'autre remede que de les éloigner, en ne mettant des lunettes que de deux en deux fronts. Ces flancs qui ceſſeront ainſi de s'entre-nuire,

nuire, n'en protégeront pas moins d'un feu de revers tout le front intermédiaire que l'on pourroit raccourcir de quelques toiſes, ſi on vouloit qu'il en fût mieux défendu.

VII. Cette eſpece de ligne eſt déja d'un tracé aſſez compoſé; mais lorſque l'on a plus de temps qu'il n'en faut pour les diſpoſitions eſſentielles, & que les troupes ne ſont pas fatiguées de ſervice, il peut être de la prudence d'un Général de chercher à prolonger leur occupation : indépendamment de l'utilité directe qu'il en retire pour la ſûreté du camp, l'on ſçait que c'eſt le moyen le plus ſûr & le plus doux de prévenir la déſertion & les autres déſordres auxquels l'oiſiveté expoſe le ſoldat.

L'on ne peut d'ailleurs ſe trop exercer l'imagination ſur une matiere ſi importante & ſi peu approfondie. Quand ces idées trop ſpéculatives ſeroient d'un uſage difficile dans la pratique; je dis plus, quand elles auroient des défauts équivalens à ceux de la méthode ordinaire, ou même plus eſſentiels, il ſeroit toujours utile de les haſarder, pour donner, ſi je puis m'exprimer ainſi, plus d'ouverture à cette carriere, & pour faire ſentir de quelle variété eſt ſuſceptible une partie traitée juſqu'aujourd'hui d'une façon ſi uniforme & ſi ſimple.

Je propoſerois donc librement ici l'augmentation d'ouvrage que j'ai en vue, quand elle ſeroit auſſi conſidérable, qu'elle l'eſt peu; voici de quoi il s'agit.

Q

La figure étant tracée comme ci-devant, à l'exception du redan que l'on supprimera, tirez de l'angle flanqué d'une des branches à un point pris sur l'autre à 45 toises du saillant, une ligne de défense, sur laquelle du point de 20 toises qui sert d'alignement aux faces de la lunette, vous abaisserez une perpendiculaire qui sera le flanc.

Ce changement est peu de chose en lui-même, puisque ce n'est qu'une brisure de 25 toises de base, mais il en produit un grand par rapport aux lignes de tir. Suivant le premier tracé, celles des branches se croisant toutes sur le rentrant, le couvriroient en entier d'un feu parallele & recroisé par celui du redan, si on n'étoit obligé d'en dégarnir une partie pour ne pas battre la lunette ; suivant l'autre on donne une direction toute différente à une partie considérable de ce feu que l'on porte vers les angles flanqués ; car des coups qui partent de la nouvelle brisure, les uns vont couper la capitale de la branche même, & les autres rasant le saillant opposé, se croisent avec ses autres défenses.

Il est à observer que l'on remet par-là en activité tout l'espace que la crainte de tirer sur la lunette oblige à dégarnir suivant le premier projet ; cette circonstance, & surtout celle de deux colonnes de feu de plus qui couvrent les saillans, doivent lui faire préférer celui-ci, soit pour y placer des lunettes, soit pour en former un simple retranchement.

Mais cela n'empêche pas qu'on ne puisse,

Planche 20.
Page 122.
Fig. 1.
Fig. 2.
Fig. 3.
Fig. 4.
Toises
Cl. Ch. Riolet sculp.

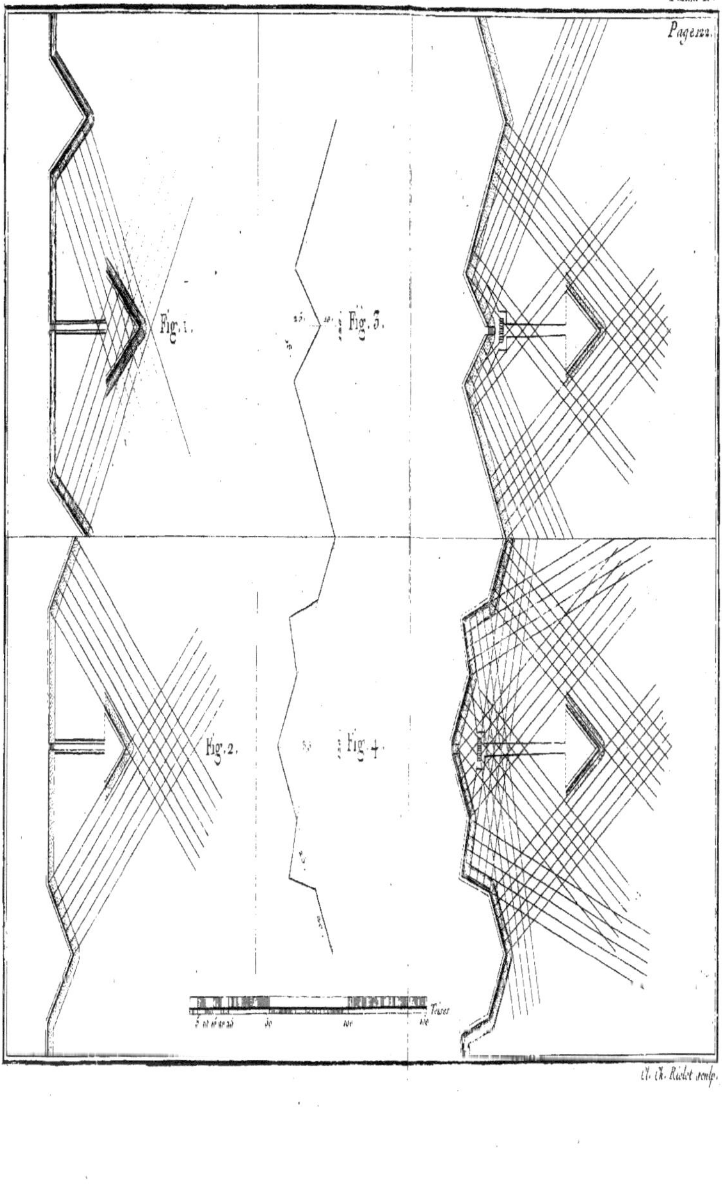

même dans le cas dont il s'agit, faire un bon ufage de l'autre. L'on ne doit, comme je l'ai remarqué, placer de ces ouvrages avancés que de deux en deux fronts, eu égard à leurs communications; le front intermédiaire feroit, ce me femble, très-bien fuivant ce projet. Les larges colonnes de feu dont tout le rentrant eft couvert, y tiendroient lieu, pour la fûreté du rentrant même, de la lunette; & à l'égard des faillans, ils feroient toujours affez bien défendus, puifqu'étant néceffairement communs aux fronts voifins, il s'y croiferoit encore quatre colonnes de feu.

Au refte, l'on voit par ces tenailles brifées & à double & triple flanc, que cette partie de l'architecture militaire eft fufceptible de fortification renforcée, ainfi que celle des places.

CHAPITRE HUITIEME.

I. Lignes baftionnées ordinaires ; leurs défauts.
II. Nouvelle maniere plus parfaite. III. Pro-
jet de lignes à baftions détachés. IV. En
ouvrages détachés; V. En parties détachées.
VI. Des ouvrages à faire pour un jour de
bataille. VII. Exemple de leur utilité. VIII.
Des lignes où l'on enclave des ouvrages fer-
més par la gorge.

I. L'INSUFFISANCE des redans pour la défenfe d'une ligne, vient, comme on l'a vu, du trop d'obliquité de leurs faces. L'on ne peut, en fuppofant les courtines droites, y remédier que par des flancs, & ajouter des flancs à ces pieces, c'eft précifément en faire des baftions.

Ce que l'on gagne encore à cela, c'eft que le feu de ces flancs eft comme de furcroît ; car celui des faces fe croifant en avant, tient lieu & au-delà, de celui des redans : il eft vrai que le plus de développement de la figure n'en produifant qu'une partie, le refte fe prend fur celui de la courtine ; mais cela ne l'affoiblit pas, puifqu'elle fe raccourcit à proportion.

Tel eft le raifonnement qui m'avoit déter-miné à baftionner le camp retranché de Ruffen-heim, & enfuite celui de Spire. J'aurois hafardé cette nouveauté avec bien plus de confiance, fi je m'étois cru appuyé d'une autorité telle que celle du Marquis de Santa Cruz, mais son Livre n'avoit point encore paru, du moins en France. *Pour flanquer le retranchement*, dit-il en parlant de celui d'une armée, *je ne m'attacherois pas aux simples angles saillans, dont la défense se fait par un angle obtus, & sur lesquels les défendans sont plus embarrassés : mais je formerois des bastions. . . . .*

Cette espece de lignes est sans doute meilleure & même plus belle que celle des redans, supposé toutefois qu'il y ait à cet égard d'autre beauté réelle que le bon. L'on a donc lieu de s'étonner qu'on l'eût négligé jusqu'au point qu'elle paroissoit ignorée avant le siege de Philisbourg; ce sont du moins les premieres & les seules de cette espece que j'aie vues.

L'instruction suivant laquelle j'en traçai une partie, prescrivoit 130 toises pour le front, 25 pour la perpendiculaire, & 35 pour les faces. Les flancs s'abaissoient perpendiculairement sur les lignes de défense. Pl. XXI. Fig. 1.

Ne connoissant que celles-là, je n'en citerai pas d'autres exemples. J'ai été forcé par mon sujet d'examiner à la rigueur la construction ordinaire à redans, & je ne puis par la même raison me dispenser d'en user de même à l'égard de celle-ci.

Ces constructions ont cela de commun que la courtine en est couverte de tant de feux, qu'elle devient en quelque maniere inaccessible. Cet avantage apparent n'est point un défaut en soi, mais il en produit nécessairement un. Le feu que peut fournir un front étant toujours, comme on l'a dit, relatif à son développement, si l'on en dirige trop, vers une partie, l'autre en manquera. L'on ne peut donc être trop attentif à le distribuer également, ou à proportion du besoin : or c'est ce qu'on ne trouve point ici. La courtine plus forte par elle-même, en ce que c'est la partie la plus rentrante, emporte presque toute cette défense; & les parties les plus saillantes, & par conséquent les plus foibles, c'est-à-dire les faces, n'en ont aucune à quelque distance en avant de l'angle, & ne sont flanqués que de près & sur peu de largeur.

Je ne sçache pas que l'on ait fait dans le temps beaucoup d'attention à ces défauts, ce qui vient peut-être, de ce qu'étant à peu près les mêmes que ceux des lignes ordinaires, on les aura cru inévitables. Quoiqu'il en soit, ils ne me paroissent pas moins importans que ceux que l'on a relevés.

La premiere de ces objections tomboit sur ce que le fossé étant partout parallele au trait magistral, la contrescarpe en masquoit nécessairement une partie, de maniere qu'on ne pouvoit y découvrir l'ennemi du flanc opposé. J'ai déja fait mention de cet inconvénient.

La seconde plus recherchée m'a été faite par un Ingénieur très-habile & de grande réputation : (*a*) c'est que l'ennemi maître d'un bastion, mais trop foible encore pour marcher en avant, ne seroit repoussé que plus difficilement, en ce

(*a*) M. de Cormontaigne.

qu'ayant les flancs couverts par ceux de l'ouvrage, il ne feroit battu que pardevant & fur un front moins grand, à proportion du fien & du nombre de fes troupes, que dans un redan, à caufe du moins de capacité du redan & du plus d'obliquité de fes faces.

J'examinerai bientôt avec foin cette obfervation qui mérite d'être mife dans tout fon jour.

II. C E que je regarde comme les défauts les plus importans de ces lignes étant à peu près de même efpece que ceux de la méthode ordinaire, l'on y remédiera par un moyen peu différent.

Je fuppofe toujours le front de 120 toifes. Pl. XXI. Donnez-en un cinquieme à la perpendiculaire : Fig. 2. faites les faces de la moitié des parties des lignes de défenfe comprifes entre leur interfection & les angles flanqués ; abaiffez d'équerre les flancs fur ces lignes dont le refte formera une courtine brifée.

La figure fuffit pour faire voir que l'on porte ainfi deux colonnes de feu de plus fur les capitales, & qu'il en refte à la courtine plus qu'il n'en faut pour fa défenfe.

A l'égard du couvert qui fe trouve dans partie du foffé des faces vers l'angle de l'épaule, je ne fçais d'autre moyen d'y remédier que celui dont je m'avifai pour le camp retranché de Spire, mais heureufement il fuffit. Il faudra donc rabattre de la façon la plus convenable, fur la largeur de ce foffé la partie nuifible de contrefcarpe jufqu'à trois pieds du fond. Si le foffé, par exemple, a fept pieds de profondeur, l'on en abaiffera le bord de quatre pieds, en forme de glacis renverfé, que l'on dirigera de maniere qu'il foit rafé par la ligne tirée du fommet du parapet au point où fe doit terminer ce recoupement.

Ces premieres difficultés étant ainfi applanies, je paffe à la derniere. A compter du trait magiftral, comme je le fais partout, le redan & le baftion, fuppofés fermés par la gorge, contiennent, l'un 330 toifes quarrées de fuperficie, l'autre 1770 toifes 3 pieds.

L'une de ces gorges eft de 30 toifes d'ouverre, l'autre d'environ 76 toifes 3 pieds.

Il faudroit donc, pour attaquer l'ennemi avec un égal avantage, que l'on occupât un front plus de cinq fois plus grand devant le baftion que devant le redan, fi l'on avoit égard au nombre de troupes qu'il peut contenir; mais comme on ne doit confidérer que l'étendue de fon premier rang, cela fe réduit à un peu plus de deux fois & demie.

Pl. XXII.
Fig. 1. Voici comme je crois que l'on peut comparer ces fronts. Formez en dehors fur la gorge de l'ouvrage un triangle rectangle; élevez fur chacun des petits côtés, à leur point de jonction avec l'hypoténufe, une perpendiculaire de 60 toifes de longueur; tracez du milieu de la gorge par l'extrêmité de ces perpendiculaires un arc de cercle dont les fronts formeront des cordes.

Je fuppofe ainfi tout le feu renfermé dans cette
partie

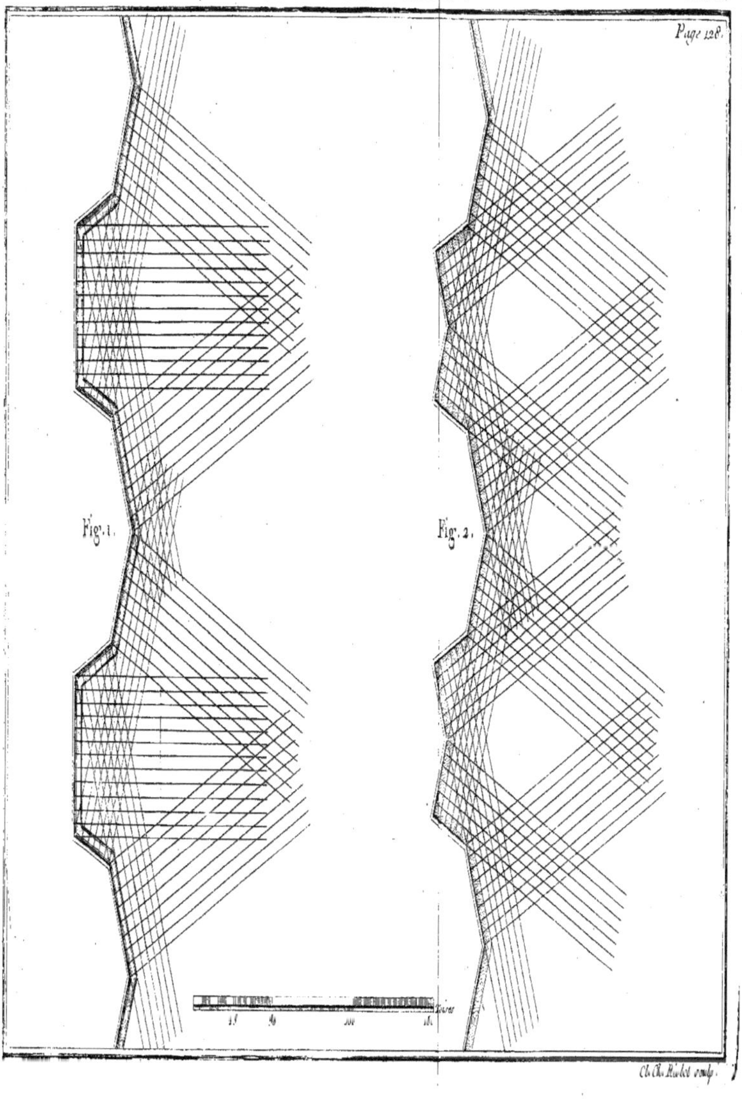

Fig. 1.

Fig. 2.

Ch. Ch. Riolet sculp.

partie de circonférence, parce que l'obliquité de ce que l'on en tireroit d'au-delà de ses extrêmités empêcheroit qu'il n'entrât assez dans l'ouvrage.

Si j'examine à présent les fronts que je puis placer le plus avantageusement dans cet espace, j'en trouverai cinq au redan, dont un égal à la gorge, deux égaux à un des petits côtés du triangle-rectangle, dont j'ai parlé, & deux autres plus grands que ceux-ci, & plus petits que le premier.

Le bastion ne m'en fournira que trois, l'un égal à la gorge, les autres égaux aux petits côtés de son triangle.

Sans recourir à des calculs presqu'aussi longs que superflus, il est évident par la figure que les fronts que l'on peut disposer contre la gorge du bastion, ne sont pas même à beaucoup près doubles en longueur du total des autres; car si l'on compare les arcs de cercle, l'on trouvera que l'un est de plus de 133 toises, & l'autre d'environ 206 seulement. Enfin le rayon de ces arcs, c'est-à-dire la distance des points d'où je suppose que le feu partira, au milieu de la gorge, sera de 71 à 72 toises au redan, & de 91 toises au bastion; nouveau désavantage de cette derniere construction.

Il faut donc avouer de bonne foi que l'observation est juste, & même que si l'on en vient à l'arme blanche, l'ennemi rangé en coin renversé dans le redan, y est plus facile à forcer: mais après tout, la gorge du bastion n'a pas 77 toises d'ouverture, & le total des fronts qui la battent à angle droit, monte à plus de 184 : la partie n'eſt donc point encore égale entre l'attaquant & l'attaqué ; & quoique je convienne de l'inconvénient, je doute que l'Ingénieur même qui l'a remarqué, le juge aſſez conſidérable, pour faire rejetter une méthode ſi avantageuſe d'ailleurs.

III. La néceſſité m'a fait imaginer en 1743 une eſpece de lignes que je crois bonne en certaines circonſtances, c'eſt-à-dire lorſqu'il eſt queſtion de détourner une petite riviere, ou du moins que l'on peut remplir d'eau ſes foſſés : c'étoit au camp ſous Landau. M. le Maréchal de Noailles me chargea, lorſque j'y penſois le moins, de tracer un retranchement depuis le moulin d'Offemback, juſqu'au deſſous du village d'Ottersheim. Il y a près de 2400 toiſes ; la nuit approchoit ; j'étois à plus de demi-lieue de l'endroit ; je ne ſçavois où prendre ni jalons, ni quelqu'un pour m'aider, & l'on m'annonçoit les travailleurs à la pointe du jour. Si, ſuivant la penſée d'un grand homme, le terme d'impoſſible doit être ſupprimé du Dictionnaire, c'eſt ſurtout de celui d'un homme de guerre, à qui il eſt toujours bien mortifiant de s'en ſervir ; la choſe ne paroiſſoit cependant point praticable. Dans cet embarras, je propoſai de tracer en ligne droite, avec quelques ſaillans de loin en loin, me réſervant de flanquer enſuite plus à loiſir par des ouvrages détachés.

Pl. XXII.
Fig. 2.

Un Ingénieur a bien lieu d'être ſatisfait quand

le Général qui lui donne directement des ordres est Ingénieur lui-même, & qu'il ne dédaigne pas d'entrer avec lui dans de pareils détails. J'exposai naturellement l'impossibilité qu'on n'ignoroit pas, & l'expédient qui me venoit à l'esprit. Je fus entendu à demi-mot ; l'on comprit, avant même que je me fusse expliqué sur tous ces points, que ne voulant pas perdre un moment à se retrancher, c'étoit toujours beaucoup que de mettre devant soi un parapet & une riviere ; que des ouvrages à flancs, tels que je les proposois, auroient l'avantage de fournir quatre colonnes de feux croisés, au lieu de deux ; qu'étant séparés du retranchement par un fossé plein d'eau, si l'ennemi s'en emparoit, il n'en feroit guere plus avancé, puisqu'il ne pourroit y tenir ; & qu'enfin rien n'étoit plus propre pour donner du jeu au tir du canon, que de disposer les choses de maniere qu'il fût dans des parties qui débordassent le reste.

Le jour tomboit lorsque j'arrivai sur les lieux. Les feux que je fis allumer pour me servir d'alignement, se confondoient avec ceux du camp, & pour surcroît d'embarras, j'avois la fievre. Je fus donc bientôt obligé d'abandonner la partie ; mais le lendemain à neuf heures du matin la ligne étoit tracée : la vérité est qu'étant plus malade encore que la veille, j'avois besoin d'un aussi bon second que M. de S. Paul, & que j'eus d'ailleurs beaucoup d'obligation en cela à M. le Chevalier de Beausobre, aujourd'hui Colonel de Hussards.

Cet ouvrage entamé le jour même, fut fini

avant que j'y euſſe tracé les pieces détachées, parce que l'on m'occupoit ailleurs. Comme l'on ne ſoupçonnoit rien au-delà de ce qu'on voyoit, l'on badina bientôt avec quelque apparence de raiſon, ſur cette ligne ſans flancs; & les mouvemens du Prince Charles de Lorraine nous ayant obligés dans le même temps d'envoyer un détachement conſidérable vers le haut-Rhin, & de nous retirer avec le reſte des troupes derriere la Moutre, je doute que cette beſogne m'ait fait grand honneur dans l'eſprit de la plûpart des Officiers de l'armée.

L'on voit que les baſtions, car ces lunettes à flancs ſont en effet des baſtions détachés, n'ont point ici l'inconvénient dont j'ai parlé dans les deux articles précédens, puiſque l'ennemi ne peut y tenir que lorſqu'il n'a plus rien à faire, c'eſt-à-dire que lorſqu'il a forcé la ligne. Au reſte cette méthode ne vaudroit rien, ſi le foſſé n'étoit plein d'eau.

IV. Je venois de mettre en uſage dans le même camp une autre maniere proviſionnelle de fortification plus expéditive encore. C'étoit depuis Queichem juſqu'au moulin d'Offemback.

Pl. XXIII. Fig. 1.

Cette maniere qui a pardeſſus l'autre l'avantage de pouvoir ſe pratiquer en terrein ſec comme ailleurs, conſiſte à couvrir le front de bandiere d'ouvrages détachés, tournés de façon à ſe défendre réciproquement, ou à défendre ceux que l'on ajoute enſuite dans les intervalles.

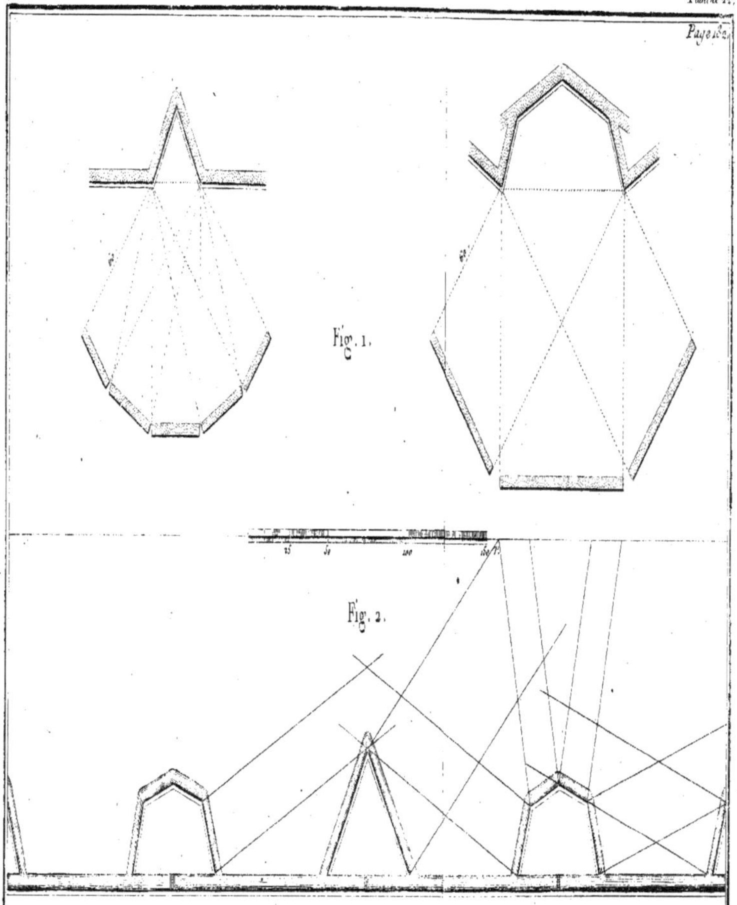

Fig. 1.

Fig. 2.

LIGNES A BASTIONS DÉTACHÉS.

Cl. Ch. Riolet sculp.

Lorſque l'on craint, par exemple, de manquer de temps, ou que l'on n'a point aſſez de travailleurs, on eſpace ces ouvrages d'environ 240 toiſes de milieu en milieu. Que l'on ſoit attaqué dans cet état, c'eſt toujours un grand avantage que l'ennemi ne puiſſe percer par ces intervalles qu'il n'ait enlevé ces pieces, ou ſans en être battu en flanc.

Si l'on a plus de temps devant ſoi, on conſtruit les pieces intermédiaires, & la ligne eſt alors défendue dans le goût de ce qu'on a vu ci-devant projetté ſur Pilſting, ou pratiqué dans la plaine à Deckendorf.

L'on peut même obſerver que l'on eſt exempt dans ce cas d'un des plus grands défauts reprochés aux lignes en général, qui eſt de ne pouvoir en ſortir qu'en défilant : mais comme il n'y a pas moins d'inconvénient, ſurtout quand on eſt fort inférieur en nombre, de garder à découvert de ſi grands intervalles, rien n'empêche qu'on ne ferme enſuite le tout en le liant par des courtines droites ou briſées.

Une attention que l'on ne peut trop avoir en traçant ainſi piece à piece, c'eſt de bien obſerver ſi l'ouvrage que l'on conſtruit ne battra pas celui qui doit le ſuivre, au lieu de le flanquer.

V. L'on trace encore d'une maniere toute différente, des lignes qui, étant formées par des parties détachées les unes des autres, peuvent être regardées comme de l'eſpece de celles-ci.

Telles furent celles que , suivant l'histoire de M. de Turenne , le Général Merci fit élever en 1645 pour la bataille de Nordlingue. Chaque piece étoit composée d'un redan placé au milieu de deux demi-courtines ordinaires , dont les extrêmités se terminoient en crochets.

Comme c'est uniquement d'après la planche que je les cite , & qu'il n'y a point d'échelle, j'ignore quelles étoient leurs proportions. Voici, en changeant un peu leur figure , celles que je voudrois leur donner.

Pl. XXIII. Fig. 2.   Tirez des lignes de 100 toises, éloignées l'une de l'autre d'autant. Au milieu de chacune de ces lignes, tracez un redan de 30 toises de gorge & de 24 de capitale. Elevez aux extrêmités de ces lignes des perpendiculaires de 20 toises pour la brisure des branches. Du pied de ces perpendiculaires aux sommets de celles qui terminent les fronts voisins, tirez des lignes de défense, sur lesquelles vous prendrez 6 toises pour l'évasement des crochets.

Les intervalles que je ne fais pas plus grands par cette raison, feront ainsi couverts de quatre colonnes de feux croisés; la plus grande partie des branches de trois, sans compter le feu direct, & les faces des redans seront flanquées, presque à angle droit , par toute l'étendue des branches; avantages que n'avoient pas les retranchemens du Général Merci, dont les demi-courtines formoient ensemble une ligne droite.

A l'égard du canon, l'on peut le monter sur des

Planche 23.
Page 134. 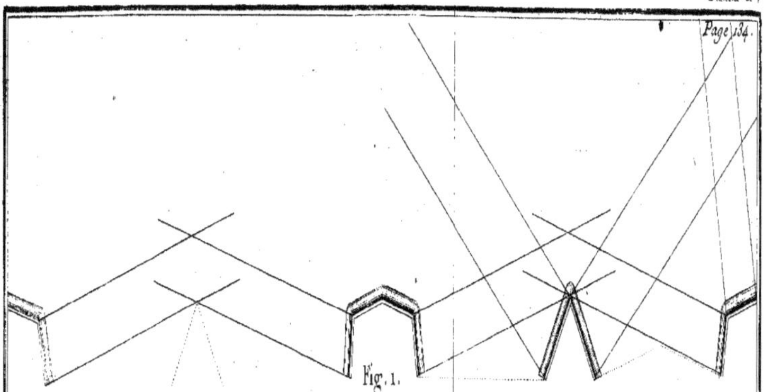
Fig. 1. 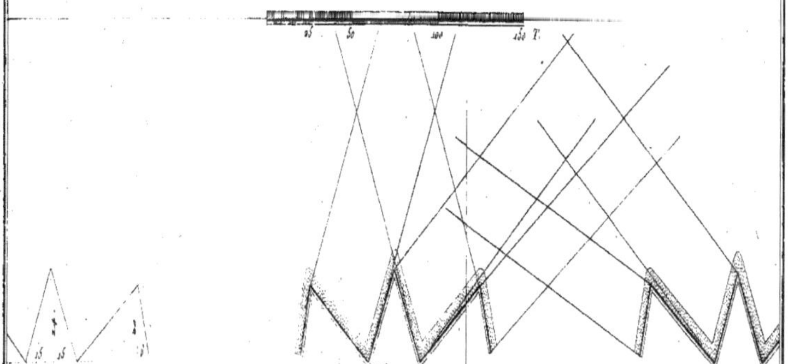
Fig. 2.
LIGNES EN PARTIES DÉTACHÉES.
Cl. Ch. Riolet sculp.

plates-formes élevées à l'angle des redans; ou, si l'on veut réferver en entier ces ouvrages pour la moufqueterie, on le placera, comme le fit ce Général, à découvert dans les intervalles.

Au refte l'on voit affez, fans que je le dife, que ces parties de retranchement peuvent fe fortifier de bien des façons différentes. Toutes feront bonnes à proportion que chaque partie, & furtout les intervalles, feront bien défendus.

VI. Ce fujet me conduit affez naturellement à parler d'une autre efpece de fortification qui ne differe guere de celle-ci, quoiqu'on ne puiffe lui donner le nom de lignes.

A l'exception des dernieres, dont l'objet eft plus équivoque, toutes les lignes dont nous avons parlé fuppofent, ou que l'on cherche à éviter le combat, ou qu'on ne veut le rifquer qu'en confervant les avantages qu'on s'eft procurés : or les reffources de l'art ne fe bornent point en fait de bataille à la fimple défenfive.

Qu'un Général plus égal en forces, ou réfolu de rifquer davantage, s'avance dans un camp qu'il aura reconnu pour arrêter l'ennemi, ou que le recherchant de plus près, il l'oblige par fa pofition à l'attaquer lui-même ; trop près du moment de l'action pour entamer des ouvrages qu'il n'auroit peut-être pas le temps de finir, il n'entreprendra pas de retrancher fon camp : il ne voudroit pas d'ailleurs, fe renfermant ainfi, fe mettre également hors d'état d'attaquer & de pourfuivre, &

par conséquent de profiter de tous les avantages de la victoire; mais il cherchera à s'en assurer par des précautions qui souvent en décident; précautions faciles, de peu de travail, & qui ne gênent en rien les mouvemens qu'il peut être en occasion de faire.

Ces précautions les plus ordinaires sont d'abord, surtout si on est foible en cavalerie, ou que les aîles ne soient point assez appuyées, d'en assurer les flancs par des abattis, des chevaux de frise, en creusant des fossés à bords escarpés, en coupant les ponts, en rompant les gués, enfin de les rendre par toute sorte de moyens aussi inaccessibles qu'on le peut.

Quand il y a quelques villages ou quelque gros bâtiment vers leur extrêmité, on le met sans perte de temps en état de défense : l'on en use de même pour ceux qui, débordant médiocrement la ligne, lui servent de points fixes & de flancs. Enfin, si l'on en a le loisir, l'on construit de grosses redoutes, sinon sur le front entier & de maniere à croiser leurs feux, du moins dans les endroits qui sont les plus foibles, par la disposition des lieux, ou les plus propres à placer avantageusement l'artillerie.

Il est inutile de s'étendre ici davantage; l'on ne peut y prescrire rien de positif, parce que tout dépend des circonstances : ainsi n'ayant à parler que d'une façon générale, ce seroit répéter assez inutilement ce qui a été dit ci-devant, & surtout à l'article VII du chapitre IV, auquel le Lecteur agréera que je le renvoye. 　　　　VII.

VII. Je ne puis donner un exemple plus connu pl. xxiv.
ni plus convaincant de l'utilité de ces précautions, que celui de la bataille de Fontenoi : mais
comme c'est à l'Histoire à conserver en entier le
détail d'un événement si glorieux, je me bornerai à démêler ce qui a rapport à mon sujet dans
les sages dispositions d'un Général qui, de l'aveu
de toute l'Europe, justifie si bien, depuis les premiers instans de cette guerre, ce qu'un célebre
Ecrivain (*a*) avoit prédit de lui.

La droite de notre armée étant appuyée à Antoin, & par conséquent à l'inondation de l'Escaut,
il n'étoit question, pour la mieux assurer, que de
retrancher le village ; ce qui fut fait pendant la nuit
par les troupes qui le gardoient.

D'Antoin à Fontenoi, autre village retranché
avec plus de soin, où étoit le centre, il y a 800
toises. Ce front étoit couvert par trois redoutes
situées, la premiere à côté de Fontenoi, la seconde à 100 toises de la premiere, & l'autre à 140
toises plus loin ; elles avoient été construites, ou
plutôt ébauchées la nuit même. La briéveté du
temps empêchant, selon toute apparence, qu'on
en augmentât le nombre, l'on s'étoit principalement attaché à fortifier vers le centre ; ce qui
étoit en effet l'essentiel par lui-même, & parce

______

(*a*) M. de Folard, au sujet de la méthode de tirer, que M. le Comte
de Saxe avoit introduite dans son Régiment. *Méthode*, dit-il, *dont
je fais un très-grand cas, autant que de son inventeur, qui est un des
plus beaux génies pour la guerre que j'aie connu, & l'on verra à la
premiere guerre que je ne me trompe pas dans ce que j'en pense.* Liv. II,
chap. XIV.

S

que le reste étoit flanqué par le village d'Antoin
qui débordoit sur presque toute sa largeur.

La gauche pliée en équerre, s'étendoit jusqu'au-
delà d'une pointe du bois de Barri voisine du
village de Ramecroix. L'on avoit fait des abattis
à cette pointe, & l'on jetta dans le bois les fusiliers du Régiment de Grassin pour observer ce qui
s'y passeroit.

L'on voit que l'on n'avoit pas , à beaucoup
près , trouvé pour appuyer cette aîle les mêmes
facilités qu'à la droite ; mais le bois même, farci
comme il l'étoit d'infanterie , les abattis qui en
couvroient la lisiere , & deux redoutes que l'on
y éleva , y suppléerent si bien , que les Brigades
qui la fermoient , servirent dans le fort de l'action,
de réserve à celles du centre.

Je ne veux d'autre preuve de la nécessité de ces
différens ouvrages , que l'ardeur opiniâtre avec
laquelle les Anglois , désespérant de percer ailleurs , s'attacherent à forcer Fontenoi. Ce poste
faisoit, suivant la meilleure relation que j'aie vue
de cette bataille, *un point capital, & il étoit d'une con-*
séquence d'autant plus essentielle pour nous de le défendre ,
que si les ennemis s'en fussent emparés , il étoit à craindre
qu'ils ne s'y fussent maintenus, & qu'avec un tel point d'ap-
pui ils n'eussent alors réussi à couper en deux notre armée.

Je n'ai rien à ajouter à un pareil témoignage ,
si ce n'est qu'il ne diminue rien des éloges dûs à
la valeur de nos troupes ; car des ouvrages si im-
parfaits ne pouvoient être soutenus contre une
attaque si vive, sans une extrême fermeté. L'on

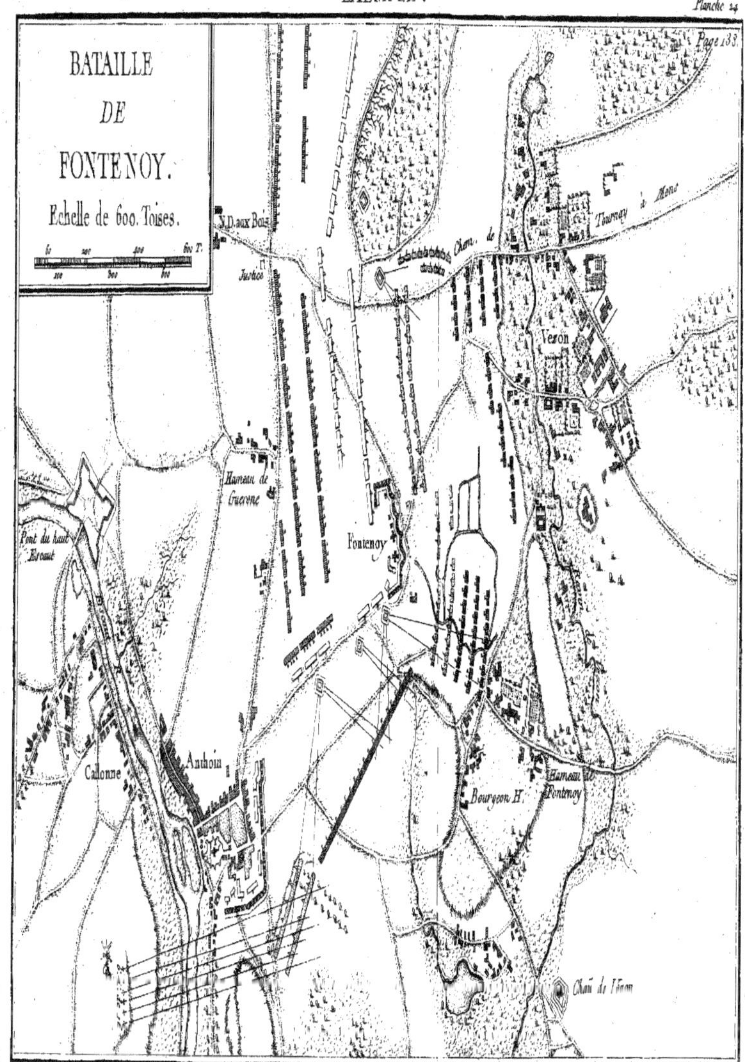
Planche 24
Page 133.
BATAILLE
DE
FONTENOY.
Echelle de 600. Toises.
N.D. aux Bois
Justice
Chem. de
Tournay à Mons
Veson
Hameau de
Guervne
Fontenoy
Pont du haut
Escaut
Callonne
Anthoin
Bourgeon H.
Hameau
Fontenoy
Chau de l'Inon
Al. Ch. Riblet sculp

fçait d'ailleurs que tout le feu du village & de la redoute de fa gauche ne put empêcher les ennemis de pénétrer entre deux ; mouvement hardi, qui parut d'abord leur donner la victoire, & qui, par la prudente & vigoureufe manœuvre qu'on y oppofa, la décida enfin en faveur du Roi.

VIII. Je reviens à mon fujet. L'importance de ces articles & leur connexité avec ceux qui les précedent, obtiendront aifément grace pour la digreffion à laquelle ils m'ont engagé.

C'eft depuis quelque temps une grande queftion que de fçavoir s'il eft à propos ou non d'attacher des ouvrages fermés à des lignes. L'on n'y manquoit guere autrefois, au moins à en juger par celles de circonvallation, & même de contre-vallation. La plûpart des Traités de fortification en font foi ; l'on y voit non feulement des redoutes, mais des étoiles, des quarrés à demi-baftions, & d'autres forts confidérables. Les Impériaux femblent même avoir retenu cet ufage, puifque nous en avons trouvé en 1734 aux lignes d'Etelingue : pour nous, nous l'avons abandonné ; la derniere fois qu'on l'ait fuivi étant, je crois, en 1706, aux lignes de la Loutre, où l'on éleva quelques redoutes dans les endroits les plus expofés, & principalement pour la défenfe des digues & l'emplacement des batteries.

Nous avons abandonné de même, & peut-être dans le même temps, les épaulemens pour la cavalerie, dont on verra ci-après l'utilité ; & la queftion n'eft pas de fçavoir ce qui fe fait, mais ce qui doit fe faire, c'eft-à-dire fi l'on a eu de meilleures raifons pour fupprimer les uns, que pour négliger les autres; car il en eft quelquefois de ces ufages comme de la mode que bien des gens fuivent fans réflexion, & d'autres de crainte de fe fingularifer.

M. de Vauban, dans fon Mémoire fur la Conduite des fieges, dit qu'on ne conftruifoit plus de ces ouvrages, parce qu'on avoit reconnu qu'ils étoient dangereux : mais la feule raifon qu'il en allegue dans fon Traité de l'attaque des Places fait plufieurs années après, eft celle de la briéveté des fieges : ainfi il ne prononce rien définitivement, d'autant plus qu'il ne parle que de circonvallation.

Je me garderai bien, à plus forte raifon, de décider : l'on ne doit donc prendre ce que je vais dire que pour une fimple opinion que je hafarde, parce que j'y fuis engagé par mon fujet.

Pl. XXXII.
Fig. 1.

Il n'y a point à douter que cette méthode bien ménagée ne fût utile à plufieurs égards. Ces pieces d'un profil plus élevé que le refte, placées dans les lieux les plus avantageux, foit par leur faillie, foit par la fupériorité du terrein, protégeoient les parties voifines : c'étoient des afyles peu éloignés, fous le feu defquels les troupes repouffées ou rompues reprenoient haleine & fe rallioient. Il eft d'ailleurs affez ordinaire dans une attaque brufque & foutenue, d'être forcé d'abandonner une batterie : qu'on la regagne, ce qui n'eft pas à beaucoup près hors d'exemple, l'ennemi eft bien peu attentif fi l'on ne trouve le canon encloué. L'on feroit par-là bien moins expofé à ces inconvéniens.

L'on en tireroit d'ailleurs, en fuivant l'idée du Marquis de Santa Cruz, un nouvel avantage. Il veut (*a*) que l'on regarde le retranchement comme divifé en quatre parties, & que les Généraux qui commandent chacune de ces parties, viennent avec leurs troupes pour fe former dans un endroit défigné, en cas que l'ennemi force par un tel côté: or ils ne pourroient fe former avec plus d'ordre & de tranquillité que fous la protection d'une de ces pieces.

Voilà le côté avantageux de la chofe: à la regarder d'un autre biais, l'on voit que fi l'ennemi parvient à entrer dans l'un de ces ouvrages, la perte des lignes eft prefque certaine par la difficulté de l'en déloger.

Si c'eft-là, comme je le crois, le feul inconvénient qui arrête, il n'eft pas difficile de tout concilier. Ces ouvrages font d'une utilité évidente; il faut donc en faire: l'on a tout à craindre fi l'ennemi s'en empare; il faut donc les conftruire & en empêcher l'accès avec affez de foin pour que l'on ne courre pas ce rifque.

Lorfque je dis qu'il en faut faire, l'on comprend bien que ce n'eft point indiftinctement en toute occafion, mais feulement lorfque l'on a le temps de les mettre hors d'état d'être emportés d'un coup de main, & principalement dans les lignes

(*a*) Des Campemens, chap. VII, fect. II.

conftruites à loifir , & deftinées à durer long-
temps.

Toutes les efpeces d'ouvrages ne font pas propres à ce dont il s'agit. L'on doit éviter furtout
ceux qui battroient quelques parties du retranchement ; car dans une allarme de nuit, & fouvent de jour, le foldat bordant le parapet, fera
indiftinctement feu de partout. L'étoile , piece
dangereufe, fi elle eft à portée de quelqu'autre,
doit, par exemple, en être exclue. Cette attention, celles de bien perfectionner ces ouvrages,
& de mafquer, autant qu'on le peut fans inconvénient, le jour qu'on laiffe en les ifolant , font
les feules qui me paroiffent mériter d'être ob-
fervées.

CHAPITRE NEUVIEME.

I. Examen des avantages à tirer d'une riviere pour couvrir des lignes. II. Ce que l'on fait en terrein plat quand elle est sous le feu du retranchement. III. Quand elle s'en éloigne trop en tout ou en partie. IV. Des inondations : cas où l'on peut les former avec de simples digues. V. Usage de les former avec des écluses : ses inconvéniens. VI. Projet plus parfait. VII. Projet d'inondation pour des lignes permanentes. VIII. Multiplicité des digues ; moyens d'y remédier. IX. Digues trop longues ; moyens de les défendre. X. Récapitulation de toutes les difficultés. XI. Maniere nouvelle de les lever, & de former, où l'on veut, des inondations sur un terrein plat.

I. De tous les secours que l'on ait à espérer de la nature des lieux pour la défense d'un retranchement de grande étendue, tel que des lignes, il n'en est point de plus avantageux qu'un volume d'eau assez profond, ou ménagé de maniere à ne pouvoir être traversé à gué.

Ce secours si desirable se présenteroit naturellement, & sans qu'il fût nécessaire d'y contribuer en rien, toutes les fois que l'on seroit en occasion de mettre devant soi une grosse riviere, s'il ne falloit, comme on l'a déja obſervé, qu'il s'y joignît une circonſtance indiſpenſable, qui eſt celle de ne pouvoir être tourné par l'ennemi.

Or il eſt bien rare d'unir en ce cas ces avantages. Le cours d'une riviere, telle qu'on vient de la ſuppoſer, eſt toujours d'une trop grande longueur pour qu'il ſoit poſſible d'en border toute une des rives; de façon que de quelque maniere que l'on ſe place & que l'on s'étende, le retranchement n'empêchera pas l'ennemi de la paſſer au deſſus ou au deſſous.

Ces rivieres ne peuvent donc, à parler en général, ſervir à cet uſage, ou plutôt elles deviennent elles-mêmes des barrieres preſque impénétrables par des moyens de beaucoup moins de travail, & tout différens, dont on parlera au chapitre X.

Ce que ne peuvent en cela de grandes rivieres, de beaucoup plus petites le donnent aſſez communément, en ce qu'il n'eſt pas rare d'en trouver qui, tirant leurs ſources d'une chaîne de montagnes, ſe jettent, après avoir traverſé quelques lieues de plaine, dans d'autres beaucoup plus conſidérables.

Cette grande riviere & la montagne ſervant en ce cas à fermer & à appuyer les extrêmités de la ligne, il n'eſt plus queſtion que de diſpoſer les eaux de la petite, de façon à en rendre le front de difficile accès; ce que l'on exécute de différentes manieres, ſuivant le temps, les lieux & les autres circonſtances.

II. L'ON obſerve d'abord, lorſqu'il ſe trouve quelque

quelque rideau ou quelque éminence qui s'a-longe parallélement à fon cours, d'y tracer la li-gne, tant pour lui donner quelque fupériorité, que pour que le camp foit plus fec & plus fain, & que les communications foient d'un fol plus ferme & plus aifé pour les charrois.

Quand la ligne ainfi placée fe trouve partout à jufte diftance, c'eft-à-dire à 80 ou 100 toifes au plus de la riviere, c'eft un grand avantage, en ce que fans travail & fans peine, le paffage en eft défendu du feu de la moufqueterie.

Si les prairies qu'elle traverfe font plates & de niveau fur une grande largeur, de maniere qu'on ne puiffe y retenir les eaux, ou fi l'on manque de temps ou de moyens pour entreprendre un plus grand travail, l'on fe contentera de les faire re-gonfler dans leur lit, & de les foutenir d'efpace en efpace, pour que la riviere ceffe d'être guéable. Il en eft peu qui n'aient 5 ou 6 pieds d'encaiffe-ment, ce qui fuffit. Si les bords font efcarpés, c'eft un obftacle de plus pour l'ennemi.

On foutient ordinairement ces eaux par des ba-tardeaux de terre, qui les élevant au deffus de leurs rives, les obligent à fe répandre à travers les prairies. Ces retenues, les feules dont j'aye vu faire ufage, ont un grand inconvénient, qui eft de fervir de ponts à l'ennemi. Celles que j'ima-ginai à Deckendorf, & dont je me fuis fervi en 1743 au camp de la Queich, font exemptes de ce défaut. L'on trouvera la maniere de les conftruire dans le Traité qui fuivra celui-ci.

T

Leur nombre dépend nécessairement du plus ou moins de pente & d'encaissement de la riviere. Je vais m'expliquer par des exemples.

Que cette pente soit de 2 pieds par 100 toises, & l'encaissement de 5 pieds seulement, il est clair que les digues doivent être répétées de 25 en 25 toises, pour qu'il reste extérieurement au pied de chacune 4 pieds & demi d'eau ; ce qui est la hauteur nécessaire pour qu'on ne puisse y passer à gué.

Mais si cette pente n'est que de 6 pouces, & que l'on ait sept pieds d'encaissement, des digues éloignées de 500 toises l'une de l'autre produiront le même effet.

III. J'ai supposé dans l'article précédent le cours entier de la riviere sous le feu de la ligne ; ce qui est une circonstance très-avantageuse, en ce que l'on est par-là à même d'empêcher l'ennemi d'y jetter des ponts, ou d'en couper les digues : cependant lorsque la riviere s'en écarte au-delà de 100 toises, ce que je prends pour la petite portée du fusil, l'on peut avec plus de travail en tirer autant ou plus de secours.

Pl. XXV.
Fig. 1.

Si c'est en formant des coudes qu'elle s'en éloigne, & que ces coudes ne soient ni trop ouverts ni trop enfoncés, quelques ouvrages avancés, liés par de bonnes communications au retranchement, suffiront pour les garder.

Pl. XXV.
Fig. 2.

Si la profondeur ou la grande ouverture de ces contours rend cet expédient sujet à trop de difficultés, il faudra creuser un canal en ligne droite,

de la naiſſance à la fin de chacun de ces contours, obſervant de diguer, comme on le dira,
le vieux lit en ces deux endroits, de crainte que
l'ennemi ne s'en ſerve pour détourner les eaux.

Enfin lorſque la riviere eſt partout trop éloignée, l'on eſt forcé, ſi l'on veut en tirer d'autres
avantages que celui qu'elle offre naturellement,
de lui creuſer én entier un nouveau lit.

Son emplacement exige quelques obſervations
eſſentielles. Si l'éminence ſur laquelle on ſuppoſe
le retranchement, eſt trop élevée pour y conduire
les eaux, ou que le bord en faſſe un reſſaut du
côté de la prairie, on en éloignera ce canal de
15 à 20 toiſes, ou de plus, ſi cela ne ſuffiſoit pas
pour qu'il fût découvert en entier, répandant les
terres des deux côtés en forme de glacis ; ce qui
augmentera l'encaiſſement. Je dis de 15 à 20 toiſes, parce que cette diſtance ne diminue rien de
l'effet de la mouſqueterie, & que le ſoldat, ſurtout s'il n'eſt point encore aguerri, ſe preſſera moins,
& tirera plus juſte que ſi l'ennemi étoit plus près.

Dans le cas de ce reſſaut, la ligne doit, autant
qu'on le peut, en ſuivre & border les contours.
On acheve de l'eſcarper dans ces parties, pour
qu'il ſoit plus difficile de monter ſur le retranchement ; & dans celles où l'on eſt forcé de s'en éloigner, on le rabat en glacis, de façon à ne laiſſer
aucun couvert devant ſoi ; ce qui fournit également les terres néceſſaires à la conſtruction, ſans
qu'il ſoit beſoin, au moins dans la premiere de ces
circonſtances, de creuſer un foſſé qui, étant trop

bas, eu égard au sommet du parapet, en seroit mal défendu.

Dans l'autre cas, c'est-à-dire quand le sol du retranchement s'unit à la prairie par une pente douce, & que l'on peut y faire passer la riviere, l'on n'a rien de mieux à faire que de la jetter dans le fossé qui est alors indispensable, tant pour défendre l'accès du parapet, que pour en tirer les terres dont on doit le former.

La riviere que l'on aura eu soin de diguer en forme de réversoir aux lieux où elle quitte & reprend son ancien cours, suffisant au moyen des retenues, pour remplir ces deux lits différens, couvrira ainsi le retranchement d'une double barriere.

IV. Lorsque la riviere coule sans trop de rapidité dans un vallon bordé par des côteaux, ou dont le sol s'éleve insensiblement de droite & de gauche, en s'éloignant de son lit, l'on est le maître de s'en servir pour inonder partout devant soi.

Ces inondations se forment par des digues de terre, qui barrant son cours & les parties les plus basses du terrein, retiennent & élevent les eaux : mais comme elles emporteroient ces digues, si, le bassin étant plein, celles qui y entrent de plus les surmontoient, l'on a soin de leur préparer des issues.

L'on sçait par expérience que l'eau coulant sur le terrein naturel, ne creuse pas lorsqu'elle peut s'étendre, & qu'elle ne conserve ainsi que très-peu de hauteur.

En conféquence de cette obfervation, partout où les côtés du vallon tombent en pente vers la riviere, l'on n'a pas befoin d'autre déchargeoir que du terrein même qui eft au-delà de l'extrê-mité oppofée de la digue, dont, pour plus de fûreté, l'on garnit la tête en tunage, ou du moins en gazon.

Il réfulte encore un avantage confidérable de cette efpece d'encuvement : car foit que l'ennemi coupe la digue, foit qu'il la tourne par un canal, il ne pourra tirer qu'une petite partie des eaux qui y font retenues, parce qu'il faudroit pour les fai-gner entiérement, qu'il creufât & qu'il s'avançât, à mefure qu'elles s'écouleroient, jufqu'à la par-tie la plus baffe ; ce qui n'étant pas l'ouvrage d'une nuit, donneroit tout le temps de le décou-vrir & de s'y oppofer. Il ne le pourroit d'ailleurs fans s'approcher beaucoup du feu du retranche-ment.

V. Ces déchargeoirs naturels épargnent bien du travail, & n'exigent aucun foin pour la ma-nœuvre ; mais on ne peut en faire ufage que dans les lieux dont on vient de parler. Dans ceux où le vallon, trop plat ou trop ferré fur fa largeur, oblige d'appuyer les digues à des terres plus élevées, ou même d'un côteau à l'autre, il eft clair qu'il faut avoir recours à quelque autre expédient.

L'on fe fert ordinairement en ce cas d'éclufes de charpente que l'on conftruit & que l'on place relativement aux ufages auxquels on les deftine.

Quand on fe borne à les faire fervir de déchargeoirs, on les établit fur la prairie même, & l'on en fixe le radier à niveau du terrein.

Les avantages que l'on fe procure par-là, font qu'il n'y a d'autre excavation à faire que celle de la fondation; & que ces éclufes étant moins hautes qu'elles ne le feroient, de toute la profondeur du lit de la riviere, elles exigent moins de temps & moins de bois pour leur conftruction. La manœuvre en eft d'ailleurs bien plus aifée.

Ces avantages font contrebalancés par différens inconvéniens. La riviere ne pouvant paffer fur le radier, on ne peut lui rendre fon cours naturel qu'en coupant les digues aux endroits qui barrent fon lit; ce que l'on eft obligé de faire lorfque l'éloignement de l'ennemi, ou du moins la fin de la guerre, engage à faigner l'inondation.

Ces déchargeoirs demandent d'ailleurs une attention continuelle. Le baffin une fois plein, il faut lever les vannes jufqu'à une certaine hauteur pour donner paffage à une quantité d'eau précifément égale à celle qui y entre; je dis précifément, car fi on les leve trop, l'inondation baiffe, & fi l'on donne dans l'excès contraire, elle furmontera l'éclufe, & peut-être la digue qu'elle pourra emporter.

Quelques heures de pluie ou de fonte de neiges enflent confidérablement une riviere encaiffée dans un vallon & peu éloignée des montagnes; il faut donc y veiller de nuit comme de jour.

Enfin un coup de canon , ou quelque défaut dans les bois ou dans leur affemblage , peut tout déranger dans un moment.

VI. M. Le Comte d'Aumale m'ayant chargé, pendant la campagne de 1743, de mettre les lignes de la Loutre en état , ces confidérations m'engagerent à chercher quelque moyen plus fimple , plus fûr & moins affujettiffant, de débarraffer du fuperflu des eaux quelques nouvelles digues que je voulois élever , & même la plûpart des anciennes : car mon deffein étoit de diguer les éclufes les plus en prife au canon , & celles qui, établies auffi bas que le fond de la riviere, foutenoient une trop grande hauteur d'eau ; ce qui les rendoit peu fûres & d'une manœuvre trop difficile.

L'idée à laquelle je m'arrêtai fut de me fervir de réverfoirs de charpente. Le radier établi du côté intérieur à 3 ou 4 pieds plus bas que le fommet de la digue avoit , fuivant le projet , la pente convenable. Cinq poteaux à couliffes en divifoient l'entrée en quatre paffages égaux , faifant enfemble 24 pieds d'ouverture ; ce qui eft le double de la largeur de ces éclufes , & ce qui paroîtroit peut-être exceffif , fi je ne rendois compte des raifons qui me déterminoient.

Les eaux paffant par une ouverture double en largeur, y coulent fur environ moitié moins de hauteur ; ce qui rend de moitié moins fenfibles les inégalités qui furviennent à leur volume. Il eft donc ainſi bien plus facile de tenir au moyen des hauſſes, l'inondation élevée à peu près à un même point.

D'ailleurs ſi une des écluſes ſupérieures eſt emportée, ou ſi une de leurs digues creve, tout eſt en danger, à moins que les déchargeoirs ne ſoient aſſez grands pour fournir à l'épanchement de ce ſurcroît d'eaux.

C'eſt pour cette raiſon que je tenois les radiers des réverſoirs ſi bas. Au reſte il faudroit dans un cas ſi preſſant en lever d'abord toutes les hauſſes, quand même la choſe ne paroîtroit pas néceſſaire ; car les eaux ſupérieures agrandiſſant continuellement la breche qu'elles ſe feroient faite, viendroient bientôt en plus grande abondance.

L'on doit établir ces réſervoirs à peu de diſtance de la ligne, ſur la prairie, & non ſur le lit de la riviere, dont la profondeur les rendroit moins ſolides. Comme ils ont bien moins de hauteur de charpente à découvert, & que des hauſſes ou des petites poutrelles y tiennent lieu de vannes, ils ont moins à craindre du canon que les écluſes auxquelles je les crois préférables, tant par les différentes circonſtances rapportées ci-deſſus, que parce qu'étant d'une conſtruction beaucoup plus légere & moins compoſée, il ne faut d'autre temps pour les faire que celui que les ſoldats ou les pionniers emploient à élever la digue, de ſorte que tout ſe trouve fini à la fois.

VII. Qu a n d on fait de ces lignes à l'avance &
par

par précaution , & que les deftinant à fubfifter pendant toute la guerre, & même pendant la paix, l'on veut que les inondations puiffent fe tendre & s'écouler au premier ordre, c'eft-à-dire dans le le peu de temps qu'il faut pour remplir ou vuider leurs baffins, l'on eft obligé à quelques ouvrages de plus.

Chaque digue doit en ce cas avoir une éclufe dont le feuil foit auffi bas que le fond de la riviere, & le radier affez large pour qu'elle y paffe en toutes faifons.

Rien ne gênant ainfi le cours des eaux, l'on n'eft jamais obligé de couper les digues , que l'on retrouve au befoin affermies, bien herbues, telles enfin dans toutes leurs parties, que l'on n'a rien à en craindre.

Cet ufage eft le feul auquel, je crois, que l'on doit deftiner ces éclufes, tant par les raifons que j'en ai déja données, que par les fuivantes.

1°. Leur hauteur étant accrue de toute la profondeur du lit de la riviere, il feroit bien difficile, & peut-être impoffible, d'en hauffer ou baiffer les vannes , fuivant qu'elle feroit plus ou moins groffe, en ce que ces vannes feroient trop hautes, & que, quoiqu'appuyées du côté oppofé par l'inondation inférieure, elles fouffriroient une preffion trop forte contre les couliffes. Je fuppofe ici des vannes à qucuc & ordinaires , parce qu'elles font fujerres à bien moins d'inconvéniens que celles d'une manœuvre plus compofée.

2°. L'on feroit donc obligé de régler la

V

superficie de l'inondation par des hauffes, & de laiffer tomber le refte, c'eft-à-dire la riviere entiere en cafcade. Or il eft aifé de concevoir ce que le radier auroit à fouffrir de la chûte continuelle d'un pareil volume d'eau, foit par fon poids, foit par le tournoyement & les fouilles qu'il cauferoit dans cette partie.

3°. Enfin ces éclufes font ordinairement fondées en terre graffe : or, comme les liquides pefent en proportion de leur hauteur, la moindre filtration entre cette terre & le plancher devenant d'un moment à l'autre plus confidérable, peut enlever le radier. A l'égard des fouilles, elles font ici moins à craindre, à caufe des files de palplanches qui doivent être battues en arriere & en devant.

Ces éclufes ne fervant ainfi qu'à retenir ou faire écouler les eaux, & non à les maintenir à une hauteur déterminée, elles n'ont aucun befoin de vannes. Deux files de poutrelles éloignées l'une de l'autre en proportion de cette hauteur, doivent en tenir lieu, & former avec les bajoyers un coffre que l'on remplira de terre forte bien battue, ou même de terre graffe. Ce batardeau affûrera les poutrelles de devant qu'il appuyera, & le radier qu'il chargera. L'on n'aura d'ailleurs par-là plus rien à craindre du canon.

A l'égard du fuperflu des eaux, il fe déchargera par un réverfoir tel que ceux dont je viens de parler.

Je ne dirai rien ici des différentes manieres

dont, à proportion du temps & des moyens, l'on peut convertir d'anciennes éclufes de cette efpece en réverfoirs ou en déchargeoirs ; parce que je réferve ce détail, & celui des différens ouvrages que je ne fais qu'indiquer, pour le Traité de Conftruction qu'il concerne plus particuliérement.

VIII. Après avoir expliqué ce que je penfe fur différentes manieres de couvrir des lignes par des inondations, j'obferverai ici les principales difficultés qui s'y rencontrent, & les moyens que je crois les plus propres à les furmonter ou à les éluder.

La conftruction des digues eft fujette à des inconvéniens de deux efpeces. Leur multiplicité caufée par le trop de pente du terrein fera le fujet de cet article.

Ces digues élevées en terre, car celles dont j'ai promis la conftruction ne feroient ici d'aucun ufage, font, comme on l'a déja remarqué, autant de ponts pour l'ennemi, & par conféquent autant d'objets dont la garde inquiéte & fatigue une armée.

Le feul remede que je fçache à un défaut fi effentiel, c'eft d'en placer à tous les endroits deftinés d'ailleurs à fervir de poftes, parce que c'eft autant de rabattu fur le nombre, & de faire ces digues les plus hautes qu'on le peut avec prudence. L'on y trouvera même, furtout s'il y a des éclufes à la riviere, un avantage qui furprendra peut-être, en ce qu'il ne s'offre pas d'abord à l'imagination.

Voici en quoi il confifte. Je fuppofe que la riviere a 5 pieds de profondeur : fi les bajoyers de
l'éclufe ne font élevés que de 9 pieds, il eft clair
que l'on ne foutiendra que quatre pieds de hauteur d'eau fur la prairie.

Qu'il y ait de fuite quatre éclufes conftruites
de même, & efpacées de façon que chacune foutenant ces quatre pieds d'eau, il en refte deux au
bas de la digue antérieure, ce qui eft le moins que
l'on juge qu'il puiffe y en avoir pour dérober à la
vue & empêcher de combler le lit de la riviere ;
je dis qu'une feule éclufe de 15 pieds de hauteur
produira, & plus avantageufement encore, l'effet de ces quatre de 9 pieds chacune, & qui,
prifes enfemble, font conféquemment plus hautes
de 21 pieds.

Cette différence vient de ce que la grande
éclufe étant unique, ne perd qu'une fois 5 pieds
par l'encaiffement de la riviere, & foutient feule
10 pieds d'eau fur la prairie.

Les petites au contraire étant répétées quatre
fois, en perdent 20 ; ce qui donne 15 pieds de différence. Les 6 pieds reftans proviennent de ce
qu'à l'exception de la derniere, une de ces éclufes ne foutenant que deux pieds d'eau plus que
celle qui la fuit, il y en a trois qui perdent encore par-là chacune deux pieds.

L'avantage que la grande éclufe aura d'ailleurs,
c'eft qu'elle mettra deux pieds d'eau de plus
qu'entre la premiere & la feconde des petites,
quatre pieds, qu'entre la feconde & la troifieme,

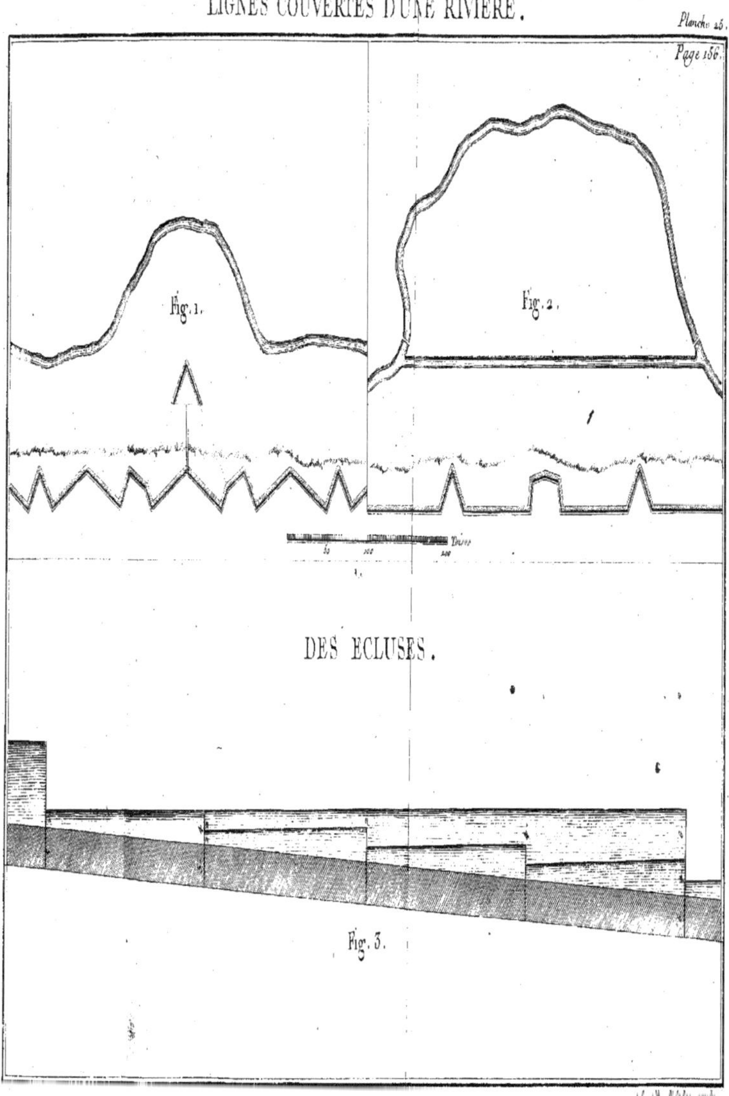
Planche 26.
Page 156.
Fig. 1.
Fig. 2.
Toises
DES ECLUSES.
Fig. 3.

& 6 pieds qu'entre celle-ci & la derniere.

Les digues, ou les écluses ou réverſoirs élevés ſur la prairie, ont en entier ce dernier avantage : mais il n'en eſt pas à beaucoup près de même à l'égard de leur différence de hauteur, à cauſe des 5 pieds de profondeur de la riviere que l'on n'a plus à compter ; de ſorte que, ſuivant la même ſuppoſition, 10 pieds ne produiront que le même effet que 16. Le profil éclaircira ce qu'il peut y avoir d'obſcur dans cet article.

L'épaiſſeur des digues devant ſe proportionner à leur élévation, il y a plus à perdre qu'à gagner du côté du cube des terres : mais l'on diminuera de beaucoup le nombre d'écluſes & de réverſoirs néceſſaires ; &, ce qui eſt plus eſſentiel encore, l'on aura beaucoup moins de ces ponts à garder.

Au reſte, ſi je ſuppoſe des retenues de cette hauteur, ce n'eſt que pour faire mieux ſentir la propoſition ; car n'étant queſtion ici que de charpente & de terre graſſe, & non de maçonnerie, ce qui formeroit une conſtruction trop ſolide pour être réputée ouvrage de campagne, je ne voudrois pas qu'elles excédaſſent 12 pieds. Ce ſeroit même encore beaucoup trop pour des écluſes à vannes : mais pour convenir que celles que je propoſe ſont capables de cette réſiſtance, il ſuffit de ſe reſſouvenir que leur encoffrement en fait de vrais batardeaux, & que, quoiqu'elles s'élevent de 12 pieds ſur le radier, elles n'ont pas 12 pieds d'eau à ſoutenir, n'y ayant que 5 pieds de différence entre les ſurfaces des inondations ſupérieure & inférieure.

L'on suppofe en cela pour plus d'exactitude ,
que lorfqu'on inondera le vallon, l'on commencera par fermer l'éclufe de la derniere retenue ,
& ainfi de fuite, à mefure que les baffins feront
pleins; fans quoi la hauteur d'eau feroit effectivement pendant un temps de 12 pieds.

IX. LA longueur exceffive des digues , caufée
par l'éloignement du lieu propre à en appuyer
l'extrêmité , forme le fecond des inconvéniens
dont on parle.

L'on ne doit pas perdre de vue combien la
garde de ces ouvrages eft un point délicat. Ils
doivent donc être élevés dans les lieux les plus
étroits du vallon, pour que la tête en foit, autant
qu'il fe peut, défendue de près de la ligne même.

Pl. XXVI.
Fig. 1.

Comme l'on n'eft pas toujours le maître de
leur donner cet avantage, fi elle en eft éloignée
de 60 à 80 toifes, l'on ne pourra fe difpenfer de
la couvrir d'une lunette capable de contenir au
moins cent hommes, & tournée de façon à être
flanquée du feu du retranchement.

Pl. XXVI.
Fig. 2, 3, 4.

Mais lorfque cette diftance excédera 80 toifes, le plus fûr fera, je crois, d'établir dans l'i-
nondation même , à 30 ou 40 toifes du bord oppofé , une redoute ou des flancs que la digue
traverfera. L'ouverture en fera couverte du côté
de l'ennemi par un tambour, ou plutôt par une
traverfe tournante. Il y aura d'ailleurs en avant
comme aux précédentes, une lunette, qui ne fervant que d'avancée ou même de védette, fera
beaucoup plus petite que les autres.

Un double parapet élevé fur l'épaiffeur de la digue doit affurer la communication de ces diffé-rens ouvrages, ou du moins, fi la maffe des terres devient par-là trop confidérable, d'une de ces pieces à l'autre.

Cela me rappelle la maniere dont une des di-gues de la Loutre eft conftruite. C'eft un retran-chement couvert feulement d'un côté, qui, par différens retours, eft non feulement défilé, mais oppofé encore de toutes parts un feu croifé & fu-périeur à celui qui pourroit partir d'une langue de terre affez élevée qui s'avance du rideau. L'i-dée de cet ouvrage qui fait honneur à l'Ingénieur qui l'a dirigé, indique ce que l'on peut faire en pareille occafion.

X. Si l'on récapitule les différentes difficultés qui fe trouvent à couvrir des lignes par des inon-dations, l'on verra qu'elles fe réduifent aux trois cas fuivans :

1°. Lorfque le terrein que traverfe la riviere eft de niveau fur une trop grande largeur ; car comment retenir des eaux fur une furface plate & fans bords ? Cela n'eft cependant point im-poffible, mais je ne fçache pas qu'on l'ait encore entrepris.

2°. Lorfque l'on ne peut par la même raifon faire de digues que d'une longueur exceffive, faute de trouver plus près un terrein plus propre à en appuyer la tête ; ce qui oblige à de grands travaux & à des poftes en avant, qui pouvant être attaqués à des heures où l'obscurité rend la protection qu'ils tirent de derriere eux bien foible & bien incertaine, ne suffisent pas toujours pour rassurer les Officiers chargés de ces parties.

3°. Enfin lorsque le trop de pente de la riviere met dans la nécessité de multiplier les digues, en ce que, sans compter le plus de travail, ce sont autant de ponts à garder, & sur lesquels il faut conséquemment veiller avec soin.

J'ai expliqué ce qui se fait, & ce que je crois que l'on pourroit faire de plus dans chacune de ces circonstances : mais si j'étois chargé d'une pareille entreprise, je pourrois bien éluder ces obstacles, & prendre un parti tout différent.

Je recourerois à un expédient que je crois préférable à la méthode ordinaire. Je répondrois bien par-là de rendre la ligne inaccessible sans ces éclufes, sans ces longues digues si inquiétantes, sans ces postes avancés & souvent hasardés, & aux trois quarts moins de dépense.

Cette idée aussi simple que neuve, me vint au commencement de 1735, au sujet d'un projet de lignes sur le Spirback, que l'on me fit demander par la Cour. L'on sçait que cette riviere presque partout fort éloignée du rideau, coule à pleins bords à travers des prairies plates, unies & extrêmement larges. La nécessité me suggéra des moyens ; je trouvai remede à tout ; enfin je promis affirmativement une inondation soumise en entier au feu de la mousqueterie, mais sans expliquer les voies que je me proposois de suivre. L'on

regarda

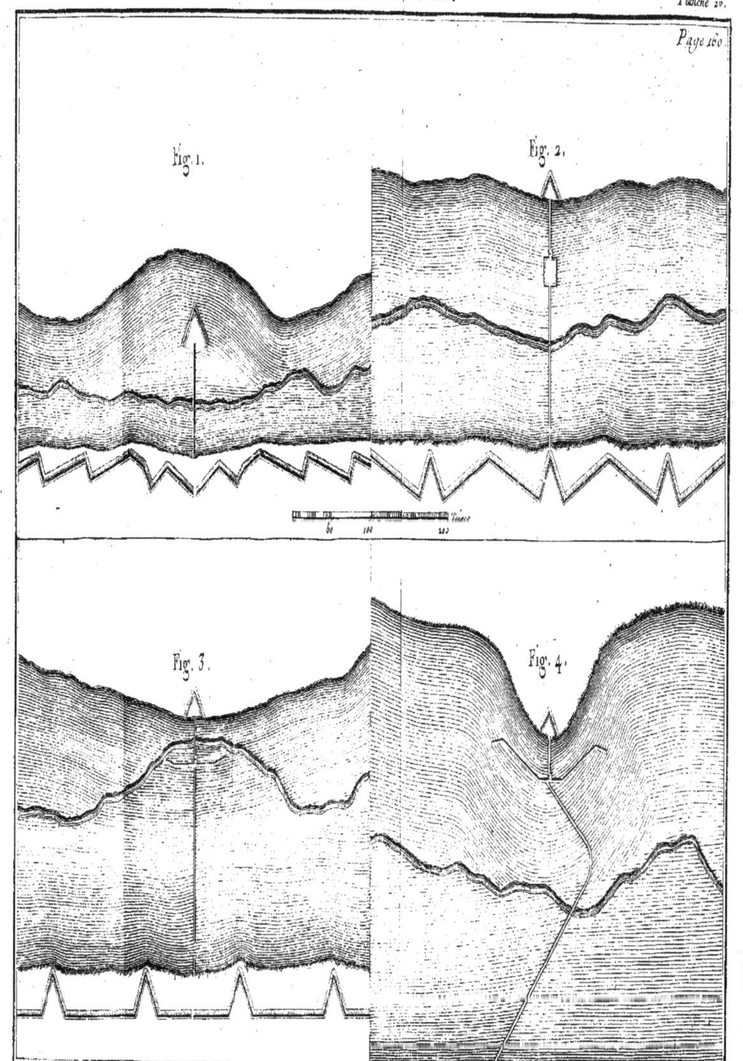

Cl. Ch. Riolet sculp.

regarda peut-être ce projet comme une chimere : quoi qu'il en soit, je n'en entendis plus parler, & peu de temps après deux brigades d'Ingénieurs que l'on chargea de ces lignes, furent détachées de l'armée. Je ne pouvois avec décence propofer des idées que l'on ne me demandoit pas, de maniere que les occafions de les exécuter qui fembloient fe préfenter en 1743 aux camps de la Loutre & de la Queich, n'ayant point eu lieu, je ne les ai point produites, ni même couchées par écrit. Je vais enfin mettre le public en état de juger fi elles ont quelqu'autre mérite que celui de la nouveauté.

XI. Je fuppofe toutes les difficultés ci-deffus réunies, c'eft-à-dire que le vallon eft abfolument de niveau fur une largeur exceffive, ce qui, fuivant les voies ordinaires, rendroit le projet impraticable, & que la riviere qui coule à pleins bords dans un lit de 4 pieds feulement de profondeur, a 2 pieds de pente par 100 toifes.

Ma méthode me laiffant le maître de prefcrire telle largeur qu'il me plaît à l'inondation, j'examine quelle eft la plus avantageufe ; car fi elle eft trop petite, elle n'impofera point affez à l'ennemi, & fi elle eft trop grande, le bord en fera moins défendu, ainfi que la tête des digues qui s'alongeant d'ailleurs en proportion, exigeront plus de travail.

Ces confidérations me déterminent à lui donner depuis 40 toifes jufqu'à 60.

X

 J'en trace donc le bord à 60 toiſes des courtines & des autres principales lignes du retranchement, obſervant dans les endroits où le rideau,
& par conſéquent la fortification fait des contours,
de ne ſuivre que ceux d'une grande étendue, &
de prendre une largeur réduite, devant les autres,
c'eſt-à-dire de m'éloigner de 40 à 60 toiſes, ſuivant le plus ou le moins de ſaillie de ces parties;
ce que je fais pour que ce bord étant plus en ligne
droite, ait moins de développement.

Je trace enſuite parallélement à 6 pieds de
diſtance en dedans un foſſé de 15 à 20 pieds de
largeur par le haut, & qui aura depuis 4 pieds
& demi juſqu'à 6 pieds de profondeur, ſuivant
que les eaux le permettront. Les terres que l'on en
tirera, formeront, en conſervant les 6 pieds de
berme, la digue deſtinée à ſoutenir l'inondation
ſur ſa longueur, & l'on rabattra cette digue de
maniere à ne laiſſer aucun couvert à l'ennemi.

Si je manque de brouettes, je fais un ſecond
foſſé pareil à celui-ci au pied du retranchement,
& en ce cas il en ſuit les contours; ſinon je l'en
éloigne autant qu'il le faut pour que l'eſcarpe en
ſoit vue partout directement du parapet.

Le baſſin étant ainſi terminé par ſes bords, je
trace des retenues de deux en deux pieds de pente,
c'eſt-à-dire, ſuivant la ſuppoſition, de 100 toiſes en 100 toiſes. Ces retenues ſeront formées ſur
toute la largeur de la prairie par des digues de
terre, & ſur celle des foſſés par des batardeaux de
charpente. L'on verra dans un moment les raiſons
de cette diverſité.

La digue du bord commencera fur 3 pieds de hauteur, & finira fur 5. Celle qui traverfe, en fuppofant, comme on l'a fait, le fond du baffin de niveau, s'élevera partout de 5 pieds : elles ne doivent cependant foutenir que 4 pieds d'eau à l'endroit le plus profond ; ce qui fuffit pour qu'il en refte deux au pied de la retenue fupérieure : mais ce pied de plus eft néceffaire pour empêcher que le flot ne les furmonte.

Les terres des digues de retenues fe tireront d'un foffé creufé au deffus & auffi bas que ceux auxquels il communiquera par fes extrêmités. Je laiffe au moins 6 pieds de berme entre le pied des digues & l'efcarpe de ces foffés, dont le talud ne doit pas être moindre que de pied fur pied.

Le batardeau voifin du bord de l'inondation fera de l'efpece de ceux que j'ai annoncés, afin qu'on ne puiffe paffer pardeffus ; & comme il n'aura aucune dégradation à craindre des eaux, il fuffira au moins fur une partie de fon étendue qu'il en affleure la furface. Il fervira ainfi de reverfoir en cas de befoin.

A l'égard de l'autre, il fera d'une conftruction différente. Une fimple vanne pratiquée au milieu fera, fans augmentation de dépenfe, le même effet qu'une éclufe qui coûteroit beaucoup. Cette vanne fuffira, étant levée, pour remplir en peu de temps les foffés qui communiquent entre eux par le pied des digues ; en la baiffant & rejettant la riviere dans fon ancien lit, elle fervira de reverfoir aux eaux étrangeres ; enfin lorfque l'on voudra former l'inondation , quelques bouts de madriers coulés dans les rainures la foutiendront à la hauteur déterminée.

La feule objection que je crois qu'on puiffe faire contre cette méthode , eft celle de la perte des eaux caufée par leur filtration à travers la digue latérale. Comme elles ont peu de hauteur , & qu'en proportion cette digue eft très-épaiffe , la chofe ne paroît guere probable : mais en fuppofant cette filtration prétendue, on ceffera de la regarder comme un inconvénient, fi l'on fait attention que dans la liberté où l'on eft de difpofer de telle partie que l'on veut des eaux de la riviere, rien n'empêchera d'en tirer affez pour y fuppléer.

Si l'on craignoit en ce cas que les vannes ne puffent fuffire, on baifferoit de quelques pouces la partie des batardeaux deftinée à fervir de reverfoir ; obfervant de la tenir moins baffe, à mefure que l'on s'éloigneroit en defcendant. Au refte, l'on voit affez, fans que je le dife, de quelle conféquence il eft de fe bien affurer de l'entrée des eaux , puifque c'eft delà que tout dépend.

L'on voit de même fans doute que cette méthode eft également bonne pour couvrir une ligne entiere par des inondations, & pour remédier aux parties défectueufes de celles qui font conftruites fuivant l'ufage ordinaire.

C. Ch. Riolet sculp.

CHAPITRE DIXIEME.

I. Des retranchemens à faire à l'occasion d'une riviere. II. Projets d'ouvrages pour la passer de vive force. III. Pour la repasser en présence de l'ennemi. IV. Autre projet. V. Exemple à ce sujet. VI. Précautions à prendre pour en empêcher le passage. VII. Réflexions sur les épaulemens que M. de Folard propose. VIII. Suite de ces réflexions & projets de l'Auteur. IX. Autres projets de M. de Folard.

I. LES différentes opérations auxquelles un Général peut être obligé, lorsqu'il est près d'une riviere, soit pour la passer ou la repasser, soit pour en disputer le passage à l'ennemi, donnent lieu à la construction de divers ouvrages qui feront la matiere de ce chapitre. Ces ouvrages sont rarement assez étendus pour devoir être mis au rang des lignes : mais comme leur figure en approche plus que celle des autres, qu'ils servent de même, quoique successivement, à toute l'armée, & que l'on ne sçait par ces raisons en quelle classe les mettre, j'ai cru ne pouvoir mieux les placer qu'à la suite de ceux de ces retranchemens qui sont couverts par des rivieres diguées ou par des inondations.

Au reste, je ne parlerai ici que des ouvrages

mêmes, ne touchant que le moins qu'il me fera possible aux autres circonstances uniquement relatives aux mouvemens des troupes. L'on a pu remarquer que c'est une loi que je me suis imposée, tant pour ne pas sortir de mon sujet, que pour éviter de répéter inutilement ce que d'habiles gens en ont écrit ; car si rien, ou presque rien n'a paru sur le genre de fortification que j'ai pris pour mon objet, il n'en est pas de même des autres parties de cette espece de guerre, qui toutes ont été traitées de façon à laisser peu de choses à désirer. Quand ces écrits ne seroient point aussi connus qu'ils le sont, ce que j'en ai cité, & ce que j'en citerai encore, suffiroit pour convaincre de cette vérité.

II. LORSQU'IL est question de passer de vive force une riviere, qu'on la traverse par des gués naturels, ou que les moyens dont nous parlerons au Traité suivant ayent rendu praticables, que ce soit en bateau, sur des radeaux, ou à la nage, il est toujours indispensable, dès que les premieres troupes ont passé, & qu'elles commencent à se retrancher, de se procurer une communication plus commode & plus sûre.

Il faut donc au moins jetter un pont : mais quand on s'en tiendroit à un seul, un fort tel que ceux que nous avons décrit au chapitre II, ne suffiroit pas ; en ce que sa capacité n'étant point assez grande pour contenir ce qu'il doit passer de troupes, les premieres qui arriveroient, embarrasseroient

dans la défenſe, ou courroient riſque d'être en-
levées ſur la contreſcarpe même.

Indépendamment de cet ouvrage qui ſera plus
que ſuffiſamment garni à 8 hommes par toiſe de
développement, & où le reſte des troupes ne doit
que défiler, l'on ne peut donc ſe diſpenſer de
chercher un terrein ſur lequel elles ſe retranchent
en terre, ou ſe barricadent avec des abattis ou
des chevaux de friſe, à meſure qu'elles débouche-
ront.

Ce champ de bataille, ou plutôt cet entrepôt,
ne peut, ce me ſemble, être mieux placé qu'en
deux parties ſur les flancs de la piece, qui les débordant, les protégera de ſon feu. Sans cette circonſtance on ne pourroit leur donner trop de
profondeur: j'eſtime qu'elle ne peut être moindre
que de 60 toiſes pour que les troupes qui y ſont
poſtées ne ſoient point embarraſſées dans leurs manœuvres par celles qui fileront ſur leurs derrieres.

Comme ces retranchemens s'alongent à proportion du nombre de ceux qui y entrent, l'on
voit qu'ils ne peuvent être fermés par une de leurs
extrêmités. Monſieur le Marquis de Santa Cruz
propoſe, pour y remédier, de ſe traverſer à chaque diſtance de 5 ou 600 pas par une coupure
tirée de la ligne à la riviere, ou d'y ſuppléer par
une redoute.

Cette précaution ne peut être que bonne, mais
voilà le terrein coupé, ou embarraſſé & diminué.
Si la riviere eſt étroite, l'on peut, je crois, ſe diſpenſer de ce ſurcroît de travail, en ce que l'ennemi

ne pourroit attaquer par-là fans prêter le flanc
au retranchement qui doit avant toutes chofes,
avoir été fur la rive oppofée.

Il eft, finon indifpenfable, du moins très-né-
ceffaire, fuivant ce judicieux Auteur, de conftruire un deuxieme pont dès que le premier eft
achevé, ne fût-ce que pour éviter le péril où fe
trouveroit ce qui auroit paffé la riviere, fi quelque accident caufé par l'artillerie ou autrement,
dérangeoit le premier, de maniere à couper la
communication.

Pl. XXVIII. Le retranchement dont nous venons de parler
doit alors être compris en entier, ou du moins en
partie, entre leurs deux têtes : l'on retire même
delà un grand avantage, qui eft qu'en cas de rup-
ture d'un des ponts, le refte de l'armée peut non
feulement marcher au fecours de l'ouvrage qui le
couvre, mais encore qu'en fuppofant cette ligne
finie, elle ne craint point d'être prife en flanc.

Les têtes de ponts ont des portes, parce qu'elles doivent fubfifter au moins pendant quelque
temps, & qu'il faut d'ailleurs qu'elles communiquent de droite & de gauche; mais l'on n'en fait
point aux parties de lignes qui y aboutiffent. Lorfque toute l'armée, ou du moins un nombre à peu
près égal à celui qu'elle a en tête, eft paffé avec
de l'artillerie, fi l'on veut s'avancer dans la campagne, les troupes, chaque corps devant foi, ra-
battent en pente douce le parapet & la contrefcarpe dans le foffé, pour fortir en bataille & éviter par-là le danger d'être chargées en défilant.

L'on

L'on voit combien la vigilance & l'attention
font néceffaires dans une entreprife auffi hafar-
deufe que celle qui fait le fujet de cet article. Il
faut par quelque manœuvre adroite avoir écarté
l'ennemi, pour avoir le temps d'élever le retranchement & les batteries deftinées à lui défendre
l'accès du lieu où aboutiront les ponts : ce retranchement doit être dans un emplacement favorable, tant par quelque fupériorité, que par un coude de la riviere qui aide à croifer les feux en avant.
Enfin des troupes qui font fur l'autre rive, une
moitié doit travailler, chacun ayant fes armes à
deux pas devant foi, & l'autre la couvrir en bataille. Les uns doivent relever les autres d'heure
en heure ; & fi l'ennemi marche à eux avant que
les parapets foient formés, c'eft des foffés même,
où ils feront mieux couverts par la contrefcarpe,
qu'ils doivent fe défendre, en quoi ils feront mieux
aidés par le feu de l'autre rive qu'ils cefferont par-
là de mafquer.

III. De toutes les opérations militaires, la plus
délicate feroit peut-être celle dont on vient de
parler, fi l'on n'étoit quelquefois obligé de repaffer des rivieres en préfence de l'ennemi, &
par conféquent à portée d'en être chargé en
queue dans un temps où une partie de l'armée ne
peut plus être fecourue par l'autre.

Peu d'Auteurs ont traité de cette matiere importante. M. de Feuquieres veut qu'on fe renferme dans de bonnes lignes dont les extrêmités

Y

appuyées à la riviere soient flanquées du feu de quelques grosses redoutes placées sur la rive opposée; que les ponts, car il en suppose plusieurs, & l'on ne peut effectivement trop en avoir dans une situation si critique; que les ponts, dis-je, soient d'ailleurs enveloppés d'un second retranchement bien garni d'infanterie, & cela indépendamment d'un redan qui, pour faciliter la levée de ces ponts, peut couvrir la queue de chacun d'eux en particulier.

Voici les précautions qu'il prescrit d'ailleurs: elles n'ont qu'un rapport indirect à la fortification; mais on verra bientôt qu'elles ne sont point inutiles ici. *Les gros & menus bagages, dit-il, doivent avoir précédé d'un temps considérable la marche de l'armée; la cavalerie doit aussi précéder la marche de l'infanterie. La premiere infanterie qui passe la riviere doit être postée & retranchée sur l'autre bord dans les redoutes qui doivent protéger les flancs de l'armée. Rien ne doit être vu marcher par l'ennemi, afin qu'il ne prenne pas le temps de la marche pour attaquer, parce que le désordre est fort à craindre en pareil cas; & si l'ennemi est à la vue du camp, il ne faut marcher que de nuit, après pourtant que les seconds retranchemens, les redans & redoutes auront été garnis de jour, pour éviter le désordre. Ce temps doit pourtant être pris de maniere que ce mouvement ne puisse point être vu par l'ennemi.*

C'est sur ces instructions que je dresserai le projet que je vais rapporter; mais je ne crois pas devoir m'y conformer bien scrupuleusement.

Ces ouvrages inscrits l'un dans l'autre, & par

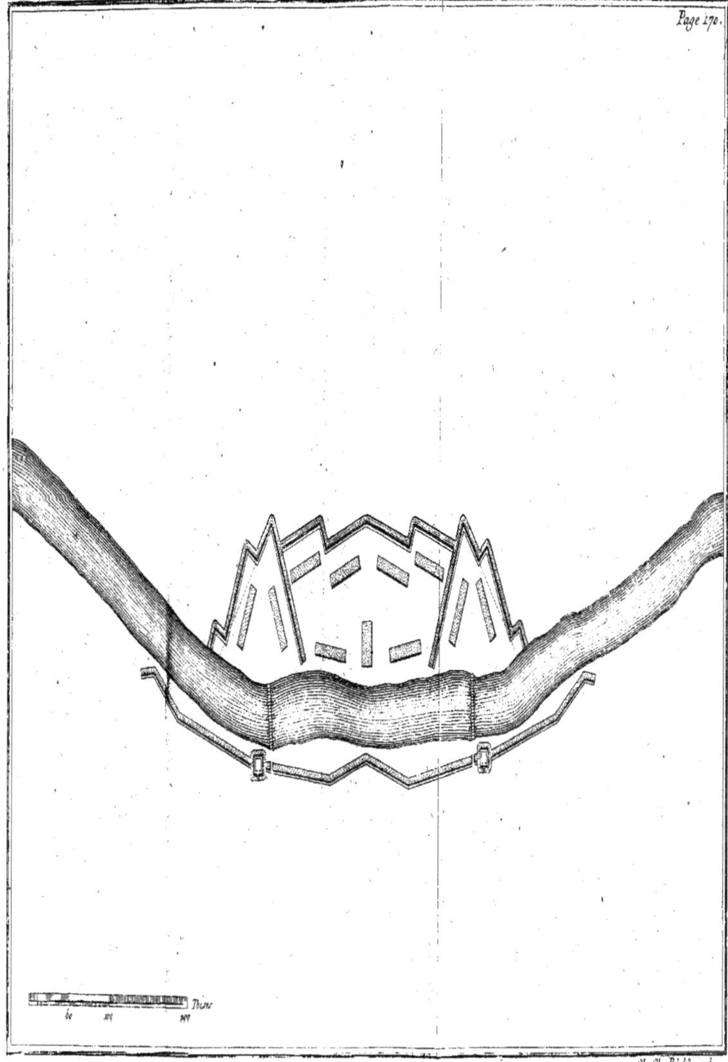

Cl. Ch. Riolet sculp.

conféquent de différente capacité, font évidemment faits pour que celui où les troupes fe retirent fucceffivement, à mefure qu'elles diminuent en nombre, puiffe être fuffifamment garni; car lorfqu'il ne refte plus, par exemple, que fix ou huit bataillons, il eft clair qu'ils feroient forcés dans le vafte retranchement qui contenoit toute l'armée, au lieu qu'ils font en état de fe foutenir dans les têtes ou lunettes des ponts. Or je trouve que la différence de capacité de la ligne à ces pieces eft trop grande pour qu'un feul retranchement intermédiaire fuffife.

Si l'on n'étoit pas maître de l'autre rive, ce qui eft rare, & fuppoferoit une grande fupériorité de troupes à l'ennemi, il ne feroit plus queftion feulement de repaffer une riviere ; à la difficulté de cette opération, il fe joindroit encore celle d'un paffage de vive force : mais comme ce n'eft pas le cas dont il s'agit, les redoutes que M. de Feuquieres propofe d'y élever, ne font propres qu'à affurer la tête des ponts contre les furprifes, ou qu'autant que l'on craint d'y être inquiété, avant que d'être en force, par quelques troupes légeres. L'on doit donc leur préférer, ou plutôt y ajouter, car cette précaution eft toujours bonne, une fimple ligne qui formera la communication de la droite à la gauche, & flanquera d'un bien plus grand feu tout ce qui fera à fa portée.

IV. Je paffe au projet que je viens d'annoncer

 & que je ne décris point, parce que la planche suffit pour en donner l'intelligence. Je suppose non seulement avec M. de Feuquieres que l'on s'est débarrassé généralement de tous ses équipages, mais encore que l'on a fait passer ce que l'on juge avoir de trop de cavalerie avec l'infanterie destinée à border le retranchement de l'autre rive. Cette infanterie peut n'être que de quatre bataillons; je la suppose de six.

Si l'on craint de trop s'affoiblir par ces détachemens, l'on attendra, pour les faire partir, que la ligne extérieure mise en certain état de défense, supplée à cette diminution de forces.

Ce retranchement & les divers ouvrages qu'il doit contenir, étant achevés, la troisieme ligne commencera la retraite, & sera suivie de la seconde, c'est-à-dire du reste de la cavalerie. Des cinquante & un escadrons, dix-sept passeront par le pont le plus à portée.

Ce mouvement se fera de nuit pour en dérober la connoissance à l'ennemi. Cependant s'il le découvroit, & qu'il prît ce moment pour attaquer, ce qu'il feroit par le centre, pour éviter le feu du retranchement d'au-delà de la riviere, l'infanterie des extrêmités de la ligne séparées par les traverses, devroit abandonner son poste pour remplacer la cavalerie dans la partie du centre.

Mais si tout reste tranquille, ces douze bataillons défileront successivement, quatre par chaque pont.

Les six bataillons en colonne du reste du

retranchement fe mettront enfuite en marche. Ils feront fuivis toujours, un tiers par chaque pont, des vingt-quatre autres.

L'on peut, pour plus grande fûreté, ne déplacer ces troupes qu'alternativement, c'eft-à-dire de deux corps l'un, pour que ce qui en refte puiffe, en s'étendant, border le parapet. Elles peuvent même fe dédoubler, les bataillons étant fuppofés ici fur fix hommes de hauteur.

L'on n'occupera donc plus alors que les redans & les retranchemens qui s'y appuient. On les évacuera de même en commençant par ces retranchemens, & on ne laiffera dans chaque réduit que deux compagnies de Grenadiers, qui d'abord que l'on aura replié ou coupé les ponts, fe retireront dans des bateaux garnis de perches & de rames, & tirés d'ailleurs de l'autre bord chacun par deux ou trois cordes.

Ces réduits doivent être formés par deux rangs de paliffades, éloignés d'un pied, & fortifiés, fi on le juge à propos, d'une troifieme file de paliffades inclinées.

L'on voit que les troupes occupant par degrés des retranchemens proportionnés à leur diminution, font toujours en état de les garnir, & par conféquent de les défendre.

Elles feront d'ailleurs vigoureufement foutenues du feu de l'autre bord de la riviere, dont les batteries découvrent de près les flancs de la ligne, les traverfes & les faces des redans. Ces dernieres pieces, ainfi que leurs réduits, font encore flanqués par la mousqueterie, tant des six bataillons, que de ceux qui auront passé avant qu'il ne soit question de les défendre.

C'est pour donner au canon l'avantage de raser de plus près les flancs de la ligne & ses traverses, que je les ai tracés en crémaillere.

Quoique ce camp ne suppose que soixante bataillons, il suffiroit pour quatre-vingts, en remplaçant par de l'infanterie vingt escadrons de la seconde ligne, à qui l'on feroit repasser la riviere d'abord que les ouvrages seroient en état de défense. Cette cavalerie se tiendroit en attendant à droite & à gauche du retranchement extérieur où elle seroit couverte de front par le feu des branches, & en flanc par celui du bord opposé. L'on pourroit d'ailleurs pour plus de précaution, y élever quelques redoutes.

Si l'on m'objecte que ce projet exige un grand travail, je répondrai qu'il s'agit du salut d'une armée, & qu'il n'est question après tout que d'avoir des outils ; car il y a plus de troupes qu'il n'en faut pour l'exécuter en bien peu de temps & sans les déplacer. A l'égard du retranchement d'au-delà de la riviere, si l'une des rives est de niveau avec l'autre, ou que celle qu'il occupe soit plus élevée, il suffit de le creuser en forme de tranchée, en jettant les terres en dehors, ce qui abrege beaucoup. De quelque maniere que ce soit, on observera de le commencer par ses extrêmités, parce que ces parties destinées à défendre les flancs de la ligne extérieure sont celles

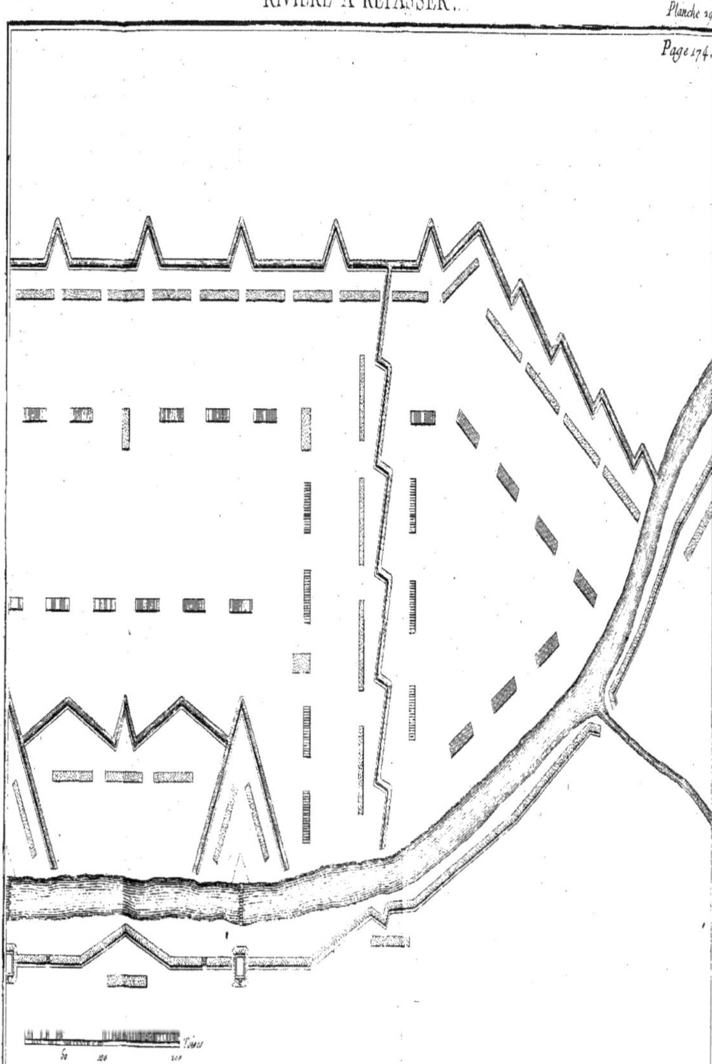
Planche 29.
Page 174.
Toises
50   100   200
Pl. Ch. Riolet sculp.

dont on peut le plutôt avoir befoin. Pour les
batteries, loin d'être enterrées, elles doivent être
élevées & placées de façon à découvrir au loin
en avant.

V. La maniere dont l'armée commandée par
M. le Prince de Conti a repaffé le Rhin en 1745,
eft un fi bel exemple à fuivre, que je n'aurois rien
propofé de plus, fi les conjonctures étoient toujours les mêmes. Voici une relation des principales circonftances de cet événement, dreffée fur ce
que le Chevalier de Clairac, mon neveu, préfent
à cette action, m'écrivit.

L'aîle droite de notre armée appuyée au ruif- Pl. XXXI
feau & aux marais d'Hoffeim, étoit couverte par
des redans de grandeur à contenir chacun un bataillon. L'on occupoit d'ailleurs le village de
Bobftatt, à portée duquel font les feuls débouchés par où l'ennemi pût entrer dans la plaine.

La gauche appuyée à des marais impraticables,
& couverte par la petite riviere de Weifchnitz,
n'étoit acceffible que par la chauffée & le pont
de Wattenheim, gros village vers l'extrêmité de
la ligne.

Pendant que l'on élevoit les redans de la droite
& quelques autres vers Bobftatt, on conftruifoit cinq redoutes à quelque diftance de la queue
des deux ponts que l'on avoit jettés au deffus de
Rhindurkheim. Ces redoutes étoient difpofées de
maniere que l'ennemi ne pouvoit pénétrer qu'a-
près les avoir toutes forcées; ce qui étoit d'autant

plus difficile & d'autant plus long, qu'elles étoient bien gardées, se soutenoient réciproquement, & ne pouvoient être attaquées que les unes après les autres.

On avoit envoyé au-delà du Rhin les gros & menus équipages. Ces différens ouvrages étant achevés, le lendemain au point du jour, quelques troupes de cavalerie, un Régiment de Huffards & les compagnies franches furent se mettre en bataille entre Bobstatt & le ruisseau, & la brigade de Bretagne infanterie, destinée à faire l'arriere-garde, se posta dans les haies d'au-delà de Nordheim, après quoi l'armée qui étoit avant le jour en bataille à la tête du camp, commença à défiler sur cinq colonnes, trois d'infanterie par bataillons de front, & deux de cavalerie. L'artillerie divisée en quatre parties étoit dans les intervalles.

Les troupes qui gardoient les débouchés de Bobstatt s'étant ensuite mises en marche, un détachement de 6000 Huffards, Croates ou Pandoures commandés par le Général Trips, les attaqua & fit même plier quelques escadrons qui, se rejettant sur les autres, les mirent en désordre ; mais le tout se rallia bientôt derriere un renfort de cavalerie que l'on y envoya du corps de l'armée, & qui rejoignit sa colonne après avoir arrêté les ennemis.

Ils furent encore moins heureux sur leur droite. Ceux qui passerent à Wattenheim, quand on l'eût abandonné, furent vigoureusement repoussés

devant

devant Nordheim, après quoi ayant entrepris de suivre les troupes qui se retiroient de ce poste, le feu des premieres redoutes les arrêta , & la brigade de Bretagne faisant brusquement volte-face, les reconduisit la bayonnette dans les reins jusqu'à ce village.

Cependant l'armée défiloit tranquillement. Lorsque le corps de bataille & l'artillerie furent au-delà du Rhin, l'arriere-garde le passa , ainsi que les gardes des redoutes que l'on évacua successivement.

Nous n'avions plus au-delà de la riviere que 15 compagnies de Grenadiers qui bordoient le retranchement de la queue des ponts. Ils en sortirent alors, à l'exception de 100 hommes qui y resterent jusqu'à ce que ces ponts furent repliés; ce qui s'éxécuta très-vîte, mais avec si peu de succès, que la violence du vent & du courant ayant rompu les cables, on fut obligé de brûler une partie des bateaux.

Dès que les ponts furent à une certaine distance du bord, les 100 hommes mirent le feu aux portes, c'est-à-dire aux amas de fascines & d'autres bois goudronnés dont on venoit de les masquer ; ce qui empêchant qu'on n'y passât, donna le temps à cette petite troupe de s'embarquer dans les bateaux qui l'attendoient.

Cette belle retraite faite en huit heures sans la moindre confusion, ne nous a coûté au plus que 200 hommes, tant tués que blessés ou prisonniers; & les ennemis y en ont perdu plus de mille.

Z

Il n'y a, je crois, guere d'exemples que l'on ait
paſſé en plein jour une riviere telle que le Rhin,
ſuivi d'une armée conſidérable, compoſée en partie de troupes légeres & entreprenantes, avec tant
d'ordre & ſi peu de perte. Le choix du camp,
l'attention à s'emparer ſucceſſivement de tous les
poſtes favorables, la diſpoſition des troupes toujours à portée de ſe ſoutenir mutuellement, celle
de l'artillerie, des redoutes, des ouvrages, enfin
bien d'autres circonſtances de détail que les bor-
nes que je me ſuis preſcrites m'obligent à ſuppri-
mer, tout caractériſe bien un Général ſi digne de
l'être : mais je ne dois m'attacher ici qu'à ce qui
eſt plus particuliérement de mon ſujet.

Les cinq redoutes capables, par leur poſition,
de couvrir un corps nombreux, faiſoient en quelque ſorte l'effet de ma ligne extérieure. Les ponts
étoient embraſſés par une ſeule piece, mais de
grandeur & même de figure à tenir lieu de deux
redans & du retranchement intermédiaire. La
courtine en étoit briſée, parce que les parties ſaillantes étoient ſi éloignées l'une de l'autre, qu'on
avoit beſoin de ces nouveaux flancs ; enfin deux
batteries ſur la rive oppoſée défendoient l'accès
de cette tête.

Ces ouvrages, bien moins conſidérables par leur
étendue que par la ſageſſe de leur diſpoſition, ſuf-
fiſoient donc pour aſſurer la retraite d'une armée
brillante, bien conduite, pleine de confiance &
de courage : ainſi ce que l'on pouvoit faire de plus
auroit été de trop. Mais s'il m'eſt permis de dire

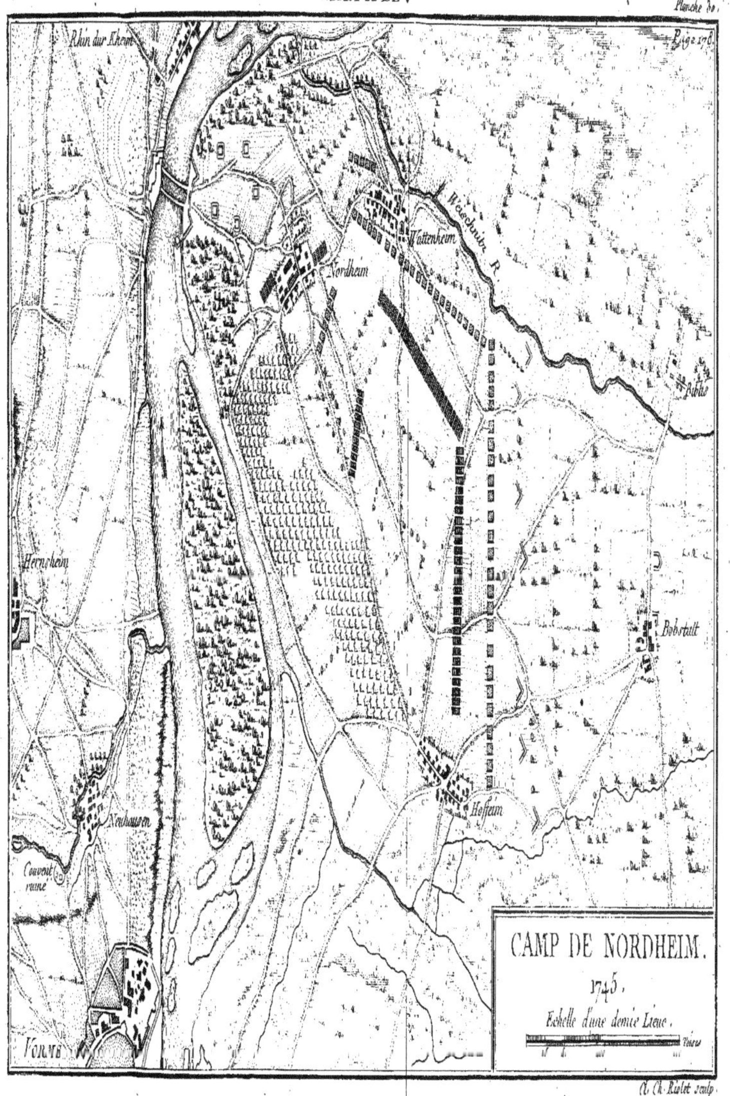

Planche 8o.
Page 178.
Rhin dur Rhem
Voron
Wattenheim
Weienheim R.
Nordheim
Hernsheim
Aibtte
Bobstatt
Neuhausen
Hessem
Couvent ruine
CAMP DE NORDHEIM.
1745.
Echelle d'une demie Lieue.
Toises
A. Ch. Rielet sculp.

ce que je penſe , je crois que M. d'Artus qui les dirigeoit, ne s'en feroit pas tenu là , s'il avoit été queſtion d'une armée battue , découragée, & où l'on auroit eu par conſéquent à craindre que l'ordre ne ſe fût pas maintenu exactement. Or, dans ce dernier cas, je penſe que mon projet feroit plus convenable.

VI. Apre's avoir traité aſſez en détail ce qui concerne le paſſage des rivieres , l'on auroit bien lieu de m'accuſer de négligence, ſi je ne diſois rien ſur les moyens de l'empêcher.

N'eſt-ce point un paradoxe trop hardi que d'avancer que l'une de ces opérations n'eſt guere plus aiſée que l'autre ? Cependant cela eſt exactement vrai , ſinon en ſoi, au moins par les circonſtances. Rien n'eſt plus difficile que de paſſer lorſque l'ennemi bien informé s'y oppoſe ; la choſe eſt même moralement impoſſible, s'il ſe loge le premier ſur l'une des rives : mais rien n'eſt auſſi plus difficile que d'empêcher qu'il ne paſſe , ſi en beaucoup d'endroits éloignés les uns des autres, il y a des gués ou des lieux propres à jetter des ponts, parce que l'on ne peut, ſans réduire à rien ſon armée, les garder tous, & qu'en ce cas, comme l'obſerve M. de Feuquieres, *le Général qui s'étend le plus , eſt celui qui s'oppoſe le moins efficacement.*

Ce que l'on a , ſelon moi, de mieux à faire en cette occaſion , c'eſt d'élever de petites redoutes, non ſeulement dans ces lieux ſuſpects, mais encore entre deux , & aſſez près l'une de l'autre pour former une chaîne de fentinelles & de patrouilles. Quand on a le pays pour foi, une quinzaine de payfans que l'ouvrage mettra hors de rifque d'être furpris & enlevés de nuit par un parti qui traverferoit en bateau, fuffit pour chacune. Dès qu'ils découvrent quelque mouvement extraordinaire, ils font un fignal convenu, qui fe répétant diligemment de pofte en pofte, paffe dans un moment fur la droite & fur la gauche, aux corps les plus voifins, & les met à même d'arriver à temps.

C'eft ce que j'ai vu pratiquer en Alface pendant les deux dernieres guerres. Lorfqu'il y a quelque ifle à portée, il faut, en cas qu'elle puiffe nuire, la faire occuper par des troupes couvertes de quelque ouvrage, ou du moins en rafer les bois & les buiffons, pour qu'il ne s'y paffe rien qu'on ne le voye. Si en 1735 l'on n'avoit pas négligé cette précaution à Spire, les Impériaux n'auroient pas brûlé, près du port de cette ville, avec des bombes & des boulets rouges, nos magafins de fourrages, qui heureufement n'étoient pas confidérables.

Je fuppofe, en prefcrivant ces précautions, une riviere profonde. Quand elle ne l'eft point partout, l'on doit, autant qu'il fe peut, y ajouter celle d'embarraffer, de rompre ou de creufer les gués de la maniere que je l'indiquerai au Traité fuivant. Dans l'un comme dans l'autre de ces cas, s'il n'y a qu'un certain nombre d'endroits d'un abord facile, le mieux fera d'élever encore à l'avance un retranchement fur la rive , pour que les troupes qui marcheront au bruit ou à la vue du fignal, n'aient qu'à y entrer en arrivant.

Ce retranchement toujours utile eft fouvent d'une néceffité abfolue ; car fi l'ennemi arrive avec un train confidérable d'artillerie, en même temps que celle de vos troupes qui feront le plus à portée, il eft à préfumer que ne pouvant en foutenir le feu, elles feroient, fans cela, bientôt forcées de lui abandonner le terrein.

VII. Je trouve fi peu de projets à citer, qu'il y auroit de l'affectation à paffer fous filence ceux que M. de Folard propofe à ce fujet, quoique le premier ne me paroiffe pas énoncé affez claire-ment.

Le meilleur eft. . . . dit-il, de faire de puiffans épau-lemens en croiffant ou en ligne courbe , à 80 ou 100 toifes des endroits où l'on foupçonne que l'ennemi peut paffer. Il faut que les deux cornes ou les deux extrêmités de la cour-be foient à 20 toifes du bord de la riviere, qu'elles ne puif-fent être enfilées du canon de l'ennemi, & qu'elles embraf-fent un affez grand terrein pour mettre extérieurement à couvert un grand corps de cavalerie & d'infanterie. Cet épaulement doit être de 7 à 8 pieds de hauteur , les terres jettées du côté de l'ennemi , comme nous faifons nos tran-chées, & qu'il foit en rampe douce. C'eft derriere ce petit rideau de terre , & à couvert de la furie du canon ennemi , qu'on l'attendra au débouché.

Lorfque l'ennemi paffé en certain nombre commencera à fe former malgré le feu de ce

croiſſant qui, comme l'obſerve l'Auteur, le prendra de toutes parts de front & d'écharpe, *la cava-*
lerie montera. . . . à cheval, & marchera à l'ennemi avec
un Grenadier en croupe, qui mettra pied à terre lorſqu'il
en ſera à une certaine portée, pour former des pelotons de
50 Grenadiers chacun, qui s'introduiront entre les eſpaces
des eſcadrons pour combattre avec eux.

Ce dernier paſſage augmente mes doutes,
& j'avoue naturellement que je n'entends pas
bien cet article. Il peut y avoir de ma faute;
quoiqu'il ne fût pas étonnant que dans un ouvrage de ſi longue haleine & écrit avec tant de feu,
un Auteur plein de ſon ſujet, ne fût point partout
également intelligible.

La figure, loin de m'éclairer, ne feroit qu'ajouter à mon embarras par le peu de profondeur du
retranchement, eu égard à l'abattis & au nombre
de troupes que l'on y voit en bataille, ſi je ne
m'étois aſſuré que, ſans en prévenir le Lecteur,
l'on s'eſt ſervi de la même planche pour l'explication de deux manœuvres différentes.

Je n'ai donc rien à dire à cet égard, ſi ce n'eſt
que l'enfoncement ou la profondeur de la courbe
étant déterminés à 80 ou 100 toiſes, elle s'applatira à proportion du plus de monde que l'on
voudra qu'elle couvre extérieurement; que plus
elle s'applatira, moins l'ennemi y ſera battu en
flanc; enfin qu'en ſuppoſant même la figure ellip-
tique, le centre ne le ſera que de front par la mouſqueterie, ſi le grand axe excede 240 toiſes, c'eſt-
à-dire deux portées de fuſil.

La rampe douce des terres de l'épaulement indique affez que c'eft en paffant pardeffus que l'on doit attaquer; ce qui eft d'autant mieux imaginé, au moins pour l'infanterie, qu'on le fera ainfi de toutes parts à la fois, & qu'il y aura une partie des troupes couverte du feu de l'autre rive par l'ennemi même: mais à quoi fervent en ce cas ces paffages de 20 toifes laiffés le long de la riviere?

Enfin, fi ces troupes font derriere cet épaulement deftiné à les couvrir, qu'eft-il befoin, pour un trajet de quelques pas, de faire monter des Grenadiers en croupe? Il faut que ce ne foit pas celles-là, mais d'autres qui marcheront pour les renforcer, que l'on ait ici en vue.

Quoi qu'il en foit, je dois ajouter qu'il n'a pas dépendu de moi d'être mieux inftruit, ayant eu recours à l'Auteur même; mais après avoir long-temps attendu, n'en ayant pas reçu les éclairciffemens qu'il avoit bien voulu me promettre, j'ai été obligé de paffer outre. Je dis ceci pour ma juftification; car l'on n'eft, ce me femble, point pardonnable de citer des paffages obfcurs, & de fe plaindre de leur obfcurité, lorfqu'il ne s'agit que de parler ou d'écrire pour en avoir l'explication.

VIII. Je ne le ferois guere plus de rapporter des idées que je regarde comme imparfaitement exprimées, fi je ne mettois par-là à même d'en tirer l'utilité que l'Auteur fe propofoit, & que j'y trouverois peut-être fi je les comprenois mieux.

Voici de quelle maniere je penfe que l'on peut

se conduire pour remplir ses vues. La figure courbe proposée par M. de Folard, quoique peu usitée, est convenable ; mais il y faut du choix & de l'attention. Plus la courbe sera insensible, & plus il sera facile de se conformer à une loi essentielle qu'il impose, qui est que l'extérieur en soit partout défilé. D'ailleurs l'ordre de bataille en sera moins dérangé, le front des troupes qui doivent la border, au moins en partie, sans quoi elles seroient vues d'écharpe, approchant plus par-là de la ligne droite.

Il faut conséquemment rejetter l'ellipse, comme ayant des parties dont la courbure est trop marquée ; & à plus forte raison le demi-cercle qui, outre cet inconvénient, ne pouvant, comme on l'a vu, avoir que 80 ou 100 toises, c'est-à-dire la petite portée du fusil de rayon, ne formeroit point un épaulement assez étendu.

Pl. XXXI.
Fig. 1.

Le premier des projets que je donne est construit d'après ces idées. C'est un segment de cercle de 128 toises de rayon, & de quatre-vingts toises de fleche ; ce qui en détermine la corde à un peu plus de 126 toises.

Cette méthode est bonne en ce que les feux, se rapprochant à mesure qu'ils s'éloignent de la circonférence, ne peuvent que faire un grand effet, tant sur ce qui a passé, que sur ce qui passe ou qui s'approche de la rive opposée ; mais il n'est point aisé dans la pratique de tracer des portions de cercle de cette grandeur.

Pl. XXXI.
Fig. 2.

On lui préférera peut-être par cette raison la

seconde

feconde figure. L'ouverture en eft de 240 toifes ; la ligne du milieu, longue de 60, eft parallele à la riviere, dont elle eft à 80 toifes de diftance.

Cette ligne & celle des côtés étant droites, les feux de chacune font paralleles entre eux ; mais il s'en croife une partie confidérable dans les lieux où ceux du fegment de cercle du premier projet s'approchent & s'uniffent, ce qui n'eft peut-être pas moins avantageux.

Si l'on n'en juge pas de même, on pourra approcher de la ligne circulaire autant qu'on le voudra, en divifant la corde en autant de parties que l'on aura deffein de donner de côtés à la figure infcrite, & déterminant par le calcul ou par l'échelle la longueur des perpendiculaires.

Pl. XXXI. Fig. 3.

Quelque parti que l'on prenne, l'effentiel fera toujours de couvrir l'extérieur de l'ouvrage de maniere qu'il ne puiffe être vu de la rive oppofée qu'à 400 toifes au moins de diftance ; ce que l'on juge fuffifant eu égard à la portée des pieces de campagne, & à l'incertitude des coups tirés de plus loin.

Cela ne peut fe faire que par des épaulemens dont la longueur dépendra de la configuration du lit de la riviere. Si elle forme un rentrant vers le bord que l'on occupe, ils feront plus courts, fi le coude eft en fens contraire, il les faudra plus grands. On fuppofe ici fon cours en ligne droite.

Ces épaulemens doivent être difpofés de façon que l'on puiffe manœuvrer derriere les extrémités de l'ouvrage fans en être gêné, c'eft-à-dire fans que les files de troupes ceffent d'être quarrément fur leur front. C'est dans cette idée qu'au dernier projet je les ai fait perpendiculaires aux côtés. Le crochet parallele à la rive est destiné, ainsi que les parties les plus voisines de droite & de gauche, à l'emplacement de l'artillerie, qui battra ainsi presque directement l'accès & le passage de la riviere, & le canon ennemi.

Il ne me reste qu'une observation à faire, c'est au sujet du profil de l'ouvrage même. Ces rampes douces que la cavalerie peut monter & descendre, ce qui est, je crois, le sens de l'Auteur, seroient bien avantageuses pour la faire déboucher en bataille ; mais on en trouvera la construction bien difficile, si l'on fait attention qu'en donnant 7 pieds & demi de hauteur à l'épaulement, il faudroit que chacune eût au moins 30 pieds de base ; ce qui, joint à l'épaisseur du sommet, feroit au moins 11 toises d'épaisseur par le pied, & 7 toises & demie de remblais par toise courante. Or indépendamment de la grandeur du travail, l'on voit quel seroit l'embarras de jetter si loin des terres, surtout ne les prenant que d'un seul côté, & combien le foffé ajouteroit à cette distance & à la longueur de la rampe.

Il est clair d'ailleurs que la moindre pluie rendroit un tel passage absolument impraticable.

L'on remédiera à tout en se conformant à ce qui suit. La partie de l'épaulement destinée à la cavalerie n'aura que le talud naturel, c'est-à-dire pieds sur pieds, mais une ou deux ouvertures, chacune de 36 pieds, & malquées à une diftance pareille ou proportionnée, lerviront de paffage.

L'épaulement n'aura devant l'infanterie que 6 pieds de hauteur, & fon talud fera de pied & demi fur pied, pour que les bataillons puiffent le franchir fans défiler.

L'on aura ainfi environ moitié dans l'un & deux tiers dans l'autre de ces cas, moins de terres à remuer, & on les prendra indiftinctement en dedans & en dehors; ce qui abrégera encore beaucoup, obfervant cependant de tenir l'excavation la plus large qu'il fe pourra, pour qu'elle ait moins de profondeur.

Les parados ou épaulemens des flancs, garantiront mieux du ricochet, fi on leur donne la hauteur du premier de ces profils, quand l'emplacement de l'infanterie feroit fur les côtés. Au refte il faut au moins 8 pieds de hauteur pour couvrir un homme à cheval, en le fuppofant à niveau de l'ennemi; circonftance que je fuppofe ici, & qui, comme on le voit, fans doute, doit en cela fervir de regle.

IX. Les autres projets de M. de Folard concernent ces coudes où celui qui fe défend ne peut s'engager fans être battu de front, en flanc, & quelquefois de revers.

Ils donnent fans doute à l'ennemi un grand avantage; mais, pour me fervir des termes de l'Auteur, il n'eft pas fi entier qu'on le diroit bien; car ces finuofités font au moins fur partie de leur étendue, enfilées & vues d'écharpe des points où commence leur courbure.

Pl. XXXI.
Fig. 3.

Pour profiter de cette circonstance il éleve à chacun de ces endroits une redoute capable de contenir 150 hommes avec du canon. Le reste dépend du plus ou du moins de troupes sur lesquelles on peut compter pour soutenir le poste.

Si l'on tient à portée un corps de cavalerie & d'infanterie assez considérable pour charger ceux qui entreprendront de le forcer, on lui préparera un abri contre le feu du canon de la rive opposée, en joignant ces ouvrages par un épaulement de l'espece de ceux dont on vient de parler. Il est ponctué sur la figure.

Mais si l'on n'a que de l'infanterie, & que le nombre de ces sinuosités ne permette pas d'employer à chacune des forces suffisantes par elles-mêmes, l'on tirera d'une redoute à l'autre une ligne dont le milieu sera couvert par une lunette qui y communiquera.

Enfin si l'on ne peut actuellement garder que les redoutes, il faut au moins qu'elles soient construites, palissadées & défendues de façon à donner le temps au secours d'arriver; ce qui doit s'entendre de même de la lunette & du retranchement.

J'ai cru pouvoir tourner les redoutes & tracer la ligne qui les joint de la maniere que j'ai jugé la plus propre à remplir leur objet; mais ce n'est qu'en cela que je m'écarte ici de ce que propose M. de Folard.

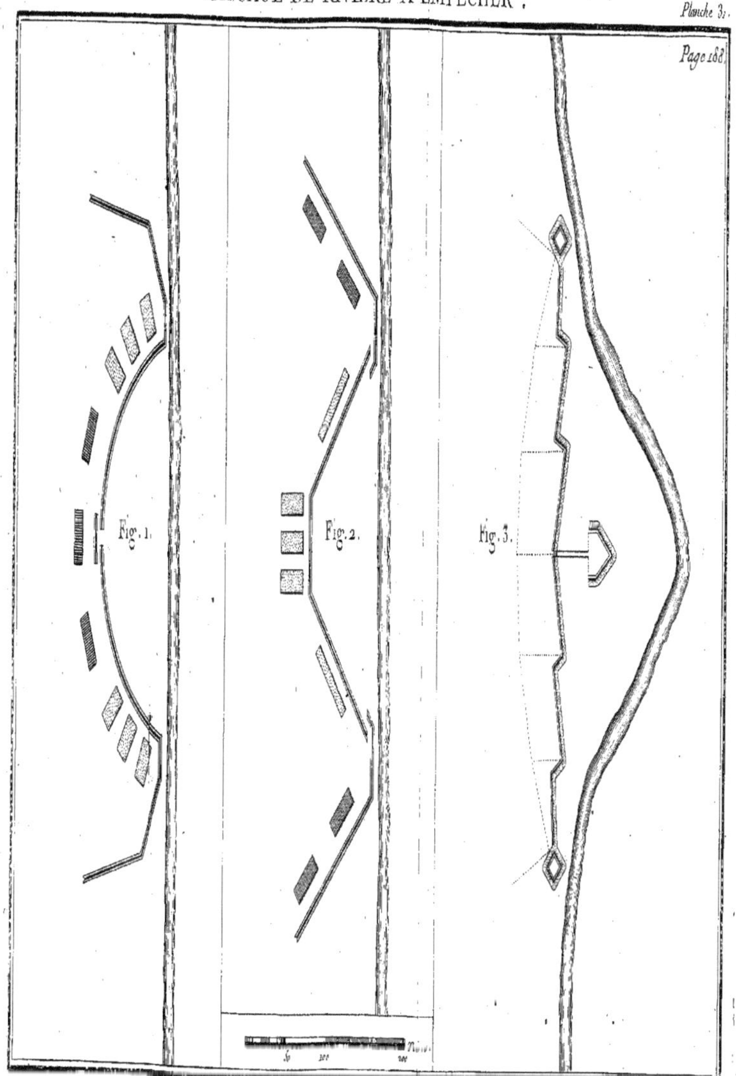

Planche 3.
Page 188.
Fig. 1.
Fig. 2.
Fig. 3.
Cl. Ch. Riolet sculp.

L'on doit au reste observer qu'il suppose, tant dans cet article que dans le précédent, la riviere guéable ; car si elle ne l'étoit pas , moins d'ouvrages suffiroient pour empêcher qu'on ne jettât un pont. Ses épaulemens feroient cependant encore très-propres à cet usage, puisque le pont fût-il achevé , il deviendroit inutile par la facilité que l'on auroit par-là de battre en détail les troupes qui entreprendroient d'y passer.

CHAPITRE ONZIEME.

I. *Des portes.* II. *Des communications.* III. *Des plates-formes.* IV. *Des épaulemens pour la cavalerie.* V. *Projets d'épaulemens retranchés.* VI. *Des latrines.* VII. *Maniere de couvrir les portes des lignes ordinaires.* VIII. *De couvrir celles de différentes especes de lignes proposées.* IX. *Avant-fossés : leurs avantages.* X. *Des demi-lunes.*

I. Les lignes, je comprendrai désormais sous ce nom les autres especes de retranchement, quand ce dont je parlerai pourra leur convenir ; les lignes, dis-je, ont besoin de certains ouvrages, dont les uns facilitent les mouvemens nécessaires, & les autres contribuent à la sûreté & à la commodité du camp. Telles font les portes, les communications intérieures, les plates-formes pour le canon, les épaulemens pour la cavalerie, & les latrines.

Le nombre de portes à faire à des lignes dépend du plus ou du moins de troupes deſtinées à les défendre, des vues du Général, & de la nature du terrein que l'on a devant ſoi.

Il n'y avoit en 1734 aux lignes de Philisbourg que peu de portes, & elles n'étoient pas plus larges que celles d'une place d'armes de chemin couvert. Les raiſons qui avoient pu déterminer à prendre ce parti, étoient que l'abſence de notre cavalerie renvoyée, faute de ſubſiſtances, au-delà du Rhin, nous affoibliſſoit beaucoup; que nous avions en tête une armée nombreuſe, & que la priſe de la place, d'autant plus néceſſaire que le débordement des eaux nous coupoit toute communication d'une rive à l'autre, étoit notre unique objet.

L'on pourroit en uſer de même, au moins quant à la quantité, pour des lignes qui ne ſeroient acceſſibles que par un petit nombre de routes, ou pour d'autres au devant deſquelles on ne trouveroit pas aſſez de terrein pour ſe former; mais ces différens cas doivent être regardés comme des exceptions à la regle.

L'on ne peut, à parler en général, ſe ménager trop d'iſſues. Qu'il ſoit queſtion d'un mouvement en avant ou d'une retraite, c'eſt comme on l'a dit au chapitre V, le ſeul moyen d'abréger le temps qui ſe perd en défilant, & par conſéquent de rabattre du défaut que releve avec raiſon M. de Feuquieres.

Un autre motif non moins important doit

d'ailleurs y engager. Que l'ennemi maître du parapet, franchisse en quelque endroit le retranchement, pendant que les corps les plus à portée s'avancent pour le charger, une sortie de quelques troupes d'élite faite brusquement de droite & de gauche, & à peu de distance de la partie attaquée, est, comme le remarquent Messieurs de Santa Cruz & de Folard, une des meilleures ressources que l'on puisse mettre en œuvre. Or il faut pour cela que les barrieres ne soient pas trop éloignées l'une de l'autre.

M. de Vauban, dans son Traité de l'Attaque des Places, donne 22 pieds d'ouverture à ces portes. Il les place de préférence sur les grands chemins ordinaires, sinon au milieu ou vers le milieu des courtines, & il les couvre, comme on le verra plus loin.

Ce qu'il prescrit ainsi pour les lignes de circonvallation, convient également à celles dont on parle. Les passages que laisse la barriere sont par-là assez grands pour que la cavalerie y défile par quatre, & l'infanterie par huit. L'on sent d'ailleurs qu'un chemin battu est toujours préférable à un chemin nouveau, & que le débouché n'en peut être mieux placé que dans l'endroit le mieux flanqué.

II. L'un des points sur lequel cet illustre Ingénieur insiste le plus, est celui des communications. Il est peu de places qui ne soient situées sur une grande ou une petite riviere qui coupe

néceffairement en deux parties les lignes de l'af-
fiégeant. L'efpece de camps dont on parle, eft
plus rarement dans ce cas, mais cela peut arriver, & d'ailleurs on y trouve communément des
ruiffeaux, des foffés, des marécages, des chemins creux, des ravins ou des broffailles.

Tout ce qui empêche ou retarde les fecours
qu'une partie doit prêter à l'autre, forme un inconvénient fi effentiel, que pour me fervir des
termes de cet Auteur, (*a*) le falut de l'armée
peut en dépendre. On ne peut donc avoir trop
d'attention fur ce point.

Si la droite eft féparée de la gauche par une riviere, il veut (*b*) que l'on y conftruife trois ou
quatre ponts de quatre ou cinq toifes de largeur,
éloignées de 50 ou 60 toifes l'un de l'autre, pour
éviter la confufion, & dont les extrêmités foient
défendues par des redans qui les couvrent.

C'eft, je crois, ce qu'on peut faire de mieux
avec des bateaux, eu égard à leur longueur : mais
fi ce font des ponts fur chevalets auxquels il donne la préférence, comme étant plus fermes &
moins fujets à fe déranger, je ne fçais fi, fuivant
l'idéé de M. de Folard, il ne vaudroit pas mieux
qu'ils fuffent affez larges pour qu'on y pût paffer,
au moins par manches, *car il n'en coûte pas plus*, dit-
il, *de temps & de travail de faire un paffage ou un pont
de* 100 *à* 120 *pieds de largeur, que plufieurs de* 12 *ou
de* 15. Cela eft inconteftable, & il ne l'eft pas

____

(*a*) Mémoire pour la Conduite des Sieges.
(*b*) Traité de l'Attaque des Places.

moins qu'il paſſera, par exemple, plus de monde
à la fois ſur le pont de 120 pieds, que ſur quatre
de 30 ; que ces ponts étroits forment des défilés
qui rompent & retardent la marche, obligeant
ſouvent le reſte de la colonne à faire halte, pendant
que la tête paſſe, & enfin que plus on eſt enſemble, plus on eſt en force & en état de charger en
arrivant.

Quel que ſoit le parti que l'on prenne, ſi le
camp eſt coupé par des ruiſſeaux, des foſſés, des
chemins creux ou des ravins, l'on en uſera de
même que pour les rivieres, ou l'on y pratiquera
des rampes aſſez larges & aſſez douces pour que
la cavalerie & le canon y paſſent facilement.

S'il s'y trouve quelque partie marécageuſe, on
y formera des chauſſées de même largeur que les
ponts.

Les halliers, les buiſſons, les broſſailles qui
ſe trouveront du pied du retranchement à la
queue du camp, ſeront coupés juſques dans terre,
pour éviter que les chevaux ne s'eſtropient en poſant le pied ſur des chicots. Enfin on n'omettra
rien de ce qui concerne un article ſi important,
multipliant ces ponts & ces autres facilités à proportion du temps & du nombre de travailleurs
dont on pourra diſpoſer.

III. Les plate-formes pour le canon ſe forment en même temps que la ligne. On les place
ordinairement aux parties les plus ſaillantes, c'eſt
à-dire aux angles flanqués, où l'on a toujours plus

de terres qu'il ne faut. L'on trouve d'ailleurs des avantages plus confidérables dans cette pofition ; telles font ceux de donner plus de jeu au tir des pieces, & d'en croifer plus facilement les feux.

Ces plates-formes s'élevent jufqu'à deux pieds de la crête du parapet qui leur fert de grenouille-re ; fi l'excavation de l'arrondiffement du foffé ne fournit point affez de terre pour leur donner toute la grandeur dont on les veut, & pour y pratiquer des rampes, l'Officier d'artillerie, que cela regarde plus particuliérement, les fait achever par fes travailleurs.

IV. Il eft fait mention dans le Traité que je viens de citer, des épaulemens propres à couvrir la cavalerie, comme d'une précaution que l'on négligeoit dès-lors depuis 50 ou 60 ans. L'Auteur ne dit pas pourquoi l'ufage en a ceffé ; peut-être eft-ce à caufe du moins de durée de la plûpart des fieges. Quoi qu'il en foit, comme il en propofe lui-même pour les circonvallations, l'on me permettra de dire ici ce que j'en penfe.

Lorfqu'on attaque des lignes en plein jour, on les canonne ordinairement, & fouvent pendant plufieurs heures avant que d'entreprendre de les forcer. Alors de quelque maniere que l'infanterie foit difpofée, le parapet dont elle eft peu éloignée eft bien bas & bien mauvais, s'il ne la couvre au moins en partie ; la cavalerie, c'eft-à-dire celui des deux corps qui doit combattre le dernier, & derriere lequel l'autre doit fe rallier au befoin, refte donc feule, & très-inutilement en butte à toute la violence de ce feu.

Cette expofition qui me paroît exacte, décele affez ce que je penfe à cet égard. L'on ne fait plus guere de ces épaulemens, cela eft vrai, mais eft-ce une raifon pour n'en pas faire à l'a-venir?

Quoique leur utilité me paroiffe évidente, je ne prétends pas dire qu'il faille en élever dans tou-tes les occafions. Il faut en cela du difcernement. Lorfque, par exemple, on fe retranche à la hâte en préfence de l'ennemi, l'on ne doit pas rifquer de ne pourvoir qu'à demi au néceffaire, pour cou-rir après l'utile ; d'ailleurs ne feroit-il pas de la derniere imprudence d'outrer de fatigue le foldat qui doit combattre peu d'heures après ?

Bien loin de penfer ainfi , je ne voudrois de ces épaulemens que dans certaines lignes faites à loifir, & dont l'ufage peut durer autant que la guerre.

Il y a d'ailleurs quelques circonftances effen-tielles à obferver fur l'emplacement de ces ou-vrages. On en élevoit, dit M. de Vauban, *princi-palement dans les parties expofées à quelque commandement de dehors, rarement fur les autres.* Il eft clair que c'eft principalement dans ces endroits qu'il en faut. Ils feroient cependant encore très-utiles, furtout quand le retranchement eft foible, dans des ter-reins unis & de niveau, mais, que par fon profil ou fa pofition, le parapet de la ligne ait affez de fupériorité fur ce qui eft en avant pour couvrir la cavalerie, ou que le terrein ſur lequel la cavalerie eſt en bataille, ſoit aſſez bas pour qu'elle ne ſoit pas vue pardeſſus le parapet, il n'eſt pas moins évident qu'une précaution ſi peu néceſſaire paſſeroit pour ridicule, en ce que la ligne même en tiendroit lieu, quoique toujours moins parfaitement, eu égard aux plongées cauſées par le plus de diſtance de la troupe à ce qui la maſque.

Ces épaulemens, preſque toujours placés dans les endroits les plus découverts, ont d'ailleurs, s'ils ſuppoſent une cavalerie proportionnée, un avantage de plus, qui eſt de couvrir de front & quelquefois de revers, une partie du camp.

Les ſeuls que j'aie vus ſont aux lignes de la Loutre, entre Wiſſembourg & Alſtatt; mais ils étoient à demi-ruinés. M. de Vauban les met à égale diſtance de la ligne & de la tête du camp, parallélement à l'un & à l'autre. Il leur donne environ 40 toiſes de longueur, 9 à 10 pieds d'épaiſſeur, ſur autant de hauteur; & il les eſpace entre eux de 50 à 60 toiſes.

V. Il eſt aſſez ordinaire, ſurtout dans le Nord, de placer entre des eſcadrons des pelotons d'infanterie. Cette précaution ſi bien connue du Comte de Montécuculli, & ſi recommandée par le Commentateur de Polybe, a ſouvent réuſſi aux Suédois contre les Allemands, & aux Allemands contre les Turcs. Un tel feu, toujours plus vif & mieux dirigé que celui du mouſqueton, eſt

en effet très-propre à protéger la manœuvre de
la cavalerie ; ne pourroit-on donc point, au moins
en certains cas, se procurer à peu près ici le même
avantage ?

Que la cavalerie de la ligne soit repouffée & à
demi-rompue, je voudrois que ce fût derriere les
épaulemens même qu'elle se ralliât ; & pour lui
donner le temps & la facilité de le faire, qu'il en
partît au besoin un feu imprévu & affez confidérable pour empêcher qu'elle ne fût suivie de trop
près.

Ce que j'imaginai en 1735 au sujet d'une batterie que je fis élever à Philisbourg pour défendre
nos fourrages, me paroît convenir parfaitement
ici. L'on peut former l'épaulement à l'ordinaire, Pl. XXXII.
obfervant feulement de ménager une banquette Fig. 2.
dans son foffé, & d'élever fur environ deux pieds
de hauteur, fa contrefcarpe en forme de parapet
plat, pour que le feu en soit dirigé de la maniere
la plus avantageufe.

L'on voit qu'il n'y a en cela aucune augmentation de travail. Je ne doute pas qu'un épaulement
ainfi bordé de 50 ou de 100 foldats tirant prefqu'à
fleur de terre, ne se fît refpecter, & que ce ne fût
un point d'appui bien encourageant & bien commode pour une troupe ébranlée. Au refte cette
conftruction me paroît d'autant meilleure que si
les circonftances ne permettent pas d'en faire
ufage, il n'en réfulte aucun inconvénient.

Dans des endroits unis, mais de peu d'étendue,
eu égard à la quantité d'infanterie dont on peut

difpofer , rien n'empêcheroit qu'on n'élevât encore une banquette derriere l'épaulement , & qu'on ne donnât au fommet de l'ouvrage la plongée néceffaire. Deux lignes de feu difpofées ainfi en amphithéâtre ne pourroient, ce me femble , que produire un grand effet , d'autant plus que la profondeur du foffé & le talud de la banquette fupérieure garantiroient également les fufiliers du haut & du bas, de l'atteinte de la cavalerie ennemie.

Les crochets figurés fur le deffein me paroiffent avantageux en ce qu'ils aident à défiler des coups d'écharpe , qu'ils forment de petits flancs d'un épaulement à l'autre , & même quoiqu'à découvert entr'eux , en cas que l'ennemi les tourne; & qu'enfin dans le même cas les deux bouts du foffé, formés comme le refte en parapet, ajouteroient beaucoup à cette défenfe.

VI. J E ne dirai qu'un mot des latrines, parce que ce détail ne nous regarde pas. En quelqu'endroit qu'on les place dans des lignes , elles font toujours embarraffantes. Si c'eft en dehors, elles facilitent la défertion , fi c'eft en dedans, elles infectent & dérangent le champ de bataille. Ce font les Majors des Régimens qui font chargés du foin de les tracer & de les faire conftruire.

VII. S I l'on n'avoit pas l'attention de mafquer les portes, il eft évident que le canon de l'ennemi en briferoit les barrieres, & que tirant de biais ,

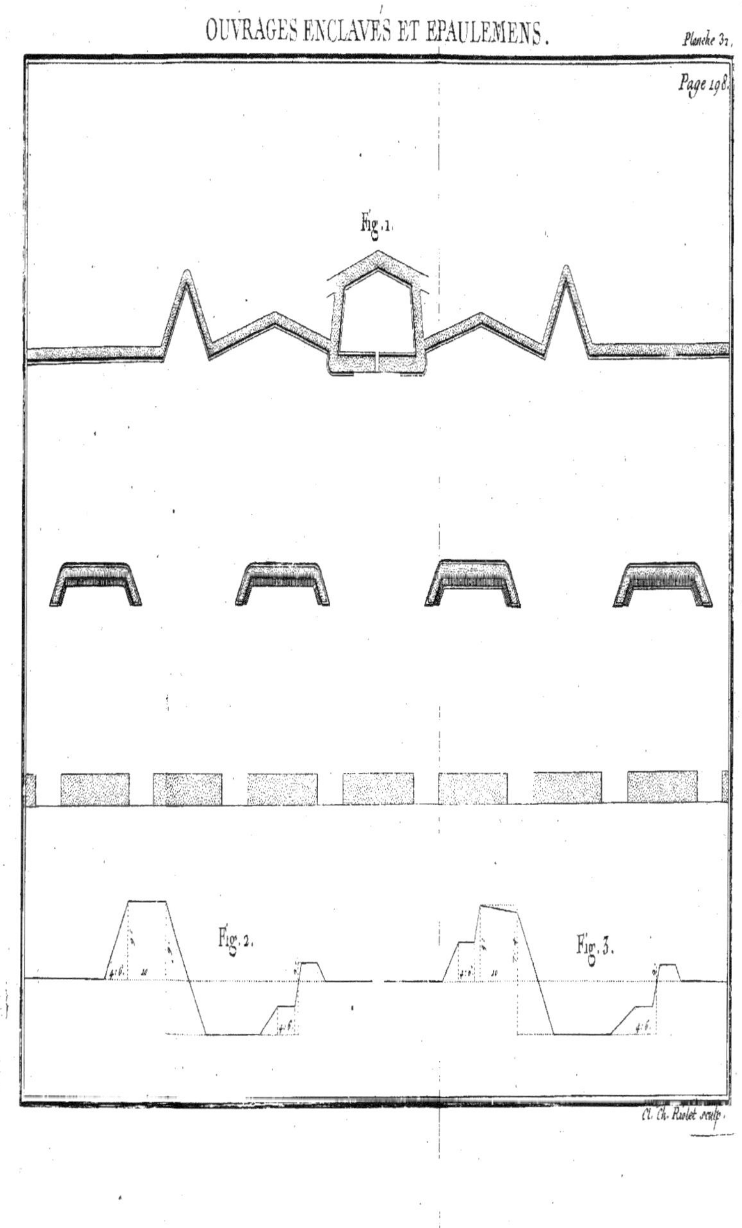
Page 198.
Fig. 1.
Fig. 2.
Fig. 3.
Cl. Ch. Ravlet sculp.

il battroit une partie du camp proportionnée à sa position & à la grandeur de ces ouvertures.

L'usage est, pour les lignes ordinaires, de les Pl. XXXIII.
Fig. 1. couvrir par des redans détachés en forme de demi-lunes. M. de Vauban leur donne 22 toises de capitale & 28 de face : la gorge est nécessairement par-là de 34 toises 3 pieds 10 pouces ; ce qui ne s'accordant point avec les cotes de la figure du Livre , prouve qu'il y a quelque erreur dans les chiffres.

Il forme des flancs à ces pieces en retranchant 10 toises de l'extrêmité de la face, & 5 toises de celle de la gorge ; mais n'étant ainsi ouverts que de 98 degrés 35 minutes 30 secondes sur la contrescarpe, tout le feu en est dirigé sur les redans voisins ; ce qui fait soupçonner que le véritable objet de ces flancs inutiles par eux-mêmes est , en raccourcissant les faces, de donner plus de jeu à la mousqueterie de la courtine ; dont ils masquent cependant encore près de 25 toises.

Le fossé de ces ouvrages doit être prolongé parallélement aux faces jusqu'à celui de la ligne , pour qu'il soit découvert sur toute son étendue. On est obligé par-là d'enlever une assez grande masse de terres superflues & d'un transport embarrassant ; ce qui peut passer pour un inconvénient de plus, mais bien moins considérable que l'autre.

Ces demi-lunes produisent d'ailleurs de fort bons effets. Le feu de leurs faces croise de près la capitale des redans qui, comme on l'a obrvé , ont grand besoin de ce secours ; & elles couvrent parfaitement la porte & le pont ; avantage bien défirable pour les demi-lunes des places, que l'on abandonne fouvent faute d'une communication fûre.

Je ne vois rien de plus à obferver à ce fujet, fi ce n'eft qu'en fuppofant 3 toifes du trait magiftral à la contrefcarpe, comme une des lignes de feu du redan paffera à moins de 6 toifes de la pointe de la demi-lune, l'on ne peut guere diminuer le front que de 15 à 16 toifes ; car fi on vouloit, par exemple, le réduire à 100 toifes, cette pointe en feroit battue.

VIII. Quatre mots joints à l'infpection des figures fuffifent pour mettre au fait de la maniere dont je crois qu'il eft à propos de couvrir les portes des différentes efpeces de lignes que je propofe.

Pl. XXXIII.
Fig. 2. A celles à redans, où les barrieres ne peuvent être mieux qu'au faillant de la courtine, mafquez-les d'une lunette de 16 toifes de capitale, à compter d'angle en angle. Donnez 20 toifes de longueur à fes faces en les alignant au rentrant des redans, dont le feu, fuppofé perpendiculaire, les rafera ainfi fans les battre. Je parle ici du fecond projet dreffé fur 150 toifes de front, & préférables par-là même à l'autre qui n'eft qu'une premiere idée. Au refte les extrêmités du foffé de ce petit ouvrage doivent, s'ils ne font pleins, être prolongées en glacis renverfé, pour que l'ennemi n'y trouve aucun couvert.

Une

Une lunette de 15 toises de demi-gorge & de Pl. XXXIII. Fig. 3.
20 toises de capitale, placée au rentrant des lignes
à tenailles, en couvrira la barriere.

Celle des lignes à crémaillere sera masquée par Pl. XXXIII. Fig. 4.
un réduit formé d'un côté en prolongation de la
branche, & de l'autre parallélement au crochet.

L'évasement des branches de la communication,
c'est-à-dire la partie de ces branches qui est entre
le tambour & le fossé, tient lieu aux deux especes
de lignes à lunettes de ce que l'on auroit à y faire
sans cela.

Les lignes bastionnées sont à cet égard, bien
plus embarrassantes que les autres, & malheureusement je ne puis citer celle de Philisbourg; car
en n'en couvroit les ouvertures. La difficulté
vient de ce que supposant, comme je l'ai fait
partout, que la mousqueterie part à angle droit,
l'on ne peut que difficilement se servir de demi-
lunes, en ce que si elles ne sont séparées des faces
des bastions que par la largeur du fossé, elles masquent, comme je l'ai déja dit, presque tout le feu
des flancs; & que si on les éloignoit des faces
autant qu'il le faudroit, c'est-à-dire de la longueur
du flanc, non seulement on se mettroit en risque
de voir tourner, & enlever ces pieces par la gorge; mais encore la communication n'en seroit plus
trop sûre, & la barriere même seroit vue d'écharpe
par l'extrêmité de l'épaule.

Voici deux moyens d'éluder ces inconvéniens;
le Lecteur décidera de celui qui lui paroîtra mériter la préférence.

C c

Pl. XXXIV.
Fig. 1.

Le premier eſt de conſtruire une fauſſe-braie devant la courtine. On lui donnera 12 toiſes de largeur, à compter du trait magiſtral, pour que les voitures y paſſent ſans embarras, & que les flancs des baſtions la débordent aſſez pour la flanquer d'un feu ſuffiſant.

Pl. XXXIV.
Fig. 2.

Le tracé du ſecond eſt un peu plus compoſé. Tirez une ligne d'une des épaules du baſtion à l'autre : diviſez-la par la moitié : tirez intérieurement de ce point du milieu une perpendiculaire de la longueur de cette moitié. Son extrêmité ſera le point de l'angle du redan renverſé, dont vous alignerez les branches aux angles des épaules. Votre courtine étant ainſi briſée une ſeconde fois, élevez ſur ce qui reſte de ſon premier tracé un parapet qui paroîtra la continuation de la figure.

Il eſt à obſerver que cet angle rentrant étant droit, & ſes branches raſant les épaules, le feu qui en part, quoique moins avancé qu'il n'étoit vers la campagne, dépaſſe davantage les capitales des baſtions, & les coupe plus près de l'angle flanqué; ce qui ne peut être qu'avantageux.

Rien n'eſt plus propre à couvrir une porte qu'un baſtion détaché; & les lignes à ouvrages détachés, ou celles en partie détachées n'ayant pas beſoin de ce ſurcroît d'ouvertures, il ne me reſte rien à ajouter à cet article.

IX. J'ai avancé dans les maximes que l'on pouvoit ſans riſques, même en terrein ſec, couvrir

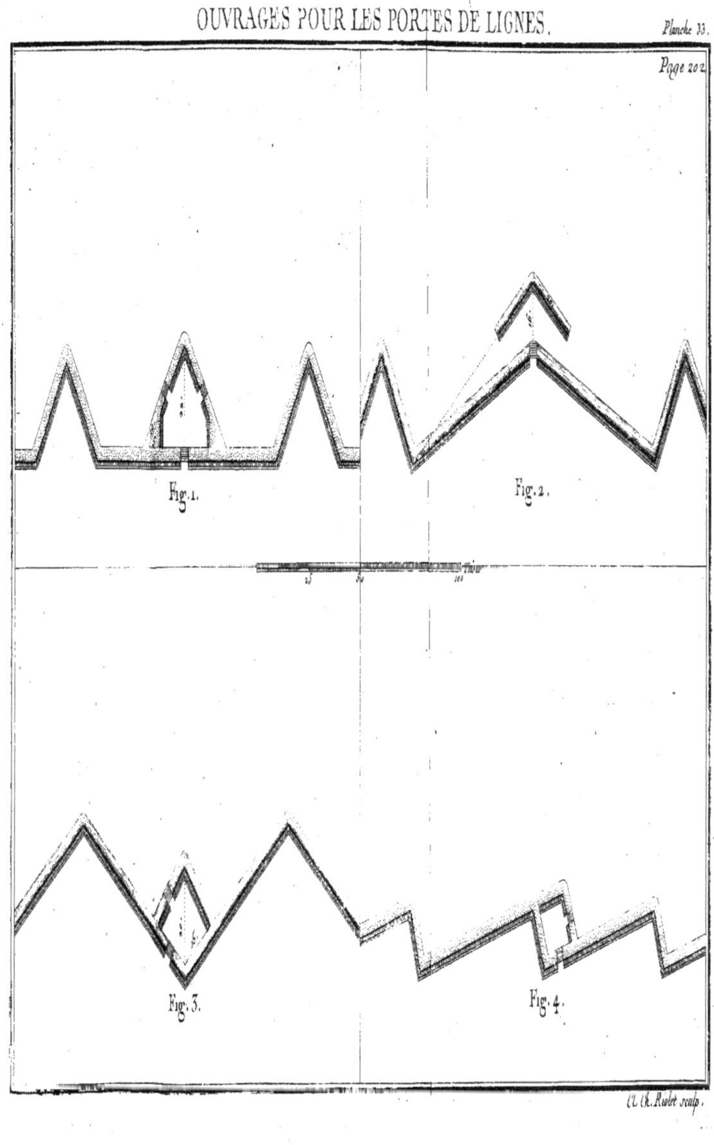
Planche 33.
Page 202.
Fig. 1.
Fig. 2.
Fig. 3.
Fig. 4.

d'un avant-foſſé tout ouvrage à flanc, pourvu que ces flancs ne fuſſent pas trop obliques, & qu'ils euſſent une ſaillie ſuffiſante. Voici le lieu d'en expliquer les moyens.

Un avant-foſſé ſera toujours utile, & ceſſera d'être dangereux, lorſque, vu & battu ſur toute ſon étendue, l'ennemi n'y trouvera plus cet abri, ce couvert, ces momens de ſûreté qui l'ont fait rejetter par les plus grand maîtres : en un mot, lorſque l'ennemi y ſera auſſi expoſé que ſur la contreſcarpe.

Il faut, pour y parvenir, 1°. que cet avant-foſſé ſoit enfilé d'équerre, ou du moins ſous un angle de 90 à 100 degrés, des flancs de la ligne. 2°. Conſéquemment que ſa diſtance du foſſé ſoit telle que ſa contreſcarpe ſe trouve dans l'alignement de tel point du flanc que l'on voudra, ſans déborder l'alignement de l'angle de l'épaule pris intérieurement. 3°. Qu'aux rentrans, l'avant-foſſé ſoit prolongé & recoupé en glacis renverſé, comme on l'a preſcrit ci-devant ; & de façon à ne laiſſer aucun couvert.

Il eſt évident que ces conditions qui obvient à tout, ſont aiſées à obſerver dans la plûpart des ouvrages que je propoſe ; je vais en donner deux exemples.

Aux lignes à redans, je trace l'avant-foſſé pa- ^{Pl. XXXIV.} rallélement au foſſé, parce que l'angle du flanc ^{Fig. 3.} ſur la branche n'a que 99 degrés 54 minutes, ce qui n'eſt pas trop, & que ſi je ſuivois la ligne d'équerre, elle me rejetteroit vers la campagne de

16 toifes de plus vis-à-vis la brifure, & à proportion vis-à-vis la pointe du redan.

Pl. XXXIV. Aux lignes à tenailles brifées, que je fuppofe
Fig. 4.   ici fans lunettes, je ne fuis pas le trait magiftral,
ce qui alongeroit inutilement ce foffé, qui feroit
d'ailleurs moins bien défendu ; mais il eft parallele
aux principales lignes de défenfe, & par conféquent d'équerre fur les flancs.

Si l'on ajoute à cela les recoupemens néceffaires, l'on ne peut nier, ce me femble, que les
conditions prefcrites ne foient dans l'un comme
dans l'autre de ces cas, exactement remplies, &
que par conféquent cette piece de fortification,
loin d'être nuifible, ne devienne utile, même en
terrein fec.

Les avantages les plus marqués que l'on en retire, font 1°. que pour peu que les taluds en foient
roides, les premiers rangs de l'affaillant embarraf-
fés de leurs fafcines, les y jetteront pour les franchir, & que par-là il n'en reftera plus pour combler le foffé du retranchement. 2°. Que loin que
l'ennemi puiffe s'en fervir comme d'une place d'armes pour reprendre haleine, & pour y oppofer
fa moufqueterie à celle de la ligne, comme il
n'y trouvera nul couvert, il en fortira promptement & néceffairement en défordre.

Ces obftacles augmenteront jufqu'au point de
devenir prefque infurmontables, fi l'on a le temps
de creufer des puits entre deux foffés. Rien dans
une attaque n'eft plus propre à déconcerter une
troupe, ni plus difficile à combler. C'eft dans cette

idée, c'eſt-à-dire pour que l'ennemi ne ſçache où poſer le pied, que dans la premiere de ces figures, & près des ſaillans de la ſeconde, je n'ai laiſſé qu'une diſtance d'environ 4 toiſes d'un de ces foſſés à l'autre, ce qui n'eſt que ce qu'il faut pour trois rangées de ces puits, qui placés, comme on le fait toujours, en quinconce, peuvent ſuffire.

Au reſte, l'on ſçait que la terre des puits ſe releve en dos-d'âne dans leurs intervalles. A l'égard de celle de l'avant-foſſé dont le cube eſt peu conſidérable, on la jettera en forme de glacis ſur la contreſcarpe.

X. L'on peut, quand on le juge à propos, tirer un nouvel avantage des avant-foſſés : c'eſt celui de conſtruire, ſans tomber dans les inconvéniens dont on vient de parler à l'article VIII de ce chapitre, des demi-lunes devant les courtines des fronts baſtionnés.

Il eſt clair que l'on remédie par-là à la crainte d'être enlevé par la gorge, ſans que l'on ſoit obligé de maſquer partie du feu des flancs. Ce point eſt eſſentiel, mais comme pour communiquer à cet ouvrage détaché il faut une porte à la ligne, & que l'on doit, autant qu'il eſt poſſible, dérober à l'ennemi la vue de cette porte, il y a d'ailleurs quelques meſures à prendre.

L'on ne remplira cet objet qu'à proportion qu'on diminuera la diſtance d'un des foſſés à l'autre. C'eſt donc à quoi l'on doit s'attacher.

Le feu du flanc ne commençant qu'à l'angle

intérieur de l'épaule, l'on peut sans risques, y aligner la demi-gorge de la demi-lune qui se trouvera ainsi rapprochée du trait magistral. L'on ne gagnera, à la vérité, pas grand-chose par-là : mais on la rapprochera beaucoup plus, si l'on destine la partie du flanc la plus voisine de l'épaule à l'emplacement de deux pieces de canon qui, chargées à cartouche & pointées entre les deux fossés dans le moment de l'assaut, ne peuvent qu'être extrêmement utiles.

Rien n'empêche d'ailleurs, eu égard au peu de distance, que pendant les approches on ne se serve de ces pieces pour en tirer de dessus les faces, n'y en ayant même qu'une à déplacer entiérement pour cela.

L'on peut donc sans inconvénient aligner les demi-gorges de la demi-lune & la contrescarpe de l'avant-fossé à 5 toises de l'angle de l'épaule pris extérieurement, de maniere qu'en alignant les branches de la demi-lune sur les faces à pareille distance de ces angles, la barriere & même la communication seront passablement couvertes.

Pl. XXXIV. Cette demi-lune est ici tracée suivant la mé-
Fig. 5.   thode la plus ordinaire, c'est-à-dire que prenant pour base l'intervalle d'un des points où ses faces s'alignent, à l'autre point, je forme deux triangles, l'un rectangle & l'autre équilatéral, & que partageant en deux la distance de leur sommet, je prends ce point pour celui de l'angle flanqué.

Ces pieces après tout, quoique d'un profil

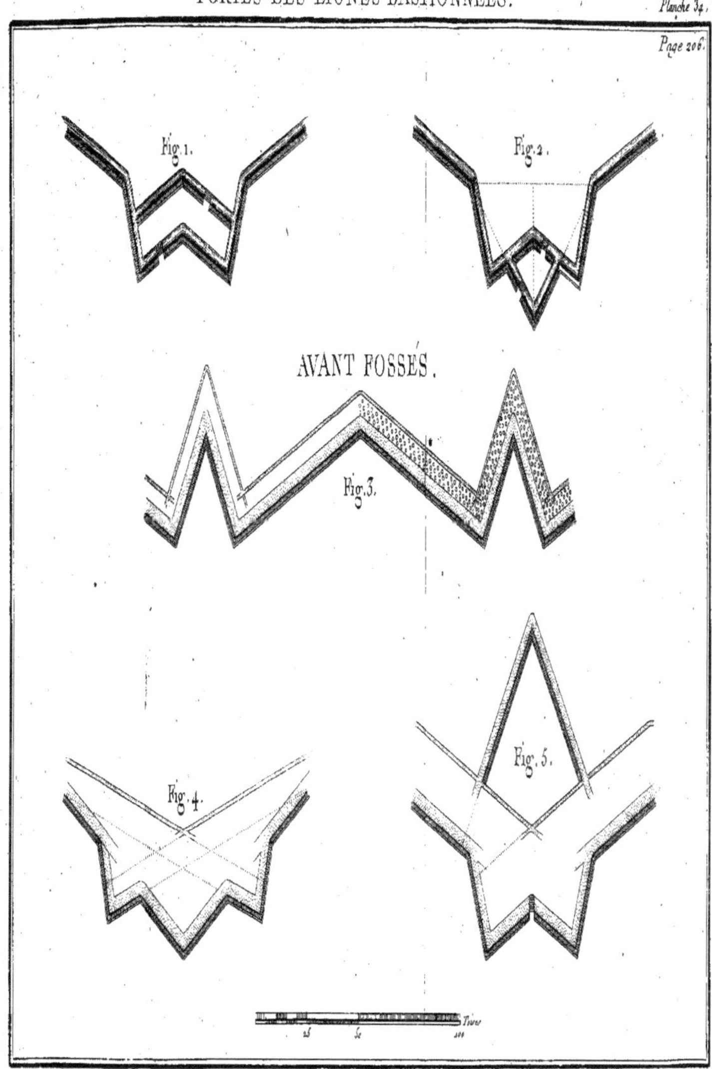
Fig.1.
Fig.2.
AVANT FOSSÉS.
Fig.3.
Fig.4.
Fig.5.

moins élevé & moins fort , caufent une grande augmentation de travail , & j'avoue d'ailleurs , comme je l'ai déja fait au chapitre V, qu'en fait de fortification de campagne je n'aime guere les ouvrages détachés, furtout quand on n'eft pas fûr des moyens & du temps qu'il faut pour les mettre à l'abri d'un coup de main. Je crois donc qu'on ne doit faire des demi-lunes qu'à des retranchemens moins étendus & travaillés avec plus de foin, tels, par exemple, que des camps retranchés, princi-palement quand ils ne font attaquables que par un feul front, comme ceux de Ruffenheim & de Spire, dont je corrigerois aujourd'hui les projets d'après ces idées.

CHAPITRE DOUZIEME.

I. *De la fortification irréguliere : maximes.*
II. *Des angles rentrans.* III. *Des angles saillans.* IV. *Maniere d'occuper les hauteurs, de s'en défiler, & de tracer en les descendant.* V. *Réflexions sur les hauteurs.* VI. *Des villages & des édifices à portée du tracé.* VII. *Cas où les ouvrages détachés sont nécessaires ou utiles.* VIII. *Des bois.* IX. *Des marais, des ravines, des chemins creux, des haies, des ruisseaux.* X. *Maniere d'ajuster au terrein la longueur des fronts des méthodes proposées.*

I. J'AI presque toujours supposé jusqu'ici des retranchemens élevés sur un terrein de niveau, & des lignes si uniformes, que toutes les tenailles étoient égales entr'elles, & disposées sur un même alignement : en un mot j'ai supposé des ouvrages réguliers. J'ai suivi en cela ce qui s'observe à l'égard de la fortification des places, & je l'ai fait dans le même esprit, c'est-à-dire pour dégrossir la matiere en établissant des méthodes générales dont on approche ensuite le plus que l'on peut dans l'exécution : car ce terrein si uniforme se trouve si rarement, que la régularité est au moins aussi difficile à observer dans l'un de ces cas que dans l'autre.

L'on

L'on doit donc bien moins regarder ce qui a été dit à ce sujet comme des préceptes positifs, que comme des notions générales propres à multiplier & à rectifier les idées particulieres que les circonstances exigent dans la pratique. C'est à l'Ingénieur à sçavoir se déterminer selon les circonstances; & comme se déterminer n'est autre chose que se fixer à ce que l'on croit le plus convenable, c'est toujours un grand avantage pour lui que d'être à même de comparer un plus grand nombre de moyens.

Mais voilà à peu près tout ce que l'on doit attendre de la théorie; car les irrégularités du terrein & les autres circonstances varient & se combinent de tant de façons, que ce qu'on peut y ajouter se réduit à donner des manieres de profiter de certains avantages, & d'éluder ou de surmonter quelques difficultés prévues, & par conséquent presque toujours plus ordinaires; ce qui ne suffit qu'en tant qu'on ajoute par-là aux connoissances & aux objets de comparaison dont on vient de parler.

Je ne prescrirai que peu de maximes à ce sujet: mais elles sont aussi importantes qu'étendues: l'une, que toutes les parties soient, autant qu'il se pourra, si également capables de résistance, que l'on n'ait pas lieu de craindre pour l'une plutôt que pour l'autre. L'on voit qu'il faut dans cet examen avoir égard aux avantages du terrein.

Les autres, d'avoir la même attention à profiter de tout ce qui peut favoriser, qu'à éviter ce qui peut nuire.   D d

II. U ne finuofité, un plis, un coude à des lignes peut être regardé comme une irrégularité, mais elle eft prefque toujours inévitable. Si l'angle qu'il forme eft rentrant, il devient quelquefois une défenfe : il n'en eft pas de même des faillans.

Les angles rentrans droits ou obtus, & ceux qui font aigus fe fortifient fouvent d'une maniere dif-férente.

Pl. XXXV.
Fig. 1, 2, 3,
& 4.
Un rentrant de 90 à 120 degrés, quoique la défenfe de celui-ci foit bien oblique, forme évi-demment une tenaille, & fe flanque conféquem-ment par lui-même, pourvu que fes branches d'une jufte longueur fe raccourciffent encore d'environ une toife par degré à proportion du plus d'ou-verture ; de forte qu'à 90 degrés elles n'aient que 80 toifes ; à 100, 70 toifes ; à 110, 60 toifes ; & qu'à 120 elles ne foient que de 50 toifes.

Ce raccourciffement eft néceffaire pour qu'une partie des feux croife les capitales ; ce qui n'ar-riveroit pas fans cela, parce qu'ils s'éloignent des faillans à mefure que l'angle eft obtus. Au refte, je ne donne pas cette regle pour géométrique, il s'en faut bien qu'elle le foit ; mais pour une pratique commode & fuffifante dans les cas or-dinaires.

J'ajoute dans les cas ordinaires, car fi le terrein de droite & de gauche n'eft point à peu près fur le même alignement, l'on doit avoir égard à la différence d'inclinaifon que ces nouveaux angles donnent à la capitale. La figure achevera d'ex-
Pl. XXXV.
Fig. 5.
pliquer ma penfée, en faifant voir que le faillant

d'un côté, quoique double en longueur de l'autre, peut être le mieux défendu.

Lorsque les branches sont trop longues, ou que l'angle est plus ouvert, quelques crochets en crémaillere remédient à tout à la fois, en ce que non seulement ils forment de nouveaux flancs, mais encore qu'ils diminuent de l'ouverture. Pl. XXXV. Fig. 6.

A l'égard des rentrans au dessous de 90 degrés, on se regle pour les fortifier sur la largeur de leur entrée. Si elle n'est que d'environ 120 toises, il n'y a guere à craindre que l'on s'y engage, puisque ce seroit se mettre entre deux feux. Un simple parapet en ligne droite, toujours nécessaire pour couvrir la communication & pour empêcher le camp d'être battu d'écharpe, paroît donc suffire : cependant comme l'ennemi peut se jetter tout d'un côté, ou les attaquer tous deux à la fois, il est toujours à propos que les parties antérieures soient flanquées, & que les branches au moins sur une certaine profondeur, soient disposées de maniere à pouvoir en faire usage sans que les unes tirent sur les autres.

Je continue à cette occasion de hazarder mes idées, en donnant un projet sur une ouverture d'environ 200 toises. Je n'ignore pas que l'on trouve dans le Traité de l'Attaque des Places un de ces rentrans fortifié jusqu'au fond en crémaillere; mais si l'on fait attention que pendant plus de 200 toises l'intervalle des branches opposées excede la portée du fusil, l'on conviendra que me trouvant dans un cas différent, je ne pouvois, Pl. XXXVI Fig. 7.

fans pécher contre les regles, me conformer à cet exemple.

III. M. DE VAUBAN donne, tant dans cet endroit, que dans fes inftructions pour le fiege d'Ath, quelques angles faillans, tous fortifiés ; les plus ouverts, par des baftions; les autres de 90 degrés au moins, par des demi-baftions; & il paroît par le camp retranché de Dunkerque que, quand ils étoient aigus, il les coupoit pour en faire des tenailles.

L'on eft rarement obligé de former de ces derniers angles : cependant comme l'on peut avoir intérêt à occuper une pointe de terre, & qu'il fuffiroit d'ailleurs de l'exemple que je viens de citer pour faire connoître que cela arrive quelquefois, je les comprendrai dans la maniere générale que je vais donner de les flanquer tous depuis 60 degrés jufqu'à la plus grande ouverture.

Pl. XXXV.
Fig. 8.
L'angle de 60 degrés étant le plus aigu qui foit fouffert dans la fortification, ne peut être diminué. Il faut donc de néceffité que fes flancs foient pris extérièurement. Ceux qui y conviennent le mieux, en ce qu'ils ont moins de faillie, font les crochets des crémailleres dont on peut également fe fervir pour tous les autres.

Pl. XXXV.
Fig. 9.
Comme l'angle droit a 30 degrés de plus, il eft fufceptible de plus de manieres. Celle que je préférerois, eft la précédente, en prenant les crochets en dedans, ce qui fe peut ; car il reftera encore 61 degrés 56 minutes. Si l'on aime mieux le

former en demi-baſtion, l'on doit avoir attention
que la face en ſoit défendue, & qu'aucune partie
du front ne tire ſur l'autre; mais indépendamment
de l'irrégularité, il me ſemble que l'on n'y gagnera rien, car c'eſt le ſaillant qu'il faut ici s'attacher à défendre, & deux flancs de près de 15
toiſes, dont un n'eſt éloigné que de 60 toiſes, en
valent bien un de moins de 27, & plus éloigné
du double, tel qu'eſt celui des redans ordinaires.

Si ces conſidérations ne paroiſſent point aſſez
ſolides, voici de quelle façon on pourra tracer
cette figure. Tirez une parallele à 22 toiſes d'un Pl. XXXV;
des côtés; élevez-y, à 120 toiſes de l'angle, un Fig. 10.
redan de ces 22 toiſes de perpendiculaire, & de
15 toiſes de demi-gorges: tracez de l'angle de la
figure au rentrant du redan une des lignes de
défenſe, & l'autre de la pointe du redan à la
gorge du demi-baſtion, à laquelle vous donnerez
25 toiſes: élevez le flanc perpendiculaire ſur cette
derniere ligne.

Cet angle étant celui du quarré, l'on pourroit
même, ſi l'on vouloit, en faire un baſtion, mais
ſi ſerré & de ſi peu de défenſe, qu'on doit rejetter
ici cette conſtruction avec le même ſoin que dans
la fortification permanente, où elle n'eſt guere
d'uſage, lorſqu'on peut l'éviter.

L'anglé de 120 degrés, qui eſt celui de l'exa- Pl. XXXV;
gone, peut ſe fortifier ſuivant toutes les méthodes Fig. 11.
que j'ai données, à l'exception de celles en tenailles & en tenailles briſées. Il ne s'en faut même
que de 30 minutes qu'il ne ſoit aſſez ouvert pour

celle-ci, en sorte qu'on pourroit l'y employer en diminuant, si l'on veut, pour plus d'exactitude, la perpendiculaire de deux ou trois pieds seulement.

Enfin l'angle de 150 degrés a toute l'ouverture nécessaire pour l'exécution de celui de ces différens projets que l'on aura choisi pour le reste de la ligne.

Quel que soit le saillant que l'on trouve, l'on pourra donc le flanquer suivant une ou plusieurs des manieres que j'ai prescrites pour la fortification réguliere ; & c'est sans doute un avantage que d'assujettir ces irrégularités à des regles fixes. L'on observera seulement que si l'angle avoit moins de 60 degrés, ou que l'on manquât d'emplacement pour les crochets, il faudroit en rapprocher la pointe pour lui donner plus d'ouverture.

IV. L'INEGALITE' de hauteur du terrein est une des principales causes des irrégularités, tant dans les profils que dans le plan des ouvrages.

Les saillans de toute espece de fortification doivent, en supposant même les environs parfaitement de niveau, être au moins de la hauteur de leurs branches ; car si la partie la plus avancée se trouvoit la plus basse, son parapet ne couvriroit plus, ou couvriroit moins bien, à mesure que l'on en seroit éloigné : au lieu qu'en renversant en sens contraire cette espece d'amphithéâtre, l'on parvient, dans la plûpart des cas, à n'être pas vu d'un terrein supérieur à celui qu'on occupe.

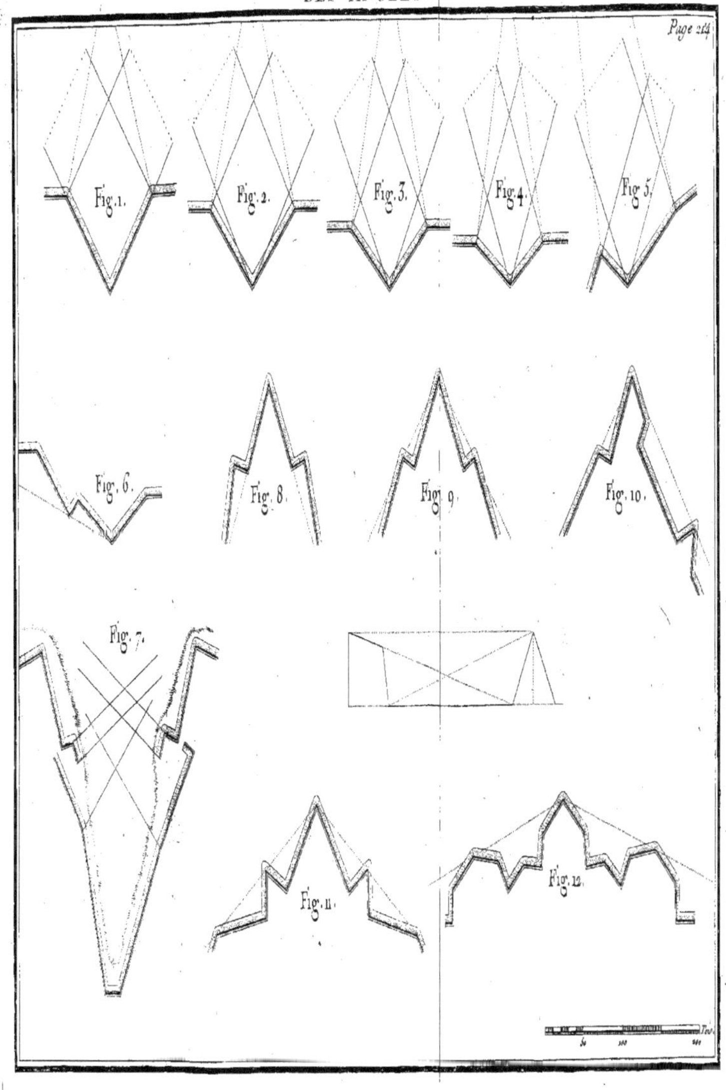
Page 214
Fig. 1.
Fig. 2.
Fig. 3.
Fig. 4.
Fig. 5.
Fig. 6.
Fig. 7.
Fig. 8.
Fig. 9.
Fig. 10.
Fig. 11.
Fig. 12.

Il est donc toujours utile, & souvent indispensable de tenir les angles flanqués plus élevés que le reste. Les terres qui proviennent de l'excavation de l'arrondissement, facilitent la chose ; mais comme cela ne suffit guere que dans un terrein uni, l'on doit s'attacher à placer ces angles dans les lieux les plus hauts. L'on en retire d'ailleurs l'avantage d'être moins en prise aux ricochets, & celui de découvrir mieux devant soi.

Quand on ne peut par-là se dérober à la vue d'une éminence trop voisine, s'il n'est question que d'une partie saillante de retranchement que l'on n'a pas le temps d'élever assez sur toute son étendue, il reste deux ressources peu ou point usitées en France. L'une est d'élever de quelques pieds le parapet de l'angle en forme de cavalier sur toute la largeur de la partie du terre-plein que les troupes que l'on couvrira ainsi, doivent occuper le long des branches. C'est ce que les Allemands appellent *bonnete*, & nous *sur-touts*. Il y en avoit à l'ouvrage à corne de Philisbourg.

Si ce que l'on veut défiler n'est qu'un ouvrage particulier, l'on en usera de même en le tournant de façon qu'il présente un ou plusieurs angles à l'ennemi. Ces sur-touts sont d'ailleurs si propres à garantir du ricochet, que je m'étonne qu'on n'en fasse pas plus d'usage dans nos places de guerre.

L'autre expédient convient peu contre le canon, mais il est d'une exécution prompte & facile, & couvre entiérement le soldat. Il consiste à ranger fur le parapet que l'on veut relever, une file de gabions plus larges du haut que du bas, pour qu'ils forment des efpeces de créneaux. M. le Chevalier de Caligni, Directeur des Fortifications : de qui je tiens cette idée, m'a dit en avoir fait ufage & s'en être bien trouvé ; ce que je n'ai aucune peine à croire. Au refte, ces gabions reffembleroient fort à ces mannequins, ou corbeilles de rempart, qui, fuivant le Chevalier de Ville & quelques autres Auteurs, tenoient autrefois lieu de nos facs à terre, fi leur principal ufage n'étoit de défiler des plongées ; befoin plus effentiel encore que celui qui avoit fait imaginer les corbeilles.

Enfin fi la fupériorité eft telle que ces moyens ne fuffifent pas, l'on doit, fuivant le précepte de M. de Vauban, occuper le lieu dont on eft commandé, foit en étendant les lignes jufques-là, foit par de bonnes redoutes ou par quelques autres ouvrages.

Lorfque l'alignement du front coupe une de ces éminences, & qu'il faut par conféquent la monter & la defcendre, fût-ce même parallélement à l'ennemi, l'on eft obligé de le brifer, en fe retirant, de maniere que des deux angles que l'on forme, le faillant foit fur la hauteur & le rentrant dans le bas.

La raifon de cela, peu différente de celle que nous avons alléguée, eft que fi l'on continuoit le tracé en ligne droite, l'on feroit à la vérité couvert pardevant, mais ne l'étant point du côte où

le

le terrein baiſſe, le parapet de cette partie n'empêcheroit pas qu'on ne fût vu d'écharpe.

Il eſt rare que l'on deſcende une hauteur en s'a-
vançant hors de la ligne : cependant cela peut
arriver, puiſqu'il ne faut pour cela que la néceſſité de communiquer à quelque ouvrage détaché.
Le ſeul moyen que je ſçache en ce cas pour
éviter d'être plongé, c'eſt de tracer la communication en zigzags comme les boyaux d'une tranchée. Plus les angles qu'ils formeront ſeront aigus,
moins elle ſera ſujette à être enfilée, & plus les
branches en ſeront courtes, plus les crochets les
couvriront.

V. J'AJOUTERAI quelques réflexions ſur cette
matiere : elle eſt ſi importante, qu'on ne peut trop
l'approfondir.

L'on doit, autant qu'il eſt poſſible, occuper les
hauteurs, ne fût-ce que pour n'en être point incommodé en les abandonnant à l'ennemi; mais
elles ne ſont pas toujours par elles-mêmes auſſi entiérement avantageuſes qu'on le croit communément.

Toutes à proportion de leur élévation, mettent
à même de découvrir au loin, & de voir les bataillons & les colonnes de l'aſſaillant ſur leur profondeur. Toutes ont d'ailleurs l'avantage de mettre à l'abri du ricochet, & même de diminuer de
l'effet du canon qui, tirant du bas en haut, perce
avec plus de difficulté le parapet qu'il bat obliquement, eu égard à ſon épaiſſeur.

E e

L'on doit ajouter à ces confidérations que le premier rang de l'ennemi étant plus élevé en montant que le fecond, il eft conféquemment le feul qui puiffe alors faire feu contre le retranchement.

Ces avantages font réels, mais les inconvéniens qui les accompagnent d'ordinaire, ne le font pas moins.

Il eft effentiel de diftinguer ici deux efpeces différentes de feu. Le rafant eft à cet égard celui qui, partant dans une direction parallele au terrein, frappe ce qui fe rencontre dans toute la ligne qu'il parcourt; & le fichant, celui qui plongeant du haut en bas, ne nuit qu'à ce qui fe trouve près du point fur lequel il tombe.

Cette diftinction étant bien entendue éclaircit une partie de ce que je veux dire. Quelle que foit la hauteur, tous les coups tirés fur ce qui ne la monte point encore, feront fichans, & par conféquent moins dangereux, en fuppofant même que le foldat ajufte, & comme il eft prefque impoffible, pour peu que l'élévation foit grande, de l'obliger à fe découvrir affez pour cela, il eft clair que le canon fera peu d'effet, la moufqueterie moins encore, & que cet inconvénient augmentera à mefure que l'ennemi s'approchera.

Voilà pour ce qui concerne la plaine, c'eft-à-dire ce qui eft au-delà du pied de la hauteur; à l'égard de la rampe même, j'en fuppoferai ici de deux efpeces différentes.

Quand elle eft fi roide que l'ennemi ne la monte qu'avec peine, & que l'on eft en état de fortir de fes retranchemens, il eft hors de doute qu'on repouffera avec plus de facilité une troupe effou-flée & probablement en défordre ; furtout fi par imprudence ou par trop d'ardeur on a augmenté ces inconvéniens en la menant trop vîte ; mais auffi c'eft le cas où l'on ne peut tirer devant foi fur la rampe fans fe découvrir beaucoup, ou même fans monter fur le parapet.

Si la pente du côteau eft douce & facile, l'on fe découvrira moins, mais l'ennemi marchera dans le même ordre & prefqu'avec la même facilité qu'en plaine, de forte qu'on ne confervera dans ce moment aucun avantage fenfible ; car je ne compte point ici pour beaucoup celui que remarque M. de Folard, en difant que l'infanterie s'é-branlant pour charger du haut en bas, elle a plus de poids dans le choc, & la cavalerie au con-traire.

L'on peut, je crois, conclure de tout ceci que les hauteurs les plus avantageufes, à tous égards, font celles dont la pente eft roide & de difficile accès, pourvu qu'elles foient configurées de fa-çon à y placer des flancs qui battent ce qu'on ne peut découvrir de front ; ou les éminences à ram-pe douce & unie, lorfque ce glacis naturel eft à peu près de la longueur de la portée du fufil.

Au refte, l'on ne peut avoir trop d'attention en plaçant ainfi des ouvrages, à leur faire occuper le fommet de la hauteur ; ou du moins il faut bien prendre garde que par les inégalités du terrein que l'on renferme, quelques parties du camp, ou des troupes en bataille ne foient vues du dehors.

VI. Q̲ᴜᴀɴᴅ en traçant il fe trouve quelque village à portée, il faut ou le laiffer derriere foi, ou le fortifier de façon que débordant en partie, il ferve de flanc au refte. Cela eft important, car fi vous l'abandonnez à l'ennemi, il lui fervira de point d'appui, cachera fes difpofitions & fes mouvemens, & le mettra à même de découvrir les vôtres.

Lorfque le village eft affez près pour nuire, mais qu'il eft fitué dans un terrein trop bas ou trop coupé pour que la ligne y paffe, il n'y a guere d'autre parti à prendre que d'en faire un pofte dé-taché. Tant que ce pofte fubfiftera, il fera la fû-reté de cette partie que l'on ne pourra plus abor-der fans prêter le flanc au feu qui partira du vil-lage ; mais comme c'eft une raifon de plus pour qu'il foit attaqué, il eft de la prudence, pour peu qu'il foit éloigné, d'en affurer la communi-cation de maniere à empêcher qu'on ne le tourne facilement.

Quelques redoutes fuffifent pour cela : toute difficulté feroit donc applanie, s'il ne reftoit fou-vent des inconvéniens beaucoup plus confidéra-bles. L'on a vu au chapitre IV qu'il y a bien des villages qui ne font fufceptibles d'aucune fortifica-tion : d'ailleurs un tel ouvrage demande pour fon exécution beaucoup de travail, & il faut pour le garder plus de troupes que l'on n'eft quelquefois en état d'en détacher du gros de l'armée.

Dans ces circonſtances, la reſſource ordinaire & qui paroît la plus ſimple, eſt de brûler le village; mais j'oſe aſſurer d'après ce que j'ai vu pluſieurs fois, & récemment aux ſieges de Flandre, qu'à moins que, comme en Boheme ou dans le haut Palatinat, les bâtimens ne ſoient tout en bois, l'on ne remédie par-là preſqu'à rien. Que l'on mette le feu à des maiſons de maçonnerie ou de terre, qu'y gagne-t'on ? Les toits, les planchers, les portes ſe conſument, mais les murailles reſtent, & elles ſuffiſent pour couvrir l'ennemi.

D'ailleurs, ſi l'on veut y faire attention, l'on conviendra que c'eſt bien moins les édifices mêmes, que les murs de clôture, les arbres & les haies qui donnent ce couvert; & le feu ne les détruit point.

L'on ne doit donc avoir recours à ce moyen que quand on a le loiſir de raſer ou de couper à fleur de terre tout ce que l'on juge pouvoir nuire : or, comme on ne s'y détermine d'ordinaire que quand il le faut abſolument, c'eſt-à-dire à la derniere extrêmité, il eſt bien rare que l'on retire un grand fruit de ces cruelles exécutions.

Le plus court & le plus ſûr eſt donc d'éviter, autant qu'il eſt poſſible, un voiſinage ſi embarraſſant. A l'égard des lieux fermés & moins conſidérables, tels qu'une maiſon ou un château de campagne, on ne doit point héſiter à les occuper pour peu qu'ils ſoient utiles ou que l'on craigne qu'ils ne nuiſent, en ce qu'ils peuvent ſe ſoutenir avec peu de travail & peu de monde. L'on a vu au chapitre III ce que l'on doit faire pour les mettre en état de défense.

VII. Ces derniers postes sont quelquefois si nécessaires que faute d'en trouver de faits, on est obligé d'en construire.

L'une des maximes la plus essentielle de toute espece de fortification, est de ne laisser aucun couvert à l'ennemi sur une certaine étendue qui ne peut jamais être moindre que de la portée du fusil.

Si la ligne ou le retranchement est à quelque distance du bord d'un vallon trop bas pour en être vu, ou que quelque autre circonstance produise un pareil effet, il faut conséquemment y suppléer par un ouvrage.

L'on doit, comme on vient de le dire, en user de même pour assurer les communications à l'égard des hauteurs dont on craint d'être incommodé: enfin si l'on a devant soi une digue, un pont, un gué ou quelque autre défilé, il est bon qu'il soit défendu de près & d'un feu rasant.

Indépendamment de ces ouvrages détachés, l'on en construit quelquefois d'autres qui ne sont séparés de la ligne que par la largeur du fossé. Cela se fait pour mieux fortifier les lieux les plus exposés, pour occuper un coude du terrein, & pour flanquer les parties voisines.

Je n'entrerai ici dans aucun détail sur le tracé de ces divers ouvrages, parce que leur figure doit se régler sur les circonstances, & que d'ailleurs j'en ai donné d'affez de façons différentes pour qu'on ne foit point embarraffé à cet égard. J'ajouterai feulement qu'il eft effentiel d'affurer la communication des premiers , & de tourner les branches des autres de maniere qu'elles ne tirent point fur la ligne, dont les parties voifines doivent être tournées de même, de façon à ne point tirer fur ces branches.

VIII. Il en eft à peu près des bois comme des hauteurs ; ils ont leurs avantages & leurs inconvéniens. Si c'eft un bois fourré & difficile, & qu'il ne foit éloigné, par exemple, que de 100 ou 150 toifes , il eft avantageux à la défenfe du retranchement, en ce que l'ennemi ne peut s'y percer de routes, que les patrouilles & les gardes avancées ne l'entendent ; ce qui met à même de porter fes troupes aux endroits menacés. Il ne peut d'ailleurs en déboucher fans courir le rifque d'être chargé avant que d'être en force. L'on voit que c'eft un de ces cas où les barrieres doivent être grandes & peu éloignées , pour pouvoir fortir fur un certain front & par plufieurs endroits à la fois.

Mais fi le bois eft clair , élevé & fans halliers ni broffailles, comme la plûpart des bois de fapin, ou qu'il foit percé de larges & belles routes , comme celui de Philisbourg , l'ennemi fera le maître de cacher fes difpofirions & fes marches ; d'attaquer lorfqu'on y penfera le moins , & de fe retirer quand il lui plaira, fans trop craindre d'être pourfuivi , au moins bien vivement, pourvu qu'il ait eu l'attention d'en garnir d'infanterie la lifiere pour favorifer fa retraite.

Si le bois eft plus près, l'avantage fera plus grand pour l'ennemi; & s'il eft à une diftance plus confidérable, comme de 400 ou 500 toifes, il ne pourra à la vérité tomber fur la ligne fi fort à l'improvifte, mais fa retraite n'en fera guere moins fûre.

Au refte, quand la nature & la configuration du terrein laiffent la liberté du choix, c'eft au Général plutôt qu'à l'Ingénieur à balancer ces différentes confidérations.

Lorfque la ligne doit paffer néceffairement à travers le bois, & qu'il n'eft pas de nature à en tenir lieu, l'on doit d'abord, par les raifons rapportées au chapitre XI, le couper jufques fous terre, du pied du retranchement à la queue du camp; après quoi l'on formera des abattis de ce qui fera en avant jufqu'à 150 toifes au moins de diftance.

IX. Un marais, une ravine, un chemin creux, que dirai-je de plus? Une haie vive, le plus foible ruiffeau, deviennent même des objets d'attention, foit pour en tirer quelque avantage, foit pour empêcher qu'ils ne nuifent.

Un marais, quel qu'il foit, eft toujours avantageux, s'il s'étend jufqu'au pied de la ligne, puifqu'il la rend au moins inacceffible à la cavalerie. S'il eft d'une certaine largeur, & que le fond en foit vafeux, il tient lieu de retranchement;

car

car ſi l'on juge à propos de le border d'un parapet, ce n'eſt qu'à titre d'épaulement contre le canon, & il n'a par conſéquent pas beſoin d'être flanqué : mais l'on ne peut reconnoître & ſonder avec trop d'attention ces marais ſur leſquels on croit pouvoir compter ; mille exemples en font foi, & j'ai vu des troupeaux de bœufs en traverſer ſans peine, qui paſſoient dans l'armée pour impraticables, & qui l'étoient peut-être en effet quelques mois auparavant.

Les ravines, les chemins creux, & en général tout ce qui peut ſervir de couvert, doit être enfilé ou flanqué de la ligne même, ou, comme on vient de le dire à l'article VII, de quelque ouvrage détaché, à moins que le bord intérieur n'en puiſſe être recoupé de façon que le fond en ſoit vu directement. Ces cavités ceſſeront non ſeulement ainſi d'être nuiſibles, mais encore elles deviendront utiles en ce que c'eſt un obſtacle de plus que l'ennemi aura à ſurmonter.

Enfin l'on doit être attentif à profiter des plus légers avantages. Si l'on trouve une haie vive, & que le retranchement puiſſe ſe tourner de façon à la conſerver ſur la berme, elle tiendra lieu de paliſſades.

S'il y a quelque ruiſſeau trop foible pour une inondation, on le diguera au moins d'eſpace en eſpace pour le remplir à pleins bords, & en former quelques flaques ; ou, s'il entre dans le retranchement, l'on eſſayera de ſe ſervir de ſes eaux pour en remplir les foſſés. Je ne parlerai

point ici des ruisseaux plus considérables, ni des
rivieres grandes ou petites, ayant suffisamment
traité de cette matiere au Chapitre IX.

X. Differens points de la ligne étant toujours déterminés par quelques-unes des circonstances dont on vient de faire mention, l'on voit que
l'on n'est pas toujours le maître de la longueur des
fronts, auxquels on est par conséquent obligé d'a-
jouter ou de retrancher une certaine étendue.

Le nombre & la variété des méthodes que
j'ai données, sera d'un grand secours à cet égard,
en ce qu'il y en a pour des fronts de 60, de
100, de 120, & de 150 toises. D'ailleurs rien
n'empêche qu'on ne diminue de ces longueurs;
mais il faut en cela de l'intelligence & de l'attention.

Si l'on veut des lignes à redans de 30 & même
de 50 toises plus courtes, l'on peut suivre la méthode ordinaire, sans autre changement que celui
de briser la courtine, comme je l'ai dit au Chapitre VI.

Le front des lignes à tenailles peut sans inconvénient se réduire à 50 toises, en diminuant assez la perpendiculaire pour qu'elle n'excede jamais la moitié de ce front.

Les branches de la crémaillere fixées à 60 toises, peuvent n'être que de 30; mais le flanc que
l'on fera en ce cas perpendiculaire, doit avoir au
moins 12 toises, & sa branche doit d'ailleurs être
protégée par un feu voisin, tel que seroit celui
d'un crochet antérieur.

Enfin le front des autres lignes fermées peut se raccourcir d'un quart , en observant de suivre la proportion des dimensions prescrites, pour que les figures étant semblables, la direction des feux soit toujours la même.

Si l'on joint à la combinaison de ces différentes mesures, ce que l'on peut ajouter à chacun de ces fronts, l'on verra disparoître toute difficulté ; mais l'on doit observer qu'il vaut bien mieux en ce cas raccourcir qu'alonger , parce que ces fronts deviennent presque toujours plus forts par le premier de ces moyens, & qu'ils s'affoiblissent nécessairement par l'autre.

CHAPITRE XIII.

I. Des profils. II. Réflexion & exemple. III. Défauts des profils trop élevés. IV. Observations sur les brisures de l'Auteur. V. De la hauteur totale du parapet. VI. De son épaisseur. VII. De sa plongée. VIII. De sa hauteur intérieure. IX. Des banquettes & de leur talud. X. Des fossés & avant-fossés. XI. Des autres taluds & de la berme. XII. Du glacis & des chemins couverts. Conclusion.

I. **C**E n'est point assez de donner la figure convenable à un ouvrage, de le placer avantageusement, & de profiter, pour en défendre l'accès, des moyens que la nature ou la qualité du terrein nous présente; il faut encore sçavoir quelles sont les hauteurs & les autres dimensions propres à chacune de ses parties, & c'est ce que l'on comprend sous le nom de profil.

L'attention sur ce point est essentielle, non seulement dans l'exécution, pour que chacune de ces parties produise tout l'effet auquel on les destine, mais souvent même en projettant la figure; car si nous nous en rapportons uniquement au plan, il peut nous induire en erreur. Par exemple, les brisures que je propose en plusieurs endroits comme propres à distribuer plus également les feux, & à leur donner une meilleure direction, procurent effectivement ces avantages, & me paroiſſent, quant au plan, à l'abri de toute critique, & l'on verra à l'article IV qu'elles ne ſont point ſans inconvéniens dans l'élévation.

Cette partie importante, & ſur laquelle on ne réfléchit pas toujours aſſez, étant relative à tout le reſte, fera la matiere de ce Chapitre & la concluſion de ce Traité.

II. Je commencerai par obſerver en général qu'un retranchement trop foible, quoique bien diſpoſé d'ailleurs à tous égards, eſt plus propre à faire ſentir le beſoin de ſecours, & par conſéquent le danger, qu'à raſſurer contre cette idée. Dans ces occaſions le ſoldat meſure de l'œil la grandeur des obſtacles que l'ennemi doit ſurmonter pour le joindre; & s'il ne lui paroiſſent pas ſuffiſans, ſa fermeté diminue, ou même il ſe décourage. Il eſt rare que l'on ſe défende auſſi bien qu'on le pourroit, quand on n'eſt pas ſoutenu de l'eſpérance de vaincre ou de repouſſer ſon adverſaire.

Un Ingénieur ne doit donc pas craindre de propoſer un profil de grand travail, lorſque les circonſtances l'exigent, & que l'on a ce qu'il faut pour l'exécuter. M. de Vauban, qui ſe plaint dans ſon Mémoire ſur la conduite des ſieges, de la négligence des François à cet égard, vouloit que l'on fît aux lignes de circonvallation deux ou trois banquettes, & plutôt trois que deux, afin que le parapet fût aſſez élevé pour être fraiſé, & pour couvrir la cavalerie ; & si, eu égard à la briéveté des sieges, où plutôt par des raisons que l'on expliquera, il se réduit à une seule dans le Traité de l'Attaque des Places, l'on doit faire attention que ce n'est nullement pour épargner le travail puisqu'aux profils qu'il propose contre les secours, c'est-à-dire dans le cas où l'on craint d'être attaqué en force, il donne 16, & jusqu'à 20 pieds de largeur, sur 8 & 9 de profondeur, à ses fossés.

Ce que cet illustre Ingénieur nous apprend à ce sujet, est trop décisif pour ne le point rapporter. Il dit que Maurice & Frédéric Henri, Princes d'Orange, s'appliquoient si fort à leurs lignes, qu'ils employoient des mois entiers à les construire, & qu'ils les rendoient si bonnes, que quoiqu'elles eussent été souvent attaquées, elles n'avoient jamais été forcées ; qu'ils ne se contentoient pas même de les élever avec tant de soins, qu'ils y ajoutoient encore de distance en distance des forts particuliers ; qu'ils fortifioient, suivant l'usage d'alors, leurs quartiers séparément, & qu'ils avançoient des ouvrages sur les endroits les plus exposés, pour arrêter l'ennemi, & donner ainsi le temps aux troupes des quartiers voisins d'arriver au secours de la partie menacée : précautions qui avoient toujours fait échouer l'ennemi, & qui l'avoient souvent mis en danger d'être battu dans sa retraite.

L'exemple de pareils Généraux rapporté par un tel Auteur persuadera mieux sans doute que ce que l'on pourroit alléguer de plus.

III. L'importance de donner un bon profil à la fortification de campagne étant ainsi bien établie, nous rechercherons quelles font à cet égard les dimenfions les plus convenables.

Une hauteur de neuf ou dix pieds, comme M. de Vauban fembloit d'abord le demander, en voulant trois banquettes, & que le parapet couvrît la cavalerie, auroit fans doute fes avantages, puifque de telles lignes pourroient fe fraifer, qu'elles tiendroient lieu d'épaulement, & qu'enfin il feroit plus difficile à l'ennemi de les monter : cependant ce Général a fixé depuis dans fes plus grands profils la hauteur de la crête du parapet à fept pieds & demi, dans les cas mêmes où l'excavation du foffé le rendoit maître d'y ajouter fans augmentation de travail. Il n'a apparemment pas fait ce changement fans de bonnes raifons : tâchons de les découvrir ; on ne peut que gagner à étudier les motifs d'un fi grand maître.

L'on a vu au chapitre XII les avantages du feu rafant, & que plus le feu eft fichant, moins il eft dangereux. Or il eft toujours plus fichant en proportion du plus de hauteur, à moins, comme on l'a obfervé, que le terrein que l'on défend, ne foit parallele aux lignes de tir.

Toute élévation de parapet au-delà de quatre pieds quatre pouces, qui eft la hauteur à laquelle un foldat de taille ordinaire tient fon fufil en joue pour tirer parallélement à l'horizon, eft donc toujours par elle-même un défaut dont il faut diminuer le plus qu'il eft poffible.

Suppofant d'ailleurs les neuf ou dix pieds de hauteur & un pied par toife de plongée, la moufqueterie ne pourroit, en fuivant cette direction,
toucher terre plus près qu'à 9 ou 10 toifes de
l'endroit dont elle partiroit; d'où il réfulteroit un
inconvénient plus confidérable encore, qui eft
que l'ennemi fe trouveroit couvert du feu direct,
à mefure qu'il approcheroit de la contrefcarpe,
près de laquelle il n'auroit plus rien à en craindre.

L'on peut à la vérité remédier à ce défaut par un
moyen que l'on indiquera; mais le premier fubfif-
te, & il augmente à l'égard du foffé par fa profondeur; ce qui produit de nouveaux inconvéniens.

Que le fond du foffé ne foit pas vu directement,
c'eft un mal inévitable, & fi évident, qu'il eft inutile de le citer; mais il faut tâcher que les flancs
y fuppléent. Or il n'en eft point à cet égard d'un
ouvrage de campagne comme d'une place de
guerre. Le foffé d'une place bien conftruite eft
vu dans toutes fes parties; avantage que n'a pas la
fortification paffagere dont le foffé beaucoup plus
étroit & parallele au trait magiftral, ne peut en certains endroits être vu de nulle part.

Ces endroits défectueux font dans les lignes ordinaires, le long des faces des redans, à commencer du rentrant de la contrefcarpe. Le foffé n'y
peut être vu que de l'extrêmité de la courtine;
& il eft clair que l'étendue de ce que l'on ne peut
en découvrir delà, augmente non feulement par
fa profondeur, mais encore par le plus d'élévation du parapet.

Tels

Tels font, fi je ne me trompe, les motifs qui ont déterminé M. de Vauban à baiffer fes premiers profils. L'on va voir que je ferois plus inexcufable qu'un autre, fi je m'écartois d'une maxime fi fage.

IV. C'est ici le lieu de relever ce que je trouve moi-même à reprendre dans les projets de retranchemens que je propofe. Un des redans découvrant toujours, felon la méthode ordinaire, le pied du rentrant des redans voifins, il n'y a aucune de ces parties mortes le long des courtines; au lieu que les brifures en caufent néceffairement à toutes les miennes.

Ce défaut y eft donc plus grand de moitié, je l'avoue de bonne foi; ainfi il n'eft plus queftion que de fçavoir fi cela eft auffi effentiel qu'il le paroît, ou compenfé par des avantages affez confidérables pour que l'on ne s'y arrête pas.

J'obferverai fur ce point 1°. que l'on ne fe borne pas d'ordinaire à l'attaque d'un feul redan, & que fi, par exemple, l'on en embraffe trois, les deux courtines qui les joignent n'ont aucune protection à en efpérer, chacun étant alors trop occupé de fa propre défenfe pour fonger à celle d'autrui; ainfi la chofe femble par-là devenir indifférente.

2°. Que fi la courtine eft attaquée, comme les redans voifins le feront infailliblement auffi, tout tirera de même devant foi; & en ce cas la contrefcarpe ni le foffé ne feront défendus par rien:

au lieu que, fuivant mes méthodes, tout fe flan-quant naturellement, l'on ne peut fe défendre fans défendre en même temps ce que l'on doit protéger.

3°. Je ferai reffouvenir que les capitales cou-vertes de tant de feux croifés fuivant mes projets, ne le font nullement aux lignes ordinaires.

4°. Enfin, pour éviter les répétitions, je prierai le Lecteur de fe rappeller ce que j'ai obfervé à ce fujet en différens endroits de ce Traité.

Je n'alléguerai point que ces angles morts fe trouvent de même aux étoiles, aux forts à demi-baftions, & à tous les autres ouvrages de cette nature. Quelque indifpenfable qu'il foit alors, ce n'en eft pas moins un défaut réel (*a*), & l'on doit par conféquent l'éviter autant qu'on le peut fagement, c'eft-à-dire fans perdre plus que l'on n'y gagneroit.

Quoi que l'on en décide, l'on ne peut fe dif-penfer de convenir que tout inconvénient difpa-roît quand les foffés font pleins d'eau. Mes pro-jets ont donc au moins en ce cas quelque avanta-ge, & quand je me tromperois en cela, l'on me permettra de dire que roulant fur un fujet fi im-portant, fi fimple & cependant fi négligé, leur va-riété feroit toujours utile, en ce qu'excitant la cu-riofité ou l'émulation, elle eft propre à faire naître des idées plus heureufes que les miennes à ceux-mêmes qui les critiqueront.

(*a*) L'on trouvera dans le Traité qui fuivra celui-ci, une maniere auffi fimple qu'ingénieufe de remédier à de pareils inconvéniens. Elle eft de M. de Verville, le même que j'ai cité, chapitre I, Art. iv.

V. Passons de ces réflexions préliminaires au détail des profils qu'elles ont pour objet.

Tout retranchement en terre est composé d'un parapet, d'une ou de plusieurs banquettes, d'un ou de deux fossés, & quelquefois d'une berme & d'un petit glacis. Pl. XXXVI.

L'on vient de voir ce que pense M. de Vauban sur la plus grande hauteur du profil, & les raisons particulieres que j'ai de me conformer à son sentiment. J'en fixerai donc, comme lui, la plus grande élévation à 7 pieds & demi au dessus du terrein.

Ce ne sera cependant que pour les cas ordinaires; car il y a des circonstances qui obligent à s'élever davantage. Telles sont la nécessité de dominer sur les environs; de plonger dans quelque partie basse; de défiler une branche en donnant plus de hauteur au faillant.

Les ouvrages fermés par la gorge, que l'on enclave dans les lignes, doivent de même être exceptés de la regle, à moins qu'ils ne soient situés de façon à conserver sur le reste une supériorité indispensable que l'on juge devoir être au moins de deux ou trois pieds.

Si l'on se rappelle ici la nature des inconvéniens qui obligent de borner les profils à cette hauteur, l'on verra qu'on ne les éprouve point toujours ensemble. Je m'expliquerai mieux par des exemples. Quand on n'éleve un front que pour se mettre de quatre pieds ou environ au dessus du niveau du terrein que l'on doit battre, il est clair

G g ij

qu'on le bat d'un feu rafant; quoique le défaut des parties mortes augmente; au contraire lorfqu'il n'eft queftion que de donner quelque hauteur de plus au faillant pour défiler la branche, pourvu que le rentrant conferve fur la largeur du foffé la hauteur déterminée, le feu devient plus fichant vers l'angle flanqué, fans que le foffé foit moins bien défendu.

L'on peut, fi on le juge à propos, renoncer aux brifures dans les cas femblables au premier; ce fera toujours autant de gagné fur ce point, furtout fi l'on trouve quelque moyen d'y fuppléer, en diftribuant les feux d'une maniere auffi avantageufe. A l'égard du fecond cas, c'eft-à-dire des feux trop fichans, l'on voit de refte que cet inconvénient eft la feule raifon qui empêche de donner toute la hauteur de profil que l'on voudroit aux ouvrages fans flancs, ou qui n'en ayant que de fort obliques, ont néceffairement par eux-mêmes le défaut de ne pouvoir défendre leur foffé.

Je ne parle point ici du couvert que l'ennemi trouve contre le feu direct en s'approchant d'un ouvrage trop élevé, parce qu'il eft facile, comme je l'ai déja dit, d'y remédier.

Au refte, le parapet ne doit jamais avoir moins de 6 pieds d'élévation au deffus du terrein, fans quoi il ne couvriroit qu'en partie ce qui eft derriere; ainfi toute la différence du plus au moins fe réduit à cet égard à un pied & demi.

VI. L'épaisseur du parapet varie beaucoup plus que sa hauteur. L'on a égard en cela à la nature & à la destination de l'ouvrage. Trois pieds suffisent pour ce qui n'est point exposé au canon, comme, par exemple, pour le retranchement d'une grand'garde ; quatre pieds & demi conviendront de même pour des ouvrages plus considérables qui ne peuvent en être battus que de loin : l'on en donnera six ou huit au reste, & jusqu'à douze à des camps retranchés ; à des têtes de pont, des redoutes & d'autres pieces faites avec plus de soin, & que l'on prévoit devoir durer long-temps, ou être exposées à un feu d'artillerie plus vif, ou à une attaque plus longue.

Cette épaisseur n'est point exempte d'inconvénient ; mais il est de si petite conséquence qu'il mérite rarement qu'on y fasse attention. Il consiste dans le raccourcissement inévitable des branches.

Je ne considere point dans ce raccourcissement le moins de longueur que les côtés d'un polygone ont nécessairement, quand il est inscrit dans une figure semblable ; ce que j'y vois est plus essentiel, au moins dans la défense rasante, puisque c'est la diminution de la saillie, & par conséquent de la protection du flanc. Sur quoi l'on doit se ressouvenir que l'on ne peut en ce cas regarder le total de ce qu'il gagne en longueur au rentrant comme un dédommagement de cette perte, puisqu'il est visible que quand le flanc est perpendiculaire, comme on le suppose, ce qui est en dedans de la ligne de défense tire sur ce qu'il devroit raser.

Cette derniere circonftance eft, à la rigueur, un véritable défaut. On le corrigeroit, par exemple, dans les lignes baftionnées, en avançant la courtine jufqu'à cette interfection , & plus facilement encore dans tous les cas, en arrondiffant l'intérieur du parapet de cette partie, fi une exactitude fi fcrupuleufe n'étoit point une efpece de vice dans la pratique, où trop d'attention pour les minuties fait fouvent négliger des chofes effentielles.

VII. Quand on fait réflexion que la plongée du parapet eft ce qui détermine ordinairement la direction de la moufqueterie , l'on fent que de quelque façon qu'on la trace, elle ne fera jamais fans inconvénient ; car on ne découvrira de près la contrefcarpe & le fond du foffé qu'à proportion que cette plongée fera grande ; & à proportion qu'elle fera grande , fa direction s'éloignera de la ligne rafante.

Ces objets étant abfolument incompatibles , tout ce que l'on peut, eft de chercher le milieu le plus convenable.

C'eft ce qu'il femble que l'on n'a point eu affez en vue dans le Traité de l'Attaque des Places. L'on y trouve des parapets de 6 pieds d'épaiffeur qui ont un pied & demi de plongée. J'avoue que cela me paroît exceffif, non feulement parce que le feu feroit trop fichant, mais encore parce que la crête en devient trop foible, & qu'il faudroit, pour fuivre cette direction , que le foldat fe découvrît trop, & même, comme on le verra dans l'article fuivant, beaucoup plus qu'il ne pourroit le faire, quand il en auroit la volonté.

Je ne voudrois par toifes que 12 à 15 pouces de plongée; fur quoi j'ajouterai cette obfervation.

Le profil le plus élevé ayant ordinairement le foffé le plus profond, ce furcroît de hauteur & de profondeur augmentent, l'un le couvert que l'on a devant foi fur la contrefcarpe, & tous deux celui du fond du foffé.

L'on doit donc, en laiffant le moins de plon-gée au parapet le plus bas & le plus foible, l'aug-menter aux autres en proportion de leur éléva-tion. Il n'y a pas même à cela le moindre incon-vénient; car indépendamment du plus d'épaiffeur de ceux-ci, le haut n'en peut être battu que moins horizontalement, & conféquemment avec moins d'effet.

C'eft d'après ces réflexions que je ne donne qu'un pied de plongée par toife aux profils de 6 pieds de hauteur, & que j'augmente celle des au-tres d'un pouce par demi-pied, donnant 13 pou-ces à ceux de 6 pieds & demi de haut, 14 pou-ces à ceux de fept pieds, & 15 pouces à ceux de fept pieds & demi.

De cette maniere, en fuppofant, comme je le fais, le terrein de niveau, ces différens feux tom-bent également fur la contrefcarpe à 6 toifes de l'à plomb du point dont ils partent, & à peu de diftance l'un de l'autre au fond du foffé.

A l'égard des profils plus élevés & moins ordi-naires, la plus forte de ces dimenfions, c'eft-à-dire quinze pouces par toife, me paroît fuffire.

VIII. L'on donne ordinairement quatre pieds & demi de hauteur intérieure au parapet : c'eft une routine fi généralement reçue qu'elle femble faire loi.

On s'y attacheroit peut-être moins fcrupuleufement, fi la prévention n'écartoit des doutes, & par conféquent toute idée d'examen. Cette regle eft bonne, à la vérité, pour la conftruction des places, dont les parapets s'affaiffent de refte à la longue, & ont d'ailleurs bien moins de plongée ; mais les circonftances n'étant point ici les mêmes, il eft clair qu'elle ne peut y convenir.

J'ai éprouvé par moi-même qu'un homme de 5 pieds 6 pouces, campé fur fes jambes, comme il le doit être, le pied gauche éloigné de 18 pouces de l'aplomb de la crête d'un parapet de 4 pieds & demi, ce qui eft la largeur ordinaire du talud, tire avec plus de facilité horizontalement, qu'il ne fuit une plongée de 8 pouces par toife.

Peu de foldats étant de cette taille, l'on ne doit pas s'étonner que tant de coups fe perdent en l'air.

Il n'y a qu'un moyen d'y remédier : c'eft non feulement de diminuer de cette hauteur, mais encore d'augmenter cette diminution à proportion de la plongée; car cette circonftance eft fi effentielle, qu'il faudroit, par exemple, avoir près de 6 pieds pour tirer à 18 pouces par toifes de pente fur un parapet de 4 pieds & demi, tel

que

que celui dont on a parlé dans l'article précédent.

J'estime conséquemment qu'un parapet horizontal, comme sont ceux de quelques communications & d'autres ouvrages qui ne s'élevent pas plus de 4 pieds & demi au dessus du terrein, ne doit point avoir plus de quatre pieds quatre pouces de hauteur; & qu'à l'égard des autres, il faut encore les baisser à raison de quatre pouces par pied de plongée.

L'on m'objectera sans doute que le soldat en sera moins bien couvert. Je conviens de l'inconvénient; mais à quoi sert sans cela une pente dont on ne peut faire usage ? D'ailleurs le soldat se courbe ou se plie naturellement en ces occasions de maniere qu'il n'y a presque jamais que la tête qui paroisse au dessus du fusil.

Des corbeilles ou de petits gabions pareils à ceux dont on a parlé à l'article IV du chapitre précédent, seroient ici d'un grand secours, puisqu'ils leveroient toute difficulté, au moins à l'égard du feu de la mousqueterie.

IX. La hauteur extérieure du parapet étant déterminée par l'intérieure & par la plongée, il n'y a rien à en dire.

Un homme, dans l'attitude que l'on prend quand on met un fusil en joue, n'occupe guere plus de deux pieds d'espace : trois pieds de largeur pourroient donc suffire à la banquette ; cependant on lui en donne ordinairement quatre &

demi pour qu'un soldat puisse se tenir, ou passer derriere celui qui fait feu.

Cette largeur se compte du pied de la palissade, quand on est à même, & qu'on juge à propos d'en employer.

Je voudrois que la hauteur de la banquette ne fût jamais de plus de trois pieds; il vaut beaucoup mieux en faire deux de deux pieds, qu'une de quatre; parce qu'une rampe, quoique roide, est toujours facile à monter quand elle est si courte.

Trois pieds au plus de largeur suffisent à ces banquettes inférieures; elles servent non seulement de degrés, mais encore d'entrepôt pour le rang de soldats qui doit relever celui qui borde le parapet.

Le talud des banquettes peut, par la raison que l'on vient de dire, se régler sur leur hauteur. Quand elle n'est que d'un pied, la pente naturelle des terres est suffisante, en ce qu'elles ne forment que des marches un peu hautes, d'un à deux pieds: je donne à leur base une fois & demi leur hauteur, & deux fois à celles qui sont élevées de deux à trois pieds.

Dans les lieux serrés & où l'on est obligé délever la fortification, l'on peut, pour ménager le terrein, former des marches clayonnées de 12 pouces de haut sur neuf de large, qui suppléent à ces taluds.

X. La largeur excessive du fossé, a, s'il n'est plein d'eau, un inconvénient dans la fortification permanente, qui eſt que les batteries établies ſur la crête ou ſur le terre-plein du chemin couvert, peuvent, ſans trop plonger, ſapper par le pied le revêtement du rempart : mais ce motif de crainte n'a pas lieu dans les cas dont il s'agit.

Le plus de largeur produit toujours ici quelque avantage. L'ennemi en eſt plus découvert ſur le bord de la contreſcarpe ; la longueur des parties mortes dont on a parlé diminue ; & s'il faut combler le foſſé, l'ouvrage devient plus long, & l'on eſt conſéquemment plus long-temps expoſé à un feu très-dangereux par ſa proximité.

L'on ne doit donc pas craindre de faire le foſſé trop large, mais l'on doit ſe régler en cela ſur le temps & le nombre de travailleurs dont on peut diſpoſer, & ſur la quantité de terre dont on a beſoin.

Il n'en eſt pas de même de ſa profondeur. Comme dans les ouvrages flanqués elle augmente néceſſairement les parties mortes, je voudrois qu'elle n'y excédât pas ſept pieds & demi. A l'égard des ouvrages non flanqués, où il n'y a aucune protection à tirer du parapet, elle ne peut, ainſi qu'aux foſſés pleins d'eau, être trop grande, puiſque c'eſt toujours ajouter ſans y rien perdre d'ailleurs, à la difficulté de l'accès.

J'eſtime de même que cette profondeur doit, quand on le peut, être au moins de 6 pieds ; ce qu'il faut en ce cas préférer au plus de largeur, autrement, que le foſſé ſoit ſec ou qu'il ſoit plein, l'ennemi le franchira ou le comblera trop aiſément.

L'on doit pour la diſtance de l'avant-foſſé à la
contreſcarpe, ainſi que pour d'autres précautions
à prendre, ſe régler ſur ce qui a été obſervé au
chapitre XI. Comme l'on a rarement beſoin des
terres que l'on en tire, on lui donne peu de capacité, & l'on peut en achever le petit glacis dont
on parlera. Je voudrois que ces foſſés ſecs ou
pleins, fuſſent creuſés de maniere que les taluds
ſe touchaſſent par le bas : dans le premier de ces
cas l'ennemi ne pourroit s'y arrêter ; & dans l'autre ils ne ſeroient pas moins difficiles à paſſer.
Leur profondeur doit toujours être au moins de
6 pieds, & leur largeur au moins de 7, pour qu'on
ne puiſſe les franchir en ſautant.

XI. Le plus ou le moins de talud dépend du
plus ou du moins de conſiſtance des terres ; mais
quoiqu'on ne puiſſe rien déterminer de poſitif à
cet égard, il n'en eſt pas moins néceſſaire de ſe
former une regle générale pour s'en écarter le
moins qu'il eſt poſſible.

Plus le ſoldat eſt près de la crête du parapet,
mieux il en ſuit la plongée. Il ſeroit donc à ſouhaiter que le parapet fût intérieurement à plomb ;
mais comme cela ne ſe peut que rarement, on lui
donne le moins de talud qu'il eſt poſſible, ce qui
va ordinairement au tiers de ſa hauteur.

M. de Vauban fixe ceux de l'eſcarpe & de la
contreſcarpe au tiers de la largeur du foſſé. Je ne
vois pas quelle en eſt la raiſon. Il eſt évident que
plus ces parties approchent de l'à plomb, plus

elles font difficiles à monter & à defcendre ; c'eft donc, comme on vient de le dire, fur la nature du terrein, & non fur cette largeur qu'il faut fe régler en cela.

Dans les terres fablonneufes, l'efcarpe aura conféquemment pied fur pied de talud ; mais fi ce font des terres franches & fortes, les deux tiers ou même la moitié de la hauteur fuffiront.

L'on ne peut en donner moins, parce que cette partie ayant à foutenir la maffe du parapet, elle courroit autrement rifque de s'écrouler : mais, comme la contrefcarpe n'eft pas dans le même cas, l'on ne rifque rien de l'efcarper autant qu'il eft poffible, furtout quand l'ouvrage ne doit fubfifter que peu de jours.

Au refte, je ne parle ici que des foffés fecs. Lorfqu'ils font pleins d'eau, l'on doit faire ces taluds moins roides pour prévenir les dégradations. L'on verra au Traité fuivant les précautions qu'il y a de plus à prendre, lorfqu'ils communiquent avec des eaux courantes.

L'on trouve quelquefois des terres légeres ou fans cervelle que l'on ne peut charger fans rifque. En ce cas l'on augmente non feulement le talud, mais on laiffe encore entre l'efcarpe & le pied du parapet une berme de deux ou trois pieds qu'il feroit bon d'arrondir ou de rabattre en pan coupé, pour empêcher l'ennemi de s'y tenir & de reprendre haleine.

XII. J'ai obfervé en différens endroits de ce

chapitre , que faute de pouvoir donner au parapet toute la plongée néceſſaire , l'ennemi étoit moins en priſe au feu direct à meſure qu'il approchoit de la contreſcarpe. Un inconvénient ſi eſſentiel , ſurtout dans les ouvrages ſans flancs & d'une certaine élévation , n'a point échappé à M. de Vauban. Il y remédie en formant du reſte des terres un petit glacis que l'on ne peut monter ſans perdre cet avantage.

Toute ſimple qu'eſt la conſtruction de cet ouvrage, elle demande quelque attention. Si ce glacis eſt trop élevé, l'ennemi s'en ſervira comme d'un cavalier de tranchée pour tirer en plongeant ; s'il eſt trop bas , il ne produira pas toute l'utilité que l'on doit en attendre.

M. de Vauban ſemble en fixer la hauteur à quatre pieds & demi au deſſous de la crête du parapet. L'on ne doit jamais lui en donner davantage, ſurtout ſi l'on ſuit ces profils , puiſque le ſommet de ce glacis ſe trouve par-là de niveau avec la banquette ; à l'égard du moins , l'on ſe regle ſur la direction de la plongée , l'unique objet étant en cela de découvrir entiérement l'ennemi , ou du moins plus bas que la ceinture , lorſqu'il eſt ſur le bord du foſſé. Je dis plus bas que la ceinture , ce que l'on doit chercher à réduire à deux pieds de terre , parce qu'il ſe baiſſe ordinairement dans ces occaſions.

La même regle doit s'obſerver pour la pente ; c'eſt-à-dire qu'elle doit être telle qu'il n'y ait aucun point où un homme ne ſoit vu entiérement , ou du moins à cette hauteur. En conséquence de ces maximes, le glacis est parfait lorsque, sans être trop élevé, il forme un même alignement avec la plongée du parapet.

Ces glacis ont d'ailleurs deux avantages, l'un d'ajouter à la profondeur du fossé en exhauſſant la contreſcarpe, l'autre de couvrir en partie l'ouvrage du feu de l'artillerie.

L'on feroit quelquefois un chemin couvert à des redoutes, des têtes de pont & d'autres pieces iſolées, ſi le peu de hauteur de leur profil ne ſembloit un obſtacle inſurmontable. Je n'héſiterois point en ce cas de baiſſer la contreſcarpe pour conſerver à la crête de l'ouvrage la ſupériorité néceſſaire. Cette perte me paroît plus que compenſée par le feu raſant que je tire de ce chemin couvert, & que je ne puis eſpérer du parapet avant que l'ennemi ne ſoit ſur le glacis. Les deſſeins ci-joints développeront mon idée. Le Lecteur intelligent y verra de plus que ſi, contre l'uſage, je tiens de niveau ſur quelques pieds de largeur la crête du glacis, c'eſt pour que le feu qui en partira, ſuive cette direction qui, dans un terrein plat & uni, comme on le ſuppoſe, eſt la plus avantageuſe qu'on puiſſe lui donner.

Pl. XXXVI.

FIN.

La ſeconde Partie de cet Ouvrage, dont il eſt fait mention pluſieurs fois, n'a pu être imprimée, l'Auteur étant mort avant d'y mettre la derniere main.

Approbation du Cenſeur Royal.

J'ai lu, par ordre de Monſeigneur le Chancelier, l'*Ingénieur de Campagne, ou Traité de la Fortification paſſagere*, par M. le Chevalier de Clairac, Brigadier des Armées du Roi, Ingénieur en Chef à Bergues S. Vinock. On voit avec plaiſir les ouvrages de ce genre ſe multiplier. Ce ſera un moyen aux Militaires d'apprendre leur métier. Fait à Paris, ce 25 Mars 1749.

MONTCARVILLE.

On trouvera le Privilege à la fin du *Guide des jeunes Mathématiciens*.

www.ingramcontent.com/pod-product-compliance
Lightning Source LLC
LaVergne TN
LVHW021233170726
843501LV00003B/760